Hermann Detering

**Falsche Zeugen**

Hermann Detering

# Falsche Zeugen

## Außerchristliche Jesuszeugnisse auf dem Prüfstand

Alibri Verlag
Aschaffenburg

2011

Hermann Detering, Jahrgang 1953, ist promovierter evangelischer Theologe. Seine Forschungsschwerpunkte sind das frühe Christentum im antiken Strahlungsfeld und die christliche Pseudepigraphie. Er ist Mitglied des *Committee for the Scientific Examination of Religion.*

Alibri Verlag
Aschaffenburg
www.alibri.de
Mitglied in der Assoziation Linker Verlage (*aLiVe*)

1. Auflage 2011



Umschlaggestaltung: Claus Sterneck
Druck und Verarbeitung: UWS Druck und Papier, Stuttgart

**ISBN 978-3-86569-070-8**

# Inhalt

# Vorwort

Die vorliegenden Kapitel waren ursprünglich als Einleitung eines Jesusbuches gedacht. Im Laufe der Arbeit entwickelten sie sich zu einer eigenständigen Monographie. Das Thema ist wichtig und spannend genug, um ausführlicher behandelt zu werden. Vielleicht tragen die Thesen dieses Buches dazu bei, eine längst überfällige Diskussion in Gang zu bringen.

Danken möchte ich auf diesem Wege Frans-Joris Fabri für das Lesen der Korrekturen und Dr. Michael Nordbakke aus Trondheim für Literaturhinweise und vielfältige Anregungen.

Das Buch ist dem Andenken des amerikanischen Neutestamentlers Darrell J. Doughty (1936-2009) gewidmet.

Hermann Detering

# Zur Bedeutung der außerchristlichen Jesus-Zeugnisse

## Wie geschichtlich ist der christliche Glaube?

Im Zentrum des christlichen Glaubens steht der Gott-Mensch Jesus Christus. Dass es sich dabei um eine historische Gestalt handelt, wird allgemein angenommen und von Theologen aller Richtungen nicht ohne Stolz vermerkt. „Ja, es hat sich wirklich ereignet", so der frühere Kardinal Ratzinger und jetzige Papst Benedikt XVI. in seinem ersten Jesusbuch, „Jesus ist kein Mythos, er ist ein Mensch aus Fleisch und Blut, steht ganz real in der Geschichte."[1] Nicht anders der katholische Theologe Hans Küng: „Der Christus des Christentums ist nicht einfach eine zeitlose Idee, ein ewig gültiges Prinzip, ein tiefsinniger Mythos… Der Christus der Christen ist vielmehr eine ganz konkrete, menschliche, geschichtliche Person: der Christus der Christen ist niemand anders als Jesus von Nazaret. Und insofern gründet Christentum wesentlich in Geschichte, ist christlicher Glaube wesentlich geschichtlicher Glaube."[2]

Was von Küng als große Stärke der christlichen Religion angesehen wird, ihre Geschichtlichkeit, könnte sich aber auch zugleich als ihre verwundbarste Stelle, ihre Achillesferse, erweisen. Eine Religion, die sich auf Geschichte gründet und in der das Heil des Gläubigen von einer geschichtlichen Person abhängt, kann, so scheint es, durch den Nachweis der *Ungeschichtlichkeit* eben dieser Person leicht zu Fall gebracht werden, leichter als eine Religion, die auf einem Mythos oder einer Lehre basiert, da diese der Autorität eines (gott-menschlichen) Stifters in der Regel nicht bedürfen.

So zieht der von Theologen gerne betonte geschichtliche Charakter der christlichen Religion automatisch die Frage nach der Zuverlässigkeit der Urkunden nach sich, die diese Geschichtlichkeit begründen. Dass den *außerchristlichen* Zeugnissen dabei eine besondere Bedeutung zukommt, versteht sich. Auch Theologen wie Küng räumen inzwischen ein, dass christliche Quellen, ob kanonisch (Evangelien, Paulusbriefe) oder apokryph, keine „neutrale wissenschaftliche Geschichtsschreibung“ sind. Sie gelten vielmehr als „engagierte Zeugnisse“, verfasst, um Jesus „als den Messias, Herrn und Gottessohn“ zu verkündigen.[3] Anders die nichtchristlichen Quellen. Selbst wenn auch sie keineswegs „unparteilich“ sind und eine distanzierte, einseitige oder vielleicht sogar christenfeindliche Sicht vertreten (oder zu vertreten scheinen), mindert dies nicht ihre Bedeutung für den Historiker, der an einer Vielzahl möglichst unterschiedlicher Quellen interessiert sein muss.

Leider stand die Betrachtung und Bewertung dieser Zeugnisse von Anfang an im Spannungsfeld einer zum Teil leidenschaftlich geführten Polemik und Apologetik. Wer sich für sie interessiert, begibt sich auch heute noch auf ein vermintes Gelände, wo ruhiges Forschen *sine studio et ira* nicht leicht möglich ist.

Während sich die christliche Apologetik ihrer gerne bediente, um die Wahrheit des christlichen Glaubens im Allgemeinen und der historischen Existenz Jesu von Nazaret im Besonderen zu demonstrieren, wurden sie von der nichtchristlichen Polemik zerpflückt, um das genaue Gegenteil zu beweisen und die Zuverlässigkeit des christlichen Glaubens als solche in Frage zu stellen.

Die Auseinandersetzung ist schon alt und erreichte ihren Höhepunkt zu Beginn des vergangenen Jahrhunderts, als Arthur Drews die Theologen mit seiner 1909 erschienenen „Christusmythe“ aufschreckte. In seinem Buch stellte Drews (in der Nachfolge von Bruno Bauer und Albert Kalthoff, aber wesentlich öffentlichkeitswirksamer) die historische Existenz Jesu von Nazaret in Frage und erklärte diesen rundweg für einen Mythos. Der Sturm der Entrüstung war damals so groß, dass für eine Versammlung der Gegner der „Christusmythe“ eigens ein Zelt des Zirkus Busch in Berlin angemietet wurde.[4]

Drews, der die Bestreitung der Existenz eines historischen Jesus mit leidenschaftlicher Polemik betrieb,[5] war, was die Absicherung seiner Thesen betraf, anfangs etwas hastig vorgegangen. Später sah er sich immer wieder genötigt, zu revidieren und zu präzisieren. Besonders die Frage der außerchristlichen Zeugnisse erwies sich als sehr viel heikler und komplizierter, als Drews dies wohl zunächst geglaubt hatte, und entwickelte sich bald zu einem der Hauptkampfplätze von Gegnern und Befürwortern seiner Thesen. In einem zweiten Teil der „Christusmythe" unterzog er „Die Zeugnisse für die Geschichtlichkeit Jesu" (1911)[6] noch einmal einer gründlicheren Untersuchung, freilich mit demselben Resultat, dass die historische Existenz Jesu mit ihnen nicht bewiesen werden könne.

Die von Drews angestoßene Debatte beruhigte sich mit der Zeit und war mit dessen Tod im Jahre 1935 weitgehend abgeflaut. Man ging auf allen Seiten wieder zur Tagesordnung über, d.h. man arbeitete weiterhin ganz selbstverständlich mit der Arbeitshypothese eines historischen Jesus und hatte überhaupt, zumindest mit Beginn des Zweiten Weltkriegs, ganz andere Sorgen.

Daran änderte sich auch nach dem Krieg nichts, zumal sich die theologische Situation nun grundlegend gewandelt hatte und Karl Barths Theologie das Feld beherrschte. Ernstzunehmende historische Kritik war weitgehend Rudolf Bultmann und seinen Schülern überlassen, die alle Hände voll zu tun hatten, ihren Zeitgenossen das Programm der „Entmythologisierung" plausibel zu machen. Hier verspürte man offenbar weder Lust noch Neigung, sich auf noch radikalere Fragestellungen einzulassen. Für die nähere Erforschung der außerchristlichen Quellen war diese Periode, die den frommen Christen freilich in anderer Hinsicht vieles abverlangte, keine Blütezeit.

Die deutsche Forschung an den außerchristlichen Quellen wurde hauptsächlich von Altphilologen und Historikern weiterbetrieben. Es handelt sich um wenige Arbeiten, die gewöhnlich als Aufsätze in Fachzeitschriften erschienen und darum oft nur schwer zugänglich sind. Eine wünschenswerte Gesamtdarstellung, die einen Überblick über den neuesten Stand der Erforschung der außerchristlichen Zeugnisse in Deutschland verschaffen könnte, hat es bisher leider nicht gegeben.

Gesamtdarstellungen kamen zumeist aus den angelsächsischen Ländern, in denen das Interesse an den außerchristlichen Zeugnissen nach wie vor lebendig geblieben war, vielleicht auch bedingt durch die apologetische Frontstellung, die hier immer noch eine große Rolle spielte. Unter dem Titel „Außerbiblische Zeugnisse über Jesus und das frühe Christentum" erscheint seit 1991, nun schon in der 5. Auflage, die Übersetzung der englischen Originalfassung von F. F. Bruce aus dem Jahre 1974.[7] Ihm folgte 1993 in einer deutschen Übersetzung das Büchlein „Was wissen wir von Jesus?" vom amerikanischen Bibelwissenschaftler Howard Clark Kee.[8] Das 2000 in den USA erschienene Buch: „Jesus outside the New

Testament. An introduction to the ancient evidence" des Neutestamentlers Robert E. van Voorst wurde bislang noch nicht ins Deutsche übersetzt.[9] Die Bücher stammen (mit Ausnahme van Voorsts) von Autoren, die man als „evangelikal" bezeichnen könnte. Sie richten sich an ein größeres Lesepublikum, das Material ist übersichtlich geordnet, sie sind verständlich geschrieben, und die Resultate bestätigen, wie nicht anders zu erwarten, das evangelikale Weltbild der Autoren, ohne – was freilich schlimmer ist – wesentlich neue Einsichten zu vermitteln. [10]

Zu den wenigen deutschen Büchern, die sich ausführlicher mit den außerchristlichen Zeugnissen beschäftigen, gehört das Buch von Gerd Theißen und Annette Merz über den „Historischen Jesus." In dem von Annette Merz verantworteten[11] Abschnitt „Nicht-christliche Quellen über Jesus" (§ 3) werden die einschlägigen Zeugnisse relativ ausführlich zitiert und kommentiert.[12] Im Gesamtrahmen des Buches hat der Abschnitt natürlich die Funktion, die Jesusdarstellung historisch zu untermauern. Er soll demonstrieren, dass wir es bei dem Mann aus Nazaret nicht mit einem Mythos oder einer Legende zu tun haben, sondern mit einer geschichtlichen Person, die auch von nichtchristlichen Historikern und Schriftstellern der Antike bezeugt wird und dessen Geschichte sich sicher lozieren und datieren lässt. Nach Theißen/Merz setzen die nichtchristlichen Autoren die Geschichtlichkeit Jesu voraus und lassen nicht die geringste Spur eines Zweifels daran erkennen. „Die Erwähnungen Jesu bei antiken Historikern widerlegen Zweifel an seiner Geschichtlichkeit."[13] Darüber hinaus sollen die nichtchristlichen Notizen auch die Kontrolle einzelner Daten und Fakten der urchristlichen Jesusüberlieferung erlauben: seine Wundertätigkeit, seinen gewaltsamen Tod und die Existenz eines Herrenbruders namens Jakobus. Dieses von der Interessenlage der heidnischen Autoren her „holzschnittartige Bild" lässt sich nach Theißen/Merz mit den christlichen Quellen gut in Einklang bringen.[14]

Trotz bemühter Sachlichkeit scheint sowohl hier wie auch bei den angelsächsischen Theologen immer wieder durch, dass die Polemik des letzten Jahrhunderts ihre Spuren hinterlassen hat. Die Jesus-Leugner und frechen Insurgenten, von Bruno Bauer bis Arthur Drews und Anhang, sind offenbar nicht ganz vergessen; die Furcht, es könne sich ein ähnlicher Super-GAU irgendwann noch einmal wiederholen, steckt vielen Theologen immer noch in den Knochen und macht sich, wie wir unten sehen werden, bisweilen in pauschalen Diffamierungen Luft.

Es wurde schon angedeutet, dass anders als in Deutschland, wo Drews' „Christusmythe" bald wieder in Vergessenheit geriet, die Versuche, die

Historizität Jesu zu bestreiten und dabei mit dem Fehlen zuverlässiger außerchristlicher Zeugnisse zu argumentieren, in den angelsächsischen Ländern nach dem Krieg weitergingen. Zu den prominentesten Vertretern der Mythos-Theorie zählt der englische Germanist G. A. Wells, der seit den siebziger Jahren eine Reihe von Büchern zu diesem Thema veröffentlicht hat. In seinem vorläufig letzten Buch „The Jesus Myth“ bietet Wells eine ausführliche und sachliche Widerlegung aller Versuche, die außerchristlichen Zeugnisse als Beweis für die Existenz eines historischen Jesus zu benutzen.[15]

In den letzten Jahren hat Wells eine Reihe von Mitstreitern, ebenfalls aus den angelsächsischen Ländern, gefunden, die, von jeweils unterschiedlichen Ansätzen ausgehend, zu ähnlichen Ergebnissen gelangen. Zu ihnen gehören Robert M. Price,[16] Earl Doherty[17] und R. J. Hoffmann.[18] Die „Jesus-Mysteries“ des englischen Autorenduos Timothy Freke und Peter Gandy standen in England Ende der neunziger Jahre lange Zeit auf den Bestsellerlisten. Im Abschnitt „The Missing Man“ gehen die Autoren des reißerisch aufgemachten Buches den außerchristlichen Zeugnissen nach, die sie freilich etwas oberflächlich und lieblos abhandeln.[19]

In Deutschland ist von alledem bisher kaum etwas angekommen. Lediglich Theißen hat der Auseinandersetzung mit Wells in § 4 seines „Historischen Jesus“ ein paar Seiten gewidmet. Auf dessen Interpretation der außerchristlichen Zeugnisse gehen allerdings weder er noch Annette Merz in dem vorhergehenden Abschnitt ein.

Natürlich ist es nicht immer leicht zu entscheiden, inwieweit bei einer historischen Auseinandersetzung apologetische oder polemische Interessen im Hintergrund stehen. Letztlich ist diese Frage aber auch gleichgültig, da es nicht auf weltanschauliche oder religiöse Interessen ankommt, sondern auf die Qualität der Argumente. Insofern ist es auch müßig, den jeweiligen Gegnern das Vorhandensein einer „Tendenz“ vorzuwerfen. Man würde sich die Auseinandersetzung zu leicht machen, wenn man nicht anerkennen würde, dass eine solche „Tendenz“ für die wissenschaftliche Arbeit mitunter durchaus stimulierend sein kann. Freilich sollte sie nicht dazu führen, die Augen für andere Interpretationen zu verschließen. Jedenfalls reicht es nicht aus, wenn Theologen ihren Gegnern außer dem Vorwurf, sie betrieben „Tendenzkritik“, nichts anderes entgegenzusetzen haben. Ebenso leicht machen es sich natürlich auch diejenigen, die den Theologen ihrerseits „die undankbare Rolle wunschbestimmter Apologeten“ zuweisen.[20]

Klar ist, dass alle Diffamierungen und Totschlag-Argumente der Sache nicht dienen. Besonders Theologen berufen sich gern auf einen *common sense* und versuchen die Authentizität der außerchristlichen Zeugnisse, die sie oft gar nicht selber geprüft haben, mit der Behauptung zu verteidigen, diese würde „von keinem ernsthaften Forscher bestritten". Der oben erwähnte Bruce versucht den radikalen Zweifel *per se* als unwissenschaftlich zu diskreditieren und versteigt sich gar zu der Behauptung: „Die Geschichtlichkeit Jesu ist für einen unvoreingenommenen Historiker ebenso unumstößlich wie die Historizität Julius Cäsars. Wer von einem Christus-Mythos spricht, ist kein Historiker."[21]

In dieselbe Kerbe schlägt der inzwischen verstorbene Tübinger Theologe Martin Hengel. Dieser räumt zwar ein, dass die jüdischen oder paganen römisch-griechischen Quellen des 1. und 2. Jahrhunderts nur am Rande erscheinen, weil es sich beim Urchristentum in den Augen der römischen Behörden um eine Sekte von Schwärmern aus einer entlegenen römischen Provinz gehandelt habe. Dennoch, so fährt er fort, „zeigt ein Vergleich mit anderen Persönlichkeiten der antiken Welt, die keine eigenen schriftlichen Zeugnisse hinterlassen haben, dass die Historizität Jesu erstaunlich gut bezeugt ist: Wenn seit der radikalen Tendenzkritik des vorigen Jahrhunderts, etwa bei Bruno Bauer und bis hin zu Augsteins 'Jesus-Menschensohn', immer wieder die Geschichtlichkeit Jesu ganz oder halbherzig bezweifelt wurde, so deutet dies nur auf einen völligen Mangel an historisch-kritischem Denken hin. Gerne wird im Streit um Jesus die Behauptung aufgestellt, dass wir ja nur christliche, das heißt durchweg tendenziöse und daher unzuverlässige Zeugnisse besäßen, und dabei übersehen, dass es in den ersten 150 Jahren des Christentums für antike Verhältnisse eine beträchtliche Zahl sehr verschiedenartiger nichtchristlicher Zeugnisse gibt."[22]

Wir wollen es dem Leser am Ende dieses Buches selber überlassen zu beurteilen, wie es sich mit dem „völligen Mangel an historisch-kritischem Denken" verhält, den Hengel bei den Vertretern der „radikalen Tendenzkritik" feststellen zu können meint. Da es im Übrigen nicht nur eine radikale, sondern auch eine konservative „Tendenzkritik" gibt, die Hengel selber, dessen Werk immer wieder die Grenze hin zum Apologetischen überschreitet, meisterhaft beherrschte, sollte man mit gegenseitigen verbalen Verunglimpfungen auf diesem Gebiet generell vorsichtig sein.

## Die sechs „Kronzeugen“

Was Hengel mit einer „beträchtlichen Zahl sehr verschiedenartiger nichtchristlicher Zeugnisse“ meinte, ist nicht ganz klar. Es scheint, dass der im folgenden von ihm zitierte und kritisierte Browden mit seiner Behauptung, die Informationen, die wir den außerchristlichen Quellen verdankten, hätten „leicht auf einer Postkarte Platz“ und enthielten nichts, „was von substantiellem Interesse wäre“, richtiger lag.[23] Fasst man die in der Monographie von Bruce oder in dem Jesusbuch von Theißen/Merz aufgeführten *frühesten* außerchristlichen Quellentexte zusammen, so bleiben nur die folgenden sechs, deren Kernsätze in der Tat mühelos auf einer einzigen Postkarte Platz fänden:

1) das zweifache Zeugnis des jüdischen Historikers *Flavius Josephus* (Ant 20,200 und Ant 18,63-64, sogenanntes *Testimonium Flavianum*),

2) das Zeugnis des römischen Historikers *Tacitus* über den Brand von Rom und die neronische Christenverfolgung (Ann 15,44),

3) der Bericht des römischen Statthalters *Plinius d.J.* in einem Brief an den Kaiser Trajan und dessen Antwort (ep 10,96-97),

4) zwei Stellen aus dem Werk des römischen Geschichtsschreiber *Sueton* (Suet. Claud. 25,4; Suet. Nero 16,2),

5) ein erst neuerlich ins Spiel gebrachter Brief des Syrers *Mara bar Serapion* an seinen Sohn Serapion, der irgendwann nach 72 n. geschrieben sein soll,

6) und eine ominöse Passage aus dem verloren gegangenen und nur bei Julius Africanus und Georgius Synkellos in Auszügen erhaltenen Geschichtswerk des *Thallus* (nach 50 n. Chr. ).

Berücksichtigt man, dass von diesen sechs Zeugnissen eigentlich nur die Passagen bei Josephus, Tacitus, Plinius und Sueton als wichtige Quellen zum Beweis für die Historizität Jesu ernsthaft in Betracht gezogen werden können, wie selbst der konservative amerikanischen Theologe Evans einräumen muss,[24] reduziert sich die Zahl der angeblichen Zeugnisse noch einmal – und es zeigt sich, dass es sich bei Hengels „beträchtlicher Zahl sehr verschiedenartiger nichtchristlicher Zeugnisse“ um eine apologetische Übertreibung, vielleicht auch nur um Wunschdenken handelt.[25]

Bevor wir uns den oben erwähnten Zeugnissen im Einzelnen zuwenden, ist es vielleicht nicht ganz überflüssig anzumerken, dass die Diffamierung Andersdenkender bei Hengel, Bruce und anderen auch ihr Gutes hat.

Für meinen Teil muss ich gestehen, dass es für mich kein anregenderes, Forschergeist und –lust aktivierenderes Aphrodisiakum gibt als die von Wissenschaftlern selbstverständlich behauptete Feststellung, der Fall sei erledigt, die Akten würden geschlossen – zumal dann, wenn sie aus dem Munde von Theologen stammt, die schon von Amts wegen besser daran täten, endgültige Urteile von der Ankunft ihres Herrn zu erwarten. Der Satz von Bertrand Russell (1872-1970), dass Vorsicht geboten sei, wenn sich alle Experten einig seien, hat mich bei allem wissenschaftlichen Arbeiten begleitet und konnte durchweg immer wieder aufgrund eigener Erfahrung bestätigt werden. Ein „Roma locuta, causa finita“ (Rom hat gesprochen, die Sache ist erledigt) mag in der Kirche seine Berechtigung haben – in der Wissenschaft gewiss nicht.

Ein erneuter, frischer Blick auf die alten Texte ist auch deswegen sinnvoll, weil die Möglichkeiten zu deren Analyse und Einordnung heute wesentlich präziser und auch komfortabler sind als noch vor einigen Jahrzehnten. Zur Untersuchung lateinischer und altgriechischer Texte gibt es inzwischen eine Reihe von Datenbanken, mit deren Hilfe es möglich ist, die Verwendung von einzelnen Wörtern oder Lieblingswörtern bestimmter Autoren in Sekundenschnelle festzustellen, zu vergleichen und zeitlich einzuordnen. Mit dem *Thesaurus Linguae Graecae*, dem *Thesaurus Linguae Latinae Online*, der *Bibliotheca Teubneriana Latina Online*, der *Library of Latin Texts*, dem *Perseus-Project*, der digitalisierten Fassung der lateinischen und griechischen *Patrologia* von *Migne* verfügen Historiker, Philologen und Theologen zur sprachlichen Analyse von Texten heute über ein Instrumentarium, von dem früher niemand zu träumen wagte. Es ermöglicht ihnen Operationen, die sie allenfalls dann, mit großem zeitlichem Aufwand, hätten ausführen können, wenn sie sich häuslich in einer Universitätsbibliothek eingerichtet hätten.

Wir werden sehen, dass neben den inhaltlichen und historischen Argumenten die philologischen eine große Rolle spielen. Das mag nach recht trockener und mühseliger Arbeit klingen, ist es aber keineswegs: Für einen Fälscher ist nichts verräterischer als seine Sprache. Eine einzige ungewöhnliche Vokabel oder ein Wort zur Unzeit kann ihn verraten (vgl. z.B. den Abschnitt *Furta und latrocinia* im Plinius-Kapitel oder die *afflicti Christiani* bei Sueton). Die Philologie ist darum für die Untersuchung unserer Texte das, was etwa die Spurenkunde für den Kriminalisten ist: eine hochspannende Angelegenheit.

# 1. Christliche Interpolationen bei Flavius Josephus

## „Ich stamme übrigens aus einer keineswegs unbedeutenden Familie“ (Flavius Josephus, Leben und Werk)

Das literarische Werk des Josephus (37/38 - ca. 100 n. Chr. ) enthält die einzig erhaltene in sich geschlossene Darstellung der Ereignisse in Palästina im 1. Jahrhundert und gilt darum als unentbehrliche Quelle für die Geschichte des frühen Christentums. Leider ist diese Quelle nicht ganz so ergiebig, wie man sich das wünschen möchte, gibt es doch nur wenige Stellen, an denen der jüdische Historiker *ausdrücklich* auf das Christentum und dessen Stifter Bezug nimmt. Genau genommen sind es nur zwei[26] – und deren Authentizität ist umstritten.

Über das *Leben* des jüdischen Geschichtsschreibers sind wir sozusagen aus erster Hand, nämlich durch ihn selber informiert. Dass Informationen, die ein Autor über sich gibt, nicht unbedingt zuverlässiger sein müssen als solche, die wir von anderen über ihn erhalten, weiß jeder, der sich mit Autobiographien und dem Thema „Dichtung und Wahrheit“ beschäftigt hat. Immerhin gewähren uns Autobiographien das Vergnügen, den Autoren so zu sehen, wie er sich selber sehen möchte. Und wer dabei zwischen den Zeilen lesen kann, erhält nicht nur ein ungefähres Charakterbild, sondern kann auch noch den Abstand ermessen, der zwischen Anspruch und Wirklichkeit, zwischen Selbststilisierung und Realität liegt.

Bescheidenheit zählt, um es vorweg zu sagen, sicher nicht zu den größten Tugenden des Josephus. In seiner Autobiographie, die er prahlerisch mit seinem priesterlichen Stammbaum einleitet – „Ich stamme übrigens aus einer keineswegs unbedeutenden Familie“ (Jos Vit 5,1) –, schildert er seine Herkunft aus gutem Hause. Gleich im zweiten Abschnitt stellt er sich als vierzehnjähriges Wunderkind vor, das sogar von den Hohepriestern und Vornehmen der Stadt aufgesucht wurde, damit diese von ihm „eine besonders gründliche Auslegung des Gesetzes erfahren“. Nachdem Josephus bereits mit 16 Jahren die verschiedenen jüdischen Sekten, Pharisäer, Sadduzäer und Essener, kennengelernt hatte und eine Zeit lang Schüler des in der Wüste lebenden Asketen Banus war, entschied er sich mit 19 Jahren schließlich für die Pharisäer.

Mit vollendetem 26. Lebensjahr unternimmt er als Mitglied einer Gesandtschaft, die am kaiserlichen Hof die Freilassung zweier jüdischer Priester erbitten soll, eine Reise nach Rom. Vor der Ankunft kommt es in der Adria zu einem Schiffbruch; von den 600 Schiffspassagieren können sich nur 80 vor dem Ertrinken retten. Doch die Gesandtschaft hat Erfolg – den sich Josephus, von seiner eigenen Klugheit und Sprachgewandtheit völlig überzeugt, selbstverständlich selber ans Revers heftet. Nachdem er von der Gattin Neros, Poppaea, auch noch mit Geschenken bedacht wurde, tritt er, tief beeindruckt von Größe und Glanz der „Roma aeterna“, die Rückreise nach Palästina an.

Dort hatte das Feuer des Aufruhrs gerade erst zu glimmen begonnen. Josephus wird *nolens volens* mit hineingezogen und wird zum Befehlshaber der Truppen in Galiläa. Die Rolle, die Josephus im nun folgenden *Jüdischen Krieg* spielt, bleibt undurchsichtig. Als die nordgaliläischen Festungen nacheinander von den römischen Truppen unter ihrem Feldherrn Vespasian eingenommen werden, hält sich der Feldherr noch, fernab vom Kriegsgeschehen, in Tiberias auf. Der jüdische Historiker Graetz nahm an, dass Josephus, der sein Mäntelchen gern nach dem Wind hing, offenbar am liebsten schon bei Kriegsbeginn zu den Römern übergelaufen wäre.[27] Aber das bleibt eine – offensichtlich nicht auf Sympathie beruhende – Mutmaßung.

Bei der Belagerung von Jotapata versteckt sich Josephus zusammen mit 40 anderen jüdischen Aufständischen in einer Zisterne. Für die Idee eines gemeinsamen Massenselbstmordes kann er sich nicht erwärmen. Nachdem er zunächst ohne Erfolg seine ganze Überredungskraft aufgeboten hatte, die Aufständischen von der Sinnlosigkeit eines gemeinsamen Todes zu überzeugen, schlägt er vor, die Reihenfolge des Sterbens durch ein Losverfahren festzulegen und sich jeweils paarweise umzubringen. Der Vorschlag wird akzeptiert, und das Wunder geschieht: Josephus und ein Mann namens Nikanor haben Glück und sind als letzte dran. Die 38 übrigen Gefangenen liegen bereits entseelt am Boden, als Josephus und sein verbliebener Gefährte beschließen, den freiwilligen Heldentod vorerst zu vertagen und lieber zu kapitulieren. In seiner Selbstbiographie hat Josephus diese Episode ausgespart, vielleicht weil sie ihm inzwischen peinlich geworden war.[28]

Bei der Begegnung mit dem Feldherrn und späteren Kaiser Vespasian schlüpft der wandlungsfähige Josephus in die Rolle des Propheten. Er sagt ihm als verheißenem Messias und zukünftigem Kaiser des römischen Reiches eine glorreiche Zukunft voraus. Vespasian ist von der Weissagung verständlicherweise sehr angetan, schenkt dem Gefangenen das Leben und nimmt ihn mit nach Rom. Als sich die Prophezeiung zwei Jahre später tatsächlich erfüllt, erhält Josephus seine Freiheit zurück.

Als Pensionär am kaiserlichen Hof widmet er sich in den Jahrzehnten bis zu seinem Tode gegen Anfang des 2. Jahrhunderts vor allem der historischen Schriftstellerei. In den Jahren 75-79 entsteht ein voluminöses, aus sieben Büchern bestehendes Werk über den Jüdischen Krieg. Josephus stellt ihn, ganz im Sinne seiner Auftraggeber und Gönner, als ruhmreiche römische Erfolgsstory dar. Als die eigentlichen Schuldigen des Krieges gelten nun die jüdischen Fanatiker, d.h. Zeloten und Sikarier. Gewöhnlich treten sie nur als „Räuber" in den Blick, die mit verbrecherischem Unverstand und ideologischer Borniertheit die Malaise heraufbeschworen haben. Als packender Höhepunkt des Werkes gilt die Belagerung von Jerusalem, die Josephus in der Begleitung des Vespasian miterlebte und darum aus eigener Anschauung beschreiben kann.

In den zwischen 80-94 n. Chr. entstandenen „Jüdischen Altertümern" schildert Josephus in zwanzig Büchern die Geschichte des jüdischen Volkes von der Weltschöpfung bis zum Tode Kaiser Neros (68 n. Chr. ), d. h. bis zum Beginn des Jüdischen Krieges. Allerdings beansprucht die Zeitgeschichte, d.h. die Jahrzehnte unmittelbar vor dem Jüdischen Krieg, mehr Raum (etwa ein Drittel des Werkes), als man aufgrund des Titels annehmen möchte. Der erste Teil ist, soweit er die Geschichte bis zu den Makkabäern betrifft, häufig nur eine Paraphrase der biblischen Bücher. Die „Jüdischen Altertümer" entstanden vermutlich gegen Ende der Regierungszeit des Kaisers Domitian (81-96 n. Chr. ), dessen notorisches Misstrauen und eingefleischtes antijüdisches Vorurteil Josephus bei der Abfassung seines Werkes sicherlich im Geiste immer gegenwärtig gewesen sein mochten.

Von den kleineren Werken wurde schon die Selbstbiographie (*Vita*) erwähnt, eigentlich eine Verteidigungsschrift, in der Josephus sich gegen die Vorwürfe, die ein anderer Geschichtsschreiber des Jüdischen Krieges, dessen Werk leider nicht mehr erhalten ist, Justus von Tiberias (siehe S. 177), zur Wehr setzt. In seinem Werk „Gegen Apion“ tritt Josephus nicht als Geschichtsschreiber, sondern als Apologet des jüdischen Volkes auf.

Wie gesagt, verrät das Werk des Josephus nirgendwo Spuren einer Bekanntschaft mit Jesus oder dem Christentum – mit Ausnahme eben jener Stellen, von denen nun die Rede sein soll: ein Bericht über den Tod des Jakobus (Ant 20,200) und das sogenannte *Testimonium Flavianum* (Ant 18,63f).

## „Jakobus, der Bruder des Jesus, des sogenannten Christus“ (Ant 20,200-203)

Der Abschnitt, der sich auf den Tod des Jakobus bezieht, hat den folgenden Wortlaut:

> „Der jüngere Hannas (bzw. Ananus = Hannes II.) jedoch, dessen Ernennung zum Hohenpriester ich soeben erwähnt habe, war von heftiger und verwegener Gemütsart und gehörte zur Sekte der Saduccäer, die, wie schon früher bemerkt, im Gerichte härter und liebloser sind als alle anderen Juden. Zur Befriedigung dieser seiner Hartherzigkeit glaubte Hannas auch jetzt, da Festus gestorben, Albinus aber noch nicht angekommen war, eine günstige Gelegenheit gefunden zu haben. Er versammelte daher den hohen Rat zum Gericht und stellte vor dasselbe *den Bruder des Jesus, des sogenannten Christus,* mit Namen Jakobus, sowie noch einige andere, die er der Gesetzesübertretung anklagte und zur Steinigung führen liess. Das aber erbitterte auch die eifrigsten Beobachter des Gesetzes, und sie schickten deshalb insgeheim Abgeordnete an den König mit der Bitte, den Hannas schriftlich aufzufordern, dass er für die Folge sich ein ähnliches Unterfangen nicht mehr beifallen lasse, wie er auch jetzt durchaus im Unrecht gewesen sei. Einige von ihnen gingen sogar dem Albinus, der von Alexandrien kam, entgegen und stellten ihm vor, dass Hannas ohne seine Genehmigung den hohen Rat gar nicht zum Gericht habe berufen dürfen. Diesen Ausführungen pflichtete Albinus bei und schrieb im höchsten Zorne an Hannas einen Brief, worin er ihm die gebührende Strafe androhte. Agrippa aber entsetzte ihn infolge dieses Vorfalls schon nach dreimonatlicher Amtsführung seiner Würde und ernannte Jesus, den Sohn des Damnaeus, zum Hohenpriester.“[29]

Im Mittelpunkt des Interesses von Theologen und Historikern steht jene Passage, in der Jakobus als „Bruder des Jesus, des sogenannten Christus“ bzw. „des Christus genannten“ *(tou legomenou Christou)* bezeichnet wird. Nach verbreiteter Ansicht enthält der Abschnitt nicht nur wertvolle Nachrichten über den Tod des Herrenbruders Jakobus, sondern auch einen sicheren historischen Beleg für die Existenz seines Bruders Jesus.[30]

Jedoch ist gleich hinzuzufügen, dass es um die *äußere Bezeugung* der Passage sehr schlecht bestellt ist. Sie wird bis hin zu *Eusebius* (260/64 - 339/40) von niemandem erwähnt! Auch der Kirchenvater Origenes (185 - 254) hat sie nicht gekannt. Stattdessen zitiert er in seiner Schrift gegen Celsus nur eine andere Stelle aus den „Altertümern“, in der zwar vom *„Bruder des Jesus, des sogenannten Christus“* die Rede ist, nicht jedoch von den Details seines Todes. In diesem Zusammenhang kritisiert er, dass Josephus den Fall Jerusalems und die Zerstörung des Tempels nicht als Bestrafung der Juden für die *Kreuzigung Christi* ansieht, sondern stattdessen sagt, „diese Dinge seien über die Juden gekommen zur Sühne für Jakobus, den Gerechten, der ‘ein Bruder Jesu, des sogenannten Christus’ war, da sie diesen so gerechten Mann getötet hatten“ (Cels 1,47).

Noch an anderer Stelle in derselben Schrift (Cels 2,13) kommt Origenes auf die Zerstörung Jerusalems und auf Jakobus zurück. Sie geschah, wie er ein zweites Mal betont, „nach der Meinung des Josephus wegen des *Jakobus, des Gerechten, des Bruders von Jesus, des sogenannten Christus*, wie aber die Wahrheit beweist, wegen Jesus, des Gesalbten Gottes.“

Zum dritten Mal verweist Origenes in seinem Matthäuskommentar auf den Herrenbruder Jakobus: Hier betont er erneut, dass den Juden Gottes Zorn wegen des *Jakobus, des Bruders Jesu, des sogenannten Christus*, widerfahren sei.[31] Von den Umständen des Todes des Herrenbruders, so wie sie bei Josephus dargestellt werden, weiß er aber nichts.

Nebenbei bemerkt, will Origenes auch davon nichts wissen, dass Jakobus ein *leiblicher* Bruder des Herrn gewesen sein soll: Er hält ihn stattdessen für einen „Bruder im Geiste“. Er behauptet nämlich, Jesus und Jakobus hätten die Bezeichnung „Bruder“ „nicht wegen ihrer Blutsverwandtschaft oder ihrer gemeinsamen Erziehung, sondern wegen des Charakters und Geistes“ verdient (Cels 1,47). Hintergrund dafür ist natürlich das aufkommende Dogma von der bleibenden Jungfräulichkeit Mariens. Bruce und andere, die sich darüber freuen, dass Josephus von Jesu „Verwandtschaft mit Jakobus dem Gerechten“ Zeugnis ablegt, sollten das bedenken.[32]

Obwohl Origenes die Formel „Bruder des Jesus, des sogenannten Christus“ dreimal im Zusammenhang mit dem Tod des Jakobus und der Zerstörung Jerusalems zitiert, ist bemerkenswert, dass dieser Zusammenhang in den heute verfügbaren Handschriften des Josephus nirgendwo auch nur angedeutet wird. Die Lücke ist ein sicheres Zeichen dafür, dass von christlicher Seite schon sehr früh in den Text des Josephus eingegriffen wurde – aus welchen Gründen und von wem auch immer.[33]

Trotz Origenes bleibt es also dabei, dass die Stelle über den Tod des Jakobus erst *rund 200 Jahre später* von dem Kirchengeschichtsschreiber Eusebius zitiert wird (Hist Eccl 2,23; 4,22).

Die mangelhafte äußere Bezeugung der Passage hält freilich die Mehrzahl der Theologen nicht davon ab, sie dennoch für echt zu halten. Für Theißen/Merz kann „die Authentizität der Stelle" „als gesichert gelten". Merz weist darauf hin, dass der Text „fest mit seinem Kontext verbunden ist"[34] – was unbestritten ist –, so dass allenfalls die Bestimmung „Bruder Jesu, des sogenannten Christus" sekundär sein könnte. Doch sei dies auszuschließen, da die Notiz nach Meinung von Merz kein Interesse an Jesus selbst erkennen lässt, sondern ihn nur erwähnt, „um seinen Bruder zu benennen, ein Verfahren, das bei Josephus häufig begegnet".[35]

Dass Josephus zur Unterscheidung von anderen Namen oft einen Beinamen hinzufügt, ist wohl zutreffend. Merz übersieht allerdings, dass Josephus dabei in der Regel noch etwas genauer vorgeht. Der jüdische Rabbiner und Historiker *Solomon Zeitlin* (1892-1976) hat gezeigt, dass Josephus es im Allgemeinen nicht nur bei der bloßen Hinzufügung des Beinamens belässt, sondern für den Leser in der Regel auch noch einige nähere Informationen anhängt. Diese werden oft stereotyp wie Leitmotive wiederholt und dienen dazu, die Person besser zu identifizieren.

Zeitlin demonstriert dies eindrucksvoll am Beispiel der Judassöhne Menahem, Eleazar, Jakobus und Simon. Von dem ersten sagt Josephus im „Jüdischen Krieg": „Er war der Sohn des Judas, den man den Galiläer nannte, *ein äußerst angesehener Gelehrter, der unter Quirinius die Juden beschuldigt hatte, sie wollten nicht nur Knechte Gottes, sondern auch der Römer sein*" (Bell 2,433). Von Eleazar sagt Josephus (Bell 7,253): „Sein Name war Eleazar, der von Judas abstammte; *dieser wiederum – wir haben schon davon gehört – hatte damals, als Quirinius zur Volkszählung nach Judäa beordert war, zahlreiche Juden dazu gebracht, dass sie sich weigerten, an der Zählung teilzunehmen.*" Von den Judassöhnen Simon und Jakobus heißt es in den *Altertümern*: „Alexander ließ auch Jakobus und Simon, die Söhne des Galiläers Judas, *der, wie schon in einem der vorhergehenden Bücher erwähnt, während der Einschätzung des Quirinius das Volk zum Aufruhr verleitete,* ans Kreuz schlagen" (Ant 20,102). Josephus hätte es nach Zeitlin auch Ant 20,200 wohl kaum bei dem ungenauen „Jakobus, Bruder des Jesus, des sogenannten Christus", belassen, sondern gesagt: „dies ist der Christus, der von Pilatus gekreuzigt wurde."[36]

Noch problematischer allerdings wird es, wenn Merz, um die Authentizität der Stelle zu retten, behauptet, die Rede von Jesus, dem sogenannten Christus, spiegele *„eher jüdischen als christlichen Sprachgebrauch"*.[37] Hier scheint die Neutestamentlerin nicht mit dem letzteren vertraut zu sein. Tatsächlich begegnet der Ausdruck in den Evangelien gleich *viermal*, dreimal bei Matthäus, einmal bei Johannes: Mt 1:16: „Jakob aber zeugte den Joseph, den Mann Marias, aus der geboren wurde Jesus, *der sogenannte Christus* (*ho legomenos christos*)"; Mt 27:17.22 fragt Pilatus: „Wen soll ich euch losgeben, Jesus Barabbas oder Jesus, *den sogenannten Christus*?... Was nun soll ich tun mit Jesus, *dem sogenannten Christus* (*ton legomenon christon*)?" Und schließlich sagt die Samaritanerin im Gespräch am Brunnen zu Jesus, Joh 4:25: „Ich weiß, dass der Messias kommt, *der sogenannte Christus* (*ho legomenos christos*)." Von einem spezifisch jüdischen Sprachgebrauch kann, wie man sieht, also nicht die Rede sein. Die Formel ist gut neutestamentlich und könnte einem Interpolator sehr wohl aufgrund seiner Kenntnis der Evangelien in die Feder geflossen sein.

Dass Josephus von „Jesus, dem sogenannten Christus" gesprochen haben soll, ist aber vor allem wegen der politischen Implikationen, die der Begriff „Christus" gerade für Juden und gerade für Josephus hatte, extrem unwahrscheinlich – und eben darum das *entscheidende Argument gegen die Echtheit* der Stelle. Solche Naivität wird man Josephus kaum unterstellen können, er habe nicht gewusst, welche Bewandtnis es mit diesem Begriff (Christus = Messias) hatte und dass dieser neben der religiösen eine eminent *politische* Dimension besaß – handelte es sich doch dabei um eben jenen Titel, wie ihn offenbar auch Messiasprätendenten wie z.B. Simon, Menahem und Johannes für sich beansprucht hatten, die, nach Josephus, die Verantwortung für den Untergang Israels trugen.[38] In der Zeit nach dem Jüdischen Krieg, in der Josephus sein Werk verfasste, mochte der Titel „Christus" am römischen Hof etwa denselben Klang gehabt haben wie – *mutatis mutandis* – der Begriff „Führer" nach dem 2. Weltkrieg in den Ohren der Alliierten. Nicht nur war dieser in den Augen Roms und seiner Vasallen vollständig desavouiert, darüber hinaus bestand auch die Gefahr, dass sich die damit verbundenen messianischen Erwartungen, die in einem Großteil der jüdischen Bevölkerung immer noch lebendig waren, erneut in politischen Unruhen Ausdruck verschafften, wie dies dann in den Jahren 115-117 n. Chr. sowie ein letztes Mal im Bar Kochba-Aufstand 132-135 n. Chr. der Fall war. Der einzige „Christus", den Josephus hätte gelten lassen können, war der römische Kaiser Vespasian (Bell 6,313). Das scheint auch der Grund dafür zu sein, dass Josephus es selbst dort vermied, von „Christus“ zu sprechen, wo dies einen vernünftigen Sinn gemacht hätte, nämlich bei den eben erwähnten jüdischen Messiasprätendenten. Der jüdische Pensionär am römischen Hof wäre wohl allzu leicht in den Ruf politischer Unzuverlässigkeit geraten und hätte sich leicht dem Verdacht ausgesetzt, mit den ehemaligen jüdischen Freiheitskämpfern zu liebäugeln. Als „neutrale Formel“, so neben Theißen/Merz auch Hengel,[39] hätte der politisch inkorrekte Ausdruck „Christus“ also auf gar keinen Fall gebraucht werden können.

Es ist erstaunlich, dass Hengel trotz seines kenntnisreichen Buches über die Zeloten[40] an dieser Stelle für die politische Dimension des Messiasbegriffs vollkommen blind ist. „Jesus, der sogenannte Christus“ war etwas ganz anderes als das harmlose „Jesus mit dem Beinamen Justus“, das Annette Merz als Beispiel anführt.[41] Auch wenn es bei Josephus einschränkend heißt, dass Jesus nur Christus *genannt*, d.h. von anderen als Christus bezeichnet wurde, hätte er den darin zum Ausdruck kommenden Anspruch niemals kommentarlos übergehen können, auch und gerade dann nicht, wenn er selber ein heimlicher Christ gewesen wäre – dies allerdings eine Möglichkeit, die wohl ganz ausscheiden kann, nicht nur, weil schon Origenes bemerkte, dass Josephus „nicht an Jesus als den Christus glaubte“.

Ist es daher ganz unwahrscheinlich, dass Josephus kommentarlos von dem „sogenannten Christus“ gesprochen haben soll, so lässt sich doch keineswegs ausschließen, dass die Wendung „Bruder des Jesus“ tatsächlich ursprünglich ist. Allerdings bezog sie sich offenbar zunächst noch keineswegs auf Jesus von Nazaret, sondern naheliegender Weise wohl nur auf eben jenen Jesus, *den Sohn des Damnaeus*, der am Ende des oben zitierten Abschnitts als Nachfolger des seines Amtes enthobenen jüngeren Hannas genannt wird. Wir erinnern uns:

> „Agrippa aber entsetzte ihn infolge dieses Vorfalls schon nach dreimonatlicher Amtsführung seiner Würde und ernannte *Jesus, den Sohn des Damnaeus*, zum Hohenpriester“ (Ant 20,203).

Dadurch ergibt die ganze Stelle im Übrigen auch einen klaren historischen Sinn: Sie weist offenbar auf einen Machtkampf zweier hohepriesterlicher Familien hin, bei dem zunächst die Familie des Hannas die Oberhand hatte. Mit einem eklatanten Fall von Amtsmissbrauch, der Hinrichtung des Jakobus, einem Bruder des Damnaeus-Sohnes Jesus, scheint jedoch der jüngere Hannas einen Schritt zu weit gegangen zu sein. Das Pendel schlug um, und da sich auch die politischen Machtverhältnisse geändert hatten, wurde Hannas seines Amtes enthoben; an seine Stelle trat ein Mitglied der gegnerischen Familie, der Damnaeus-Sohn *Jesus*. Mit dem Mann aus Nazaret und dessen Familie hatte das alles ursprünglich gar nichts zu tun.[42]

Es scheint, dass ein späterer Christ – wer dies war, wird noch zu klären sein – im Jakobus des Josephus den Herrenbruder Jakobus wiederzuerkennen glaubte und einfach die Wendung „der sogenannte Christus“ hinzufügte.

## Hegesipp über den Tod des Jakobus

Nun gibt es allerdings neben dem Bericht des Josephus noch ein zweite Überlieferung, in der ebenfalls von einem Märtyrertod des Jakobus die Rede ist. Sie stammt aus der Feder des „ersten Kirchenhistorikers“ Hegesipp und steht im 5. Buch seiner um ca. 180 entstandenen, nur fragmentarisch (von Eusebius) überlieferten „Erinnerungen“ bzw. „Denkwürdigkeiten“.[43] Sollte dies nicht dafür sprechen, dass die oben kritisierte Auffassung doch richtig ist und wir es bei dem Text aus den „Altertümern“ mit einem *Parallelbericht* zu tun haben, so dass der Jakobus des Josephus in der Tat mit dem Herrenbruder Jakobus identisch ist?

Dann müssten beide Berichte miteinander im Wesentlichen übereinstimmen. Davon kann allerdings keine Rede sein. Zwischen Hegesipps Bericht über die Hinrichtung des Jakobus und der Darstellung des Josephus gibt es gravierende Unterschiede. Man vergleiche nur die wichtigsten Passagen aus dem Bericht des Hegesipp mit dem Abschnitt bei Josephus:

> „Die Kirche wurde übernommen von den Aposteln und Jakobus, dem Bruder des Herrn, der von den Zeiten des Herrn an bis auf unsere Tage allgemein der Gerechte genannt wurde; denn es gab noch viele, die den Namen Jakobus führten... Die erwähnten Schriftgelehrten und Pharisäer führten nun Jakobus auf die Zinne des Tempels und riefen ihm zu: ‘Gerechter, dem wir alle folgen müssen! Da das Volk sich von Jesus, dem Gekreuzigten, irreführen lässt, so tue uns kund, wer die Türe Jesu ist!’ Er antwortete mit lauter Stimme: ‘Was fragt ihr mich über den Sohn des Menschen? Er thront im Himmel zur Rechten der grossen Kraft und wird kommen auf den Wolken des Himmels’. Als auf dieses Zeugnis des Jakobus hin viele voll Überzeugung in Lobpreisungen ausbrachen und riefen: ‘Hosanna dem Sohne Davids!’ – da sprachen die gleichen Schriftgelehrten und Pharisäer zueinander: ‘Wir haben ungeschickt gehandelt, da wir Jesus zu solchem Zeugnis halfen. Doch lasset uns hinaufsteigen und ihn hinabstürzen, damit sie aus Angst nicht an ihn glauben!’ Da sie schrien: ‘Oh, oh, auch der Gerechte hat sich irreführen lassen!’ erfüllten sie die bei Isaias geschriebenen Worte: ‘Lasset uns den Gerechten aus dem Wege räumen; denn er ist uns lästig! Sie

> werden nunmehr die Früchte ihrer Werke geniessen'. Sie stiegen nun hinauf und warfen den Gerechten hinunter. Und sie schrien zueinander: 'Lasset uns Jakobus, den Gerechten, steinigen!' Und sie begannen, ihn zu steinigen; denn obwohl er hinabgestürzt worden war, war er noch nicht tot. Vielmehr richtete er sich auf und betete auf den Knien: 'Ich bitte dich, Herr, Gott und Vater, verzeihe ihnen, denn sie wissen nicht, was sie tun!' Während sie ihn noch steinigten, rief ein Priester aus der Familie Rechab, des Nachkommen der Rechabim, welche der Prophet Jeremias erwähnt: 'Haltet ein! Was tut ihr? Der Gerechte betet für euch!' Da nahm einer aus ihnen, ein Walker, das Holz, womit er die Kleider presste, und schlug es auf den Kopf des Gerechten. So starb er den Zeugentod. Man begrub ihn an derselben Stelle in der Nähe des Tempels. Noch jetzt ist sein Grabmal in der Nähe des Tempels. Jakobus war für Juden und Heiden ein glaubwürdiger Zeuge der Messianität Jesu. Bald darauf folgte die Belagerung durch Vespasian."[44]

Es bedarf einer gewissen Phantasie, um die von Hegesipp berichteten dramatischen Umstände bei der Tötung des Jakobus in dem prosaischen Bericht des Josephus wiederzufinden. Abgesehen von der Namensgleichheit der beiden gesteinigten Delinquenten hat die ganze Darstellung kaum etwas mit der des Josephus gemein. Die *christologische Debatte* am Beginn fehlt (die Josephus, wenn er tatsächlich der Verfasser der Formel „der sogenannte Christus" gewesen wäre, doch wohl kaum hätte auslassen können!); ebenso der *Tempel als Schauplatz des Geschehens* mitsamt dem *Sturz von der Tempelzinne*, außerdem der *Priester aus dem Geschlecht der Rechabiten* und schließlich auch der *Walker*, der das Schicksal des Jakobus mit einem Schlag auf den Kopf besiegelt. Zudem berichtet Josephus noch von der Hinrichtung weiterer Angeklagter („sowie noch einige andere, die er der Gesetzesübertretung anklagte"), während es bei Hegesipp nur um die Tötung des *Jakobus* geht. Alle werden aufgrund eines Gerichtsurteils, nicht aber bei einem *Tumult* getötet. Auch müsste die Steinigung nach dem chronologischen Aufriss des Josephus im Jahre 62 geschehen sein, also vier Jahre vor Ausbruch des Jüdischen Krieges; der von Hegesipp berichtete Tod des Jakobus geschah stattdessen unmittelbar *vor Ausbruch des Krieges im Jahre 66*, denn „bald darauf folgte die Belagerung durch Vespasian".

Kurz, kritische Leser kämen vermutlich gar nicht auf die Idee, dass wir es bei beiden Berichten mit der Darstellung ein und desselben Vorkommnisses zu tun haben, wenn sie nicht früh durch einen christlichen Interpolator miteinander in Zusammenhang gebracht worden wären, der den Bericht des Josephus durch einen kleinen Kunstgriff, die Hinzufügung des „sogenannten Christus", mit der christlichen Tradition über den Herrenbruder Jakobus, verknüpfte. Auf diese Weise wurde Josephus zu einem glaubwürdigen Gewährsmann christlicher „Geschichte."

Das Verfahren des Interpolators, der sozusagen mit einem Federstrich eine Josephusstelle zum Bericht über den Märtyrertod des Herrenbruder Jakobus umdeutete, erinnert ein wenig an den Fälscher des *sogenannten Jakobus-Ossuars*, d.h. jenes Knochenbehältnisses, in dem angeblich die Überreste des Jakobus aufbewahrt worden sein sollten. 2001 wurde in der Tel Aviver Antiquitäten-Sammlung des Oded Golan ein Ossuar mit der aramäischen Aufschrift: „*Jakobus, Sohn des Josef, Bruder des Jesus*" „entdeckt". Der „Fund" galt als Mediensensation, und tatsächlich fanden sich auch einige Gelehrte wie z.B. der renommierte katholische Epigraphiker André Lemaire von der *École Pratique des Hautes Études* in Paris, die sich nicht zu schade dafür waren, ihren Ruf aufs Spiel zu setzen und sich in der Öffentlichkeit für die Echtheit des Ossuars stark machten. Ihr Name muss nun freilich für immer mit der Blamage verbunden bleiben, einem Fälscher auf den Leim gegangen zu sein. Wie eine von der israelischen Antikenverwaltung (*Israel Antiquities Authority*) angeordnete Untersuchung im Jahre 2003 ergab, war die Inschrift des Zusatzes auf dem Ossuar später hinzugefügt worden – von dem „Entdecker" Oded Golan höchstpersönlich! Golan hatte den knappen Zusatz „Bruder des Jesus" nach intensiven Recherchen im „Catalogue of Jewish Ossuaries in the Collection of the State of Israel" (No. 396, 570, 573) in eine Verwitterungsschicht auf der Rückseite eines alten Ossuars eingeritzt und künstlich mit Patina versehen! Wer fühlte sich dabei nicht unwillkürlich an Jakobus, „den Bruder des Jesus" und das durch den Interpolator hinzugefügte „des sogenannten Christus" erinnert?

Wer der Interpolator war, dem wir die Identifizierung von Jakobus, dem Sohn des Damnaeus, mit dem Herrenbruder Jakobus zu verdanken haben, kann hier noch nicht entschieden werden. Da aber der Kirchengeschichtsschreiber *Eusebius* der erste ist, der den interpolierten Josephustext zitiert, weisen alle Spuren in die konstantinische Zeit, vielleicht sogar auf Eusebius selbst. Unser Verdacht wird zur Gewissheit werden, wenn wir uns dem *Testimonium Flavianum* zuwenden.

## Das Testimonium Flavianum (Ant 18,63f)

Nur zur Information des Lesers, nicht zu seiner Einschüchterung, sei gesagt, dass es sich beim Testimonium Flavianum (TF) um eine der „am meisten diskutierten Passagen bei Josephus, vielleicht auch der gesamten antiken Literatur" handelt.[45] Allein in den Jahren 1937-1980 sollen mehr als 87 Veröffentlichungen darüber erschienen sein.[46] Die Debatte darüber hält bis heute an.

Wie die amerikanische Historikerin Alice Whealey in ihrer forschungsgeschichtlich ausgerichteten Arbeit gezeigt hat, wurde die Echtheit über Jahrhunderte von niemandem bestritten. Erst im 16. Jahrhundert regten sich Zweifel (Andreas Osiander, Joseph Justus Scaliger), wobei häufig aus zeitgeschichtlich bedingten Interessen Korrektur-, Interpolations- und Überarbeitungshypothesen vorgeschlagen wurden, was heutigen Wissenschaftlern eine Warnung hätte sein können.[47] Als der Streit um die Echtheit Anfang des 20. Jahrhunderts durch das Urteil von Philologen vom Format eines Eduard Norden zugunsten der „Interpolationshypothese" entschieden wurde – Norden gab damals der Hoffnung Ausdruck, dass „nunmehr das Zeugnis des Juden über Jesus Christus dauernd in der Versenkung verschwinden" möge[48] – , hätte man meinen können, dass die ganz Angelegenheit damit ein Ende gefunden habe. Das hieße allerdings, von der optimistischen Erwartung auszugehen, dass auch Theologen sich ins Unvermeidliche schicken (Mt 6:10) und damit abfinden können, eines der von ihnen am meisten favorisierten Jesuszeugnisse als wertlos zu betrachten. Es hat gerade in den letzten Jahrzehnten wieder eine Flut von Untersuchungen zum TF gegeben, in denen man das Rad der Geschichte noch einmal zurückzudrehen und die Echtheit des Zeugnisses oder doch wenigstens seines vermeintlichen Kerns durch die sogenannte „Überarbeitungshypothese" zu retten versuchte. Heute spricht man stolz davon, dass ein „breiter Konsens" bzw. eine „Forschungsmehrheit"[49] wieder von der Echtheit einer auf Josephus zurückgehenden Grundgestalt des TF ausgehe.[50] Die neueren Publikationen von Mason und Meier schließen ihre Abhandlungen sogar mit der triumphierenden Feststellung, dass „es statthaft [ist], Josephus als Beleg dafür zu nehmen, dass Jesus gelebt hat, wenn ein solcher Beleg denn nötig" ist.[51]

Na bitte! Da wissenschaftliche Auseinandersetzungen allerdings nie durch Mehrheitsmeinungen, sondern durch bessere Argumente entschieden werden, ist auf „Trends" nur wenig zu geben; ein „broad consensus"[52] sagt über Richtigkeit oder Unrichtigkeit einer wissenschaftlichen These noch nicht viel aus und über den wissenschaftlichen Fortschritt auch nicht.

Auch hat sich die Quellenlage seit Eduard Norden gar nicht wesentlich verändert. Bei den „neuerschlossenen Quellen", von denen Annette Merz spricht,[53] denkt sie vermutlich an die arabische Fassung des TF, die

1971 erstmals von Shlomo Pines in die Diskussion eingebracht wurde.[54] Die Quelle ist allerdings recht spät und, wie wir noch sehen, von zweifelhaftem Wert. Möglicherweise denkt Merz auch noch an die einst von Robert Eisler zur Rekonstruktion herangezogene altrussische Übersetzung des „Jüdischen Krieges", den sogenannten *Slawischen Josephus.*[55] Deren Quellenwert ist noch fragwürdiger und wurde, wie man heute weiß, von Eisler maßlos überschätzt.[56]

Es ist ein Schauspiel für sich, zu sehen, was (nicht nur) Theologen alles anstellen und welchen wissenschaftlichen Aufwand sie betreiben, um die Authentizität oder doch wenigstens einen Zipfel davon für das TF zu retten. Und es entbehrt nicht der Komik, wenn zumal konservative Theologen, die sich an anderer Stelle mit literarkritischen Operationen immer sehr schwer tun, dort, wo sie nicht umhinkönnen, den Interpolationsvorwurf im Prinzip anzuerkennen, selber auf die Suche nach einer möglichen „Grundgestalt" machen und sich an allerlei möglichen und unmöglichen Rekonstruktionen versuchen. Der Phantasie scheinen dabei keinerlei Grenzen gesetzt, so dass das Motto ihrer Arbeit, in Ermangelung überprüfbarer Originaltexte, frei nach dem Motto Thomas Manns, lauten könnte: „Alles muss in der Luft stehen."[57]

Der Wortlaut des TF ist nun (in meiner deutschen Übersetzung) der folgende:

> (18,63) „Um diese Zeit lebte Jesus, ein weiser Mensch, wenn man ihn einen Menschen nennen darf. Er war nämlich der Vollbringer unglaublicher Taten, ein Lehrer von Menschen, die mit Freude die Wahrheit annehmen, und zog teils viele Juden und teils auch Griechen an sich. Er war der Christus. (18,64) Und als ihn nach Hinweisen führender Männer von uns Pilatus zum Kreuz verurteilte, gaben diejenigen, die ihn zuerst geliebt hatten, nicht auf. Er erschien ihnen nämlich am dritten Tage wieder lebend, wie neben zehntausend anderen wunderbaren Dingen die göttlichen Propheten gesagt hatten. Und noch bis jetzt ist der nach ihm genannte Stamm der Christen nicht verschwunden."

Merkwürdigerweise erübrigt sich für Hengel, der sonst sehr darum bemüht ist, sich den Anschein methodischer Strenge zu geben und nicht mit starken Worten gegen das angebliche historisch-kritische Unvermögen der „radikalen Tendenzkritik" spart (siehe S. 16), diesmal jedes Eingehen auf die sogenannten *argumenta externa*, d.h. auf die frühesten Textzeugen.[58] Warum? Es gibt keine! In der Zeit vor Eusebius, dem ersten Zeugen, der das TF an drei Stellen seines Werkes zitiert, gibt es nicht einen einzigen christlichen Schriftsteller, der das TF erwähnt. Der früheste christliche Zeuge ist dann erst der Kirchenvater Hieronymus, ca. 100 Jahre nach Eusebius.[59] Dies ist umso verwunderlicher, als gerade die christlichen Apologeten des 2. Jahrhunderts den Abschnitt aus den „Altertümern" sehr gut hätten gebrauchen können. Er hätte ihnen willkommene Gelegenheit gegeben, allen heidnischen Anfeindungen zum Trotz zu zeigen, was das Christentum wirklich war und wie es selbst von dem jüdischen Geschichtsschreiber Josephus beurteilt wurde: eine Religion für Menschen, die „mit Freude die Wahrheit aufnehmen", gestiftet von einem Mann, der, wenn man ihn überhaupt einen Menschen (und nicht einen Gott) nennen darf, ausgewiesen durch unerhörte Taten, bis er am Kreuz starb, auferstand usw. Und dies alles, wie gesagt, aus der Feder des Geschichtsschreibers Josephus! Es ist in der Tat schwer nachzuvollziehen, warum sich Justin, Tatian, Aristides, Athenagoras, aber auch Irenäus, Hippolyt, Octavius, Firmicus Maternus, Tertullian, Clemens von Alexandrien, Origenes, Cyprian, Arnobius usw. usw. diese wunderbare Gelegenheit entgehen ließen. K. A. Olson, einer der wenigen Forscher, die dem gegenwärtigen Trend zur „hermeneutics of belief" nichts abgewinnen kann, weist zusätzlich noch auf den bemerkenswerten Umstand hin, dass *zwölf* christliche Schriftsteller vor Euseb *Josephus zitieren,* ohne das TF zu erwähnen.

Besonders das *Schweigen des Origenes* müsste in den Augen der Exegeten, die an der Echtheit oder einem authentischen, auf Josephus zurückgehenden Grundbestand festhalten, schwer wiegen, weil Origenes weiß, dass der Herrenbruder bei Josephus erwähnt wird und sogar dreimal die Formel von „Jesus, dem sogenannten Christus" zitiert, die er bei Josephus gelesen haben will. Welchen Grund sollte er gehabt haben, seinen Lesern diese zentrale Stelle aus den Altertümern vorzuenthalten, wenn er sie gekannt hätte? Völlig unbegreiflich wäre sein Schweigen zumal dann, wenn er, wie Hengel glaubt, sogar mit der angeblich „neutralen Formel" *tou legomenou Christou* auf das TF habe zurückweisen wollen.[60]

## Das Testimonium Flavianum im Kontext

Neben dem Fehlen früher Textzeugen gibt es einen weiteren problematischen Punkt, der dafür spricht, dass wir es mit einer Interpolation zu tun haben: den *Kontext.* Das TF sprengt den Zusammenhang. Nimmt man den Abschnitt Ant 18,63-64 heraus, so schließt sich der vorherige Text nahtlos an den Text danach (Ant 18,65) an. Josephus hatte kurz vorher damit begonnen, die Aufstände bzw. Unruhen (*thoryboi*) aufzuzählen, die in die Regierungszeit des Pontius Pilatus fielen. Während diese Erzählung 63-

64 nicht fortgesetzt wird und weder das Wort *thorybos* oder *stasis* noch irgendein anderes Synonym im TF begegnet, heißt es gleich im Anschluss: „Gleichfalls um diese Zeit traf auch noch ein anderes Unglück die Juden..." (Ant 18,65). Da mit diesem Unglück kaum auf das Erscheinen Jesu Bezug genommen werden soll,[61] kann es sich sinnvoll nur auf den Abschnitt davor beziehen, der nach dem Bericht über die Plünderung des Tempelschatzes durch Pilatus und die daraus resultierenden Unruhen unter den Juden mit den Worten schloss: „So wurde dieser Aufruhr unterdrückt" (Ant 18,62).

Weiterhin enthält das TF drei sofort ins Auge springende bekenntnishafte Aussagen, die schwerlich aus der Feder des Juden Josephus stammen können: den Satz: „Er war der Christus", die Anspielung auf die Gott-Menschheit Christi: „wenn man ihn einen Menschen nennen darf", und die an das Apostolische Glaubensbekenntnis erinnernde Bemerkung, dass Jesus seinen Jüngern „am dritten Tage wieder lebend" erschienen sei.

Auch Bruce sieht, dass es sich hierbei um ein offenes Glaubensbekenntnis handelt. Er erinnert daran, dass Josephus im römischen Kaiser Vespasian statt in Jesus den Messias (Christus) erkannte. Und er zitiert Origenes, der festgestellt hatte, dass Josephus „nicht an Jesus als den Christus glaubte". Bruce kommt darum zu dem für konservative Forscher gewiss schmerzlichen, aber unausweichlichen Schluss, „dass dieser Abschnitt [= „er war der Christus"] in der Zeit zwischen Origenes und Eusebius durch einen christlichen Abschreiber oder Herausgeber in den Bericht des Josephus eingefügt worden ist".[62]

## Überarbeitungshypothesen

Wer allerdings geglaubt hatte, dass die Debatte an diesem Punkt von Bruce beendet und das TF aus der Zeugenliste gestrichen würde, sieht sich getäuscht. Wir erwähnten schon, dass die Echtheitshypothese, nachdem sie in ihrer ursprünglichen Form von Eduard Norden zu Grabe getragen wurde, seit mehreren Jahrzehnten eine wundersame Auferstehung feiert. Heute gibt es wieder eine Mehrheit von Theologen und Historikern, die an die Authentizität des TF in veränderter Form glaubt. Nun soll nicht mehr der Abschnitt in Gänze Fabrikat eines christlichen Interpolators sein, sondern nur einige Textpassagen, die in den ursprünglichen, auf Josephus zurückgehenden Wortlaut des Textes eingefügt wurden.

Auch Bruce scheint mit dieser Möglichkeit zu rechnen und kommt nach der Besprechung der neuen *Überarbeitungshypothesen* zu dem für ihn und den Leser beruhigenden Ergebnis, „dass Josephus von der Existenz Jesu Zeugnis ablegt, von seiner Verwandtschaft mit Jakobus dem Gerechten, von seinem Ruf als Wundertäter, von seiner Kreuzigung unter Pontius Pilatus als Folge von Anklagen, die durch die jüdischen Führer gegen ihn vorgebracht waren..." usw. [63]

Die Mehrzahl der Gründe dafür, die Akte „TF", die bereits geschlossen schien, noch einmal wieder zu öffnen und den Fall erneut aufzunehmen, ist nicht neu:[64]

- das TF sei in allen erhaltenen Handschriften überliefert;
- das TF enthalte „deutliche Anklänge an den Sprachgebrauch des Josephus";[65]
- der „sogenannte Christus" (Ant 20,200) sei als Replik zu verstehen und zeige, dass vorher von Jesus die Rede gewesen sein müsse;
- die erst jüngst in den Fokus der Aufmerksamkeit geratene arabische Version des TF, zitiert von *Agapius*, dem Bischof aus Hierapolis (10. Jh.), enthalte keine bzw. weniger Interpolationen.

Auf dieser Grundlage glaubt man sich nun legitimiert, an einem „Grundbestand" des TF festzuhalten und eine ganz eigene „ursprüngliche" Version des TF zu rekonstruieren. Da es aber an zuverlässigen und verbindlichen literarkritischen Kriterien fehlt, sind der Phantasie der Wissenschaftler Tor und Tür geöffnet. Darum fallen die Resultate auch ganz unterschiedlich aus. Während R. Eisler, W. Bienert, E. Bammel u.a. eine *jesusfeindliche* Urform des Josephustextes annehmen und sich den Text des TF von dieser Ausgangsbasis aus „zurechtschneidern", hier Worte weglassen und da Worte ändern oder einfügen,[66] halten andere wie z.B. J. Klausner, P. Winter, G. Vermes, J.P. Meier und Theißen/Merz eine *neutrale* Version für die ursprüngliche, die sie ebenfalls durch Kürzungen oder Änderungen rekonstruieren zu können glauben. Am Ende präsentieren sie uns als Entdeckung genau den Jesus, auf den ihre methodischen Vorgaben von Anfang hinausliefen und den sie offenbar auch von Anfang an haben wollten. Es ist, als würde sich das ganze Dilemma der Leben-Jesu-Forschung im Streit um die Rekonstruktion des TF *in nuce* widerspiegeln.

Da inzwischen fast jeder Exeget eine eigene Version des TF rekonstruiert hat, wird es uns der Leser nachsehen, wenn wir nicht auf alle eingehen können. Aus der Menge der Überarbeitungshypothesen sei zur Veranschaulichung des hier angewandten methodischen Verfahrens nur eine herausgegriffen. Sie hat inzwischen tatsächlich eine gewisse Verbindlichkeit erreicht – auch wenn diese meistens nur darin besteht, sie zur Grundlage für einen erneuten Rekonstruktionsversuch zu machen –, stammt von J. P. Meier und sieht so aus:

> „Um diese Zeit lebte Jesus, ein weiser Mensch, ~~wenn man ihn einen Menschen nennen darf.~~ Er war nämlich der Vollbringer unglaublicher Taten, ein Lehrer von Menschen, die mit Freude die Wahrheit annehmen, und zog teils viele Juden und teils auch Griechen an sich. ~~Er war der Christus.~~ Und als ihn nach Hinweisen führender Männer von uns Pilatus zum Kreuz verurteilte, gaben diejenigen, die ihn zuerst geliebt hatten, nicht auf. ~~Er erschien ihnen nämlich am dritten Tage wieder lebend, wie neben zehntausend anderen wunderbaren Dingen die göttlichen Propheten gesagt hatten.~~ Und noch bis jetzt ist der nach ihm genannte Stamm der Christen nicht verschwunden."

Wie man sieht, begnügt sich Meier mit der „minimalistischen Lösung", d.h. mit insgesamt drei Streichungen. Er lässt einfach den bisherigen Stein des Anstoßes weg, die drei nach christlichem Bekenntnis riechenden Aussagen, behauptet ohne Begründung und Anhalt in anderen Handschriften, dass diese nicht im Urtext gestanden hätten und erhält, wen wundert's, tatsächlich einen Text,[67] der nicht mehr ganz so christlich klingt und dem man dem Juden Josephus mit ein wenig guten Willen vielleicht zutrauen möchte. Im Vergleich zu den wilden Spekulationen der Vertreter einer *jesusfeindlichen* Urform des Josephustextes nehmen sich Meiers Streichungen sogar bescheiden aus. Methodisch sind sie freilich genauso fragwürdig und willkürlich wie deren Rekonstruktionen, nur dass der Unsinn der Methode – die berühmte Katze, die sich in den Schwanz beißt[68] – nicht so ins Auge springt wie bei ihnen. Das ist vermutlich auch der Grund für ihre weite Verbreitung und relative Beliebtheit.

Mit ihrer „Überarbeitungshypothese" glauben sich deren Anhänger außerdem in der Lage, noch eine andere Ungereimtheit erklären zu können: das Schweigen der christlichen Schriftsteller über das TF vor Eusebius. „Wenn das *Testimonium*", so lesen wir bei Friedrich-Wilhelm Horn, „in voreusebianischer Zeit eine Textgestalt hatte, in der die spezifisch christlichen Aussagen noch nicht eingetragen waren, dann bestand für die christlichen Schriftsteller vor Euseb auch kein überzeugender Anlass, auf das *Testimonium Flavianum* einzugehen. Denn im Sinne christlicher Apologetik ist der Text erst dann interessant, sobald in ihm christliche Aussagen vorliegen, so dass mit Josephus gegen Juden argumentiert werden kann."[69]

Wirklich? Bietet das TF nicht auch nach Abzug der christlichen Bekenntnisstellen immer noch ein geradezu strahlendes Bild vom Christentum bzw. dessen Begründer? Die christlichen Apologeten sollten keinen Anlass gehabt haben, sich auf das Bild des „weisen Mannes", „Vollbringers unglaublicher Taten“ und Lehrers der Wahrheit zu beziehen, um heidnische Verunglimpfungen ihres Lehrers abzuwehren?

Zumal Origenes hätte in seiner Streitschrift gegen Celsus mehr als genug Veranlassung gehabt, seinen Lesern das TF zu präsentieren. Während sein Gegner Celsus die Wundertaten Jesu verächtlich macht und mit denen ägyptischer Scharlatane vergleicht, will Origenes zeigen, dass Jesus kein ägyptischer Schwindler war und seine Taten größer waren als alles, was in den griechischen Mythen enthalten ist (Orig Cels 1,46.47.68). Womit aber hätte er das besser belegen können als mit einem Hinweis auf das Zeugnis des Geschichtsschreibers Josephus und auf den „Vollbringer unglaublicher Taten“?[70]

Wenn es in der Absicht des Josephus gelegen hätte, einen „mehrdeutigen“ Text zu verfassen, wie Meier annimmt, dann wäre er damit gründlich gescheitert. Von „Mehrdeutigkeit“ kann nicht die Rede sein. Auch der von Meier rekonstruierte Rumpftext lässt keinen Zweifel an der Unschuld Jesu, so dass die durch den römischen Beamten Pilatus veranlasste Kreuzigung in die Nähe eines Justizskandals rückt. Es ist schwer vorstellbar, dass diese Darstellung von den flavischen Gönnern des Josephus toleriert worden wäre.[71]

Doch bevor wir näher auf die Probleme der Überarbeitungshypothesen im Einzelnen eingehen, müssen wir noch einmal kurz auf die oben erwähnten vier „Grundlagen“ zurückkommen, auf denen sie basieren.

a) Im Anschluss an Franz Dornseiff begründet Ulrich Victor seine Behauptung, das TF sei „ein authentischer Text des Josephus“, u.a. mit der vermeintlichen Unmöglichkeit einer Interpolation:

> „Der Besitzer eines Josephus-Manuskripts hätte in diesem einen Manuskript, das ihm gehörte oder zur Verfügung stand, als Fälscher tätig werden können, nicht aber in den anderen, von deren Existenz und Aufbewahrungsort er nichts wusste. Wenn wir im Falle eines solchen einzelnen Textes eine Fälschung annehmen—eine erste sehr gewagte Annahme!—, müssten wir außerdem annehmen—eine zweite sehr gewagte Annahme!—, dass alle heute vorhandenen Manuskripte auf dieses eine gefälschte Exemplar zurückgehen. Alle anderen Handschriften hätten—welch ein Zufall!—keinerlei Einfluß in der handschriftlichen Überlieferung des Josephus gehabt, wie mit Sicherheit aus der Tatsache zu schließen ist, dass es keinerlei Spuren eines anderen Textes als des jetzt vorliegenden gibt.“[72]

Aber die Tatsache, dass das TF in allen erhaltenen Handschriften überliefert wurde, will nichts besagen, da es überhaupt nur *drei* erhaltene Handschriften der „Altertümer“ gibt (AMW), keine davon vor dem 11. Jahrhundert entstand und alle auf ein und dieselbe Familie zurückgehen.[73] Die Tendenz zur Angleichung der Handschriften an einen autoritativen Text ist in dieser Zeit schon so ausgeprägt, dass sich abweichende Textformen kaum noch erhalten konnten.

b) Die Behauptung, das TF enthalte Anklänge an den Sprachgebrauch des Josephus, ist, wie wir noch sehen werden, kein Beweis für die Echtheit der Stelle, da man von jemandem, der die *Altertümer* des Josephus bis zum 18. Kapitel gelesen hat, wohl erwarten kann, dass er sich in Stil und Sprache des Geschichtsschreibers so eingelesen hat, dass ihm die Anbringung einer Interpolation im Stil des Autoren nicht mehr schwerfallen sollte. Außerdem kann sich gerade das Sprach- und Stilargument für die Befürworter der Überarbeitungshypothese sehr schnell als *Rohrkrepierer* erweisen. Wie erstmals von Zeitlin und im Anschluss daran von Olson gezeigt wurde, gibt eine exaktere Untersuchung von Sprache und Stil des TF deutliche Hinweise auf die spätere Herkunft des Textes. Darüber unten mehr.

c) Dass die Jakobusstelle mit ihrem „sogenannten Christus" keineswegs als Indiz für das Vorhandensein des TF taugt, beweist Origenes, der sich trotz des dreimal aus Josephus zitierten *tou legemonou Christou* keineswegs veranlasst sieht, das TF zu zitieren – und dies obwohl sicherlich niemand den Abschnitt besser hätte gebrauchen können als er!

d) Die erst neuerdings ins Spiel gebrachte arabische Version des TF, zitiert von *Agapius*, dem Bischof aus Hierapolis (10. Jh.), ist wegen ihres jungen Alters und der „nicht voll erhellbaren Überlieferungs- und Übersetzungsgeschichte"[74] viel zu unsicher, als dass sie als seriöser Beweis für eine vom Josephus-Text abweichende ursprünglichere Version des TF akzeptiert werden könnte. Sie lautet folgendermaßen:

> „... dass zu der Zeit ein weiser Mann war, der Jesus genannt wurde, einen guten Lebenswandel aufwies und als tugendhaft (oder: gelehrt) bekannt war und viele Leute von den Juden und von anderen Völkern als Jünger hatte. Pilatus hatte ihn zur Kreuzigung **und zum Tode** verurteilt, aber diejenigen, die seine Jünger geworden waren, gaben seine Jüngerschaft (oder: Lehre) nicht auf und erzählten, dass er ihnen drei Tage nach der Kreuzigung erschienen sei und lebe und daher **vielleicht** der Messias sei, in bezug auf den die Propheten Wunderbares gesagt haben."[75]

Wegen des Fehlens der Bekenntnisaussagen – die Auferstehungsbotschaft wird den Jüngern in den Mund gelegt – ist die arabische Version schnell zum Hätschelkind all derer geworden, die immer schon wussten, dass diese Passagen in der ursprünglichen Fassung fehlten. Man sieht durchaus die Probleme dieser Version und anerkennt, dass die Herkunft der von Agapius verwendeten Quelle völlig im Dunkeln liegt. Andererseits möchte man aber auch nicht ganz auf den Text des Agapius verzichten. Lösung: Weil man keine Argumente hat, insinuiert man die größere Ursprünglichkeit des arabischen Textes durch eine suggestive Frage: „... bietet Agapius cum grano salis den ursprünglichen Text des Josephus über Jesus?“[76]

Aber abgesehen vom Alter und den ungeklärten Quellenproblemen kann die arabische Version auch sonst wenig Zuverlässigkeit für sich beanspruchen. Platon wird mit Phlegon verwechselt.[77] Das TF wird als Teil eines angeblichen Werkes „Über die Regierung der Juden“ zitiert. Die Zitate des Agapius enthalten überall zahlreiche Auslassungen, Hinzufügungen und Änderungen. Kaum eine einzige Passage wird korrekt wiedergegeben.[78] Wer wollte sich wohl diesem „Zeugen“ anvertrauen?[79]

Bemerkenswert ist auch die besondere Hervorhebung des *Todes Jesu* (im Text fett markiert). Als Erklärung dafür wird auf die *islamische Umwelt* des Agapius verwiesen. Die nachdrückliche Hervorhebung und Feststellung des Todes Jesu war für den christlichen Bischof gerade gegenüber dem Islam, in dem bekanntlich Jesu Tod am Kreuz bestritten wird, von wichtiger dogmatischer Bedeutung. Dagegen kann die Fortlassung der jüdischen Autoritäten, die Jesus bei Pilatus anzeigten, einfach darauf zurückgehen, dass Agapius das TF dem Apostolischen Glaubensbekenntnis anpasste, das ja ebenfalls nichts von jüdischen Anzeigern weiß, sondern wo es stattdessen schlicht heißt: „gelitten unter Pontius Pilatus“.[80] Die Formulierung, Jesus sei „vielleicht“ der Messias klingt gewiss „authentischer“ als das massive dogmatische Bekenntnis in der griechischen Version des TF, aber auch sie wäre, wie wir gesehen haben, bei Josephus kaum ohne weitere Erklärungen möglich.

Man sieht: Als Kronzeuge für „Überarbeitungshypothesen“ lässt sich die arabische Version des TF, die aus willkürlich zusammengelesenen Sätzen zu bestehen scheint, nur schwer ins Feld führen. Überhaupt ist zu sagen, dass zumal die von Meier rekonstruierte „Rumpfversion“ des TF mehr Fragen aufgibt als löst. So ist es auch eigenartig, dass Meier einerseits an der Authentizität der Jakobusstelle mit ihrem „sogenannten Christus“ festhält und darin den Referenzpunkt zum TF sieht, dass er aber andererseits gerade die Passage, die das TF mit der Jakobusstelle verbindet, *Jesus sei der Christus gewesen*, als späteren christlichen Zusatz streicht. Schlüssig ist das nicht, zumal sich Meier seine ganze Argumentation auch noch dadurch verdirbt, dass er voraussetzt, gebildete Römer hätten auch ohne nähere Erklärung bereits gewusst, was es mit dem Namen Christus auf sich habe.[81]

Hinzu kommt, dass die drei von Meier getilgten Passagen so eng mit dem Kontext verflochten sind, dass sie gar nicht gestrichen werden können, ohne in dem Text schmerzliche Verständnislücken zu hinterlassen. Der Satz, Jesus sei „*nämlich* der Vollbringer unglaublicher Taten“ gewesen, ist nur dann sinnvoll, wenn man die von Meier gestrichene Aussage, „wenn man ihn einen Menschen nennen darf“, kennt. Und wie soll erklärt werden, dass sich der „Stamm der Christen“ nach Christus nennt, wenn der Satz: „Er war der Christus“ fehlt? Wie soll man schließlich verstehen, warum „diejenigen, die ihn [Jesus ] zuerst geliebt hatten, nicht aufgaben“, wenn man nicht weiß, dass der Grund dafür in der *Auferstehung* des am Kreuz Verurteilten liegt, von der im nächsten, ebenfalls von Meier gestrichenen Satz die Rede ist?[82]

Von einem kohärenten Text kann also bei Meiers Version des TF keine Rede sein, weil darin die einfachsten Regeln der Literarkritik außer Acht gelassen wurden. Der Beifall, den Meier für seinen plumpen Rekonstruktionsversuch erhielt, stellt denen, die ihm Beifall zollten, kein gutes Zeugnis aus.

## Sprachliche Besonderheiten des Testimonium Flavianum

Befürworter der Echtheit des TF und Vertreter der „Überarbeitungshypothese“ behaupten, dass das TF deutliche Anklänge an den Sprachgebrauch des Josephus enthalte.[83] Das Wort *sophos anēr* (weiser Mensch), die Formulierung *paradoxa erga* (unglaubliche Taten), die Wendung *hedonē talēthē dechesthai* (mit Freude die Wahrheit aufnehmen), die Rede von denjenigen, „die ihn zuerst geliebt hatten“ (*hoi to prōton agapēsantes),* und die Bezeichnung *phylon* (Stamm) für Christen sollen das verraten.[84]

Warum die Jünger Jesu nicht auch von einem christlichen Verfasser des TF als *hoi to prōton agapēsantes* hätten bezeichnet werden können (Klausner),[85] ist nicht ganz einsichtig, zumal das Johannesevangelium diese Wendung geradezu empfiehlt (Joh 19:26; 20:2; 21:7, 20; der Jünger, „den der Herr lieb hatte“). Dagegen entspricht der Gebrauch von *sophos anēr* (weiser Mensch) sicher nicht dem neutestamentlichen Sprachgebrauch, aber er ist ebenso wenig typisch für Josephus und wäre – als Gegensatz zum *goēs*, dem Scharlatan – auch für Eusebius denkbar.[86] Die *paradoxa erga*[87] kommen im Neuen Testament nicht vor. Aber dass sie bei Josephus zweimal begegnen (Ant 9,58, 18,63), heißt noch nicht, dass sie für dessen Sprachgebrauch typisch seien. Bei Eusebius ist davon über 20-mal die

Rede! Dass der Begriff *hēdonē* für einen Christen „fast immer einen negativen Beiklang" haben müsse,[88] ist auch nicht richtig: Eusebius gebraucht das Wort mehrere Male im positiven Sinn.[89] Und abgesehen von der Vokabel: Davon, dass die christliche Botschaft mit *Freude* aufgenommen werden kann (*meta chāras*), redet auch Lukas (Lk 8:13; vgl. Apg 17:11; Jak 1:21). Hier deutet sich bereits an, dass offenbar alles auf eine Verfasserschaft des *Eusebius* hinausläuft.

Die These, Eusebius sei der Verfasser des TF gewesen, wurde erstmals von *Solomon Zeitlin* aufgestellt. Für ihn verrät sich die wahre Identität des Verfassers an der oben zitierten Vokabel *phylon* (Stamm). Deren Verwendung als Bezeichnung für die Christen lässt sich erstmals in der Kirchengeschichte des Eusebius belegen (Hist Eccl 3,33).[90] Dieser zitiert in griechischer Übersetzung aus dem Brief des römischen Statthalters Plinius des Jüngeren an den Kaiser Trajan (vgl. S. 77f.), in dem Plinius fragt, wie er gegen die Christen vorgehen solle. In dem Antwortbrief des Kaisers rät dann dieser, „man solle das Christenvolk (*christianōn phylon)* nicht aufspüren, wohl aber gegen dasselbe, wo man es zufällig treffe, mit Strafen einschreiten" usw. Auffallenderweise gebrauchen weder Plinius noch Trajan die lateinische Entsprechung für *phylon,* sondern sie sprechen einfach von „Christiani".[91] Für Zeitlin ist klar, dass es sich dabei um einen für Eusebius *typischen* Begriff handelt: Er hat die Bezeichnung bei der Übersetzung der Passage eingeführt und er ist auch derjenige, der ihn für die Benennung der Christen im TF verwendet.

Zeitlins These ist erst in neuester Zeit von K. A. Olson wieder aufgegriffen und weiter ausgebaut worden.[92] Olson macht zunächst auf die *methodische Engführung* derer aufmerksam, die Josephus für den Verfasser des (wie immer auch von ihnen rekonstruierten) TF halten. Solange sie die Sprache des TF *nur* mit dem NT oder Josephus verglichen, war klar, dass sich die Waagschale zugunsten des Josephus neigen musste. Aber das braucht keineswegs zu bedeuten, dass Josephus auch der Verfasser des TF war! Jedenfalls solange nicht, wie nicht auch andere Möglichkeiten geprüft wurden, darunter die, dass *Eusebius* selber das TF verfasste. Die Vertreter der Echtheit des TF und der Überarbeitungshypothesen haben nicht nur übersehen, dass sich fast alle sprachlichen Eigenheiten des TF, die bei Josephus belegt sind, auch bei Eusebius nachweisen lassen, sie haben vor allem übersehen, dass sich bei Eusebius auch jene sprachlichen Besonderheiten nachweisen lassen, für die es bei Josephus *keine Parallelen* gibt.

Ein Beispiel dafür ist der Ausdruck: *paradoxōn ergōn poiētēs*. Wenn Josephus den Begriff *poiētēs* gebraucht, dann im Sinne von „Poet" (z.B.

Ant 1,16; 12,38.110; Apn 2,239.251.256), nicht aber von „Vollbringer“, „Macher“. Eine Verbindung von *poiētēs, paradoxos* und *ergon* im Sinne von „Wundertäter“ ist bei ihm nirgendwo nachweisbar. Ganz anders Eusebius, bei dem diese Kombination etliche Male begegnet.[93]

Eine andere verräterische Floskel ist das *eis eti [te] nyn*, das *vor* Eusebius *gar nicht* vorkommt und von Eusebius 93-mal (!) gebraucht wird.[94]

Nimmt man nun zu einigen anderen sprachlichen Beobachtungen auch noch Zeitlins Entdeckung hinzu; bedenkt man ferner, dass die *„göttlichen Propheten",* die freilich in den „Rumpfversionen“ des TF meistens entfallen, bei Olson noch unberücksichtigt blieben und es sich hierbei offenbar ebenfalls um eine besondere Spezialität des Eusebius handelt,[95] erhält man einen überzeugenden Beweis dafür, dass das TF durch und durch vom Sprachstil des Eusebius geprägt ist – und darum mit Sicherheit ein *Eigenfabrikat* des Kirchenvaters darstellt. Das TF wurde als Ganzes zweifellos von Eusebius selber verfasst und gelangte sodann dank der Autorität des großen Kirchenvaters in den byzantinischen Archetyp der erhaltenen Handschriften des Josephus.

Die Einwände, die bisher gegen Olsons These gemacht wurden, sind teilweise an den Haaren herbeigezogen. Alice Whealey glaubt Olson dadurch widerlegen zu können, dass sie den Spieß umdreht: Eusebius soll durch die Lektüre des TF so nachhaltig in seinem Sprachstil beeinflusst worden sein, dass er dessen sprachliche Eigenheiten übernommen habe und dann in sein Werk einfließen ließ.[96] Das hieße beispielsweise, die Wendung *eis eti [te] nyn*, die in dem Gesamtwerk des Josephus nur ein einziges Mal vorkommt, nämlich im TF (!), hätte auf Eusebius einen solchen Eindruck gemacht, dass er sie fortan fast ca. 100-mal selber gebrauchte. Das glaube, wer will. Die Bedeutung, die die vermeintliche Lektüre des TF auf Eusebius gehabt haben soll, würde damit wohl doch ein wenig überschätzt.

Wir brauchen uns mit solchen Spitzfindigkeiten, die nur von der Hilflosigkeit derer zeugen, die ihre Felle davonschwimmen sehen, nicht länger aufzuhalten. Die Summe der Argumente, a) die äußeren Argumente, b) das Kontext-Argument, c) die sprachlich-stilistischen Argumente, die gegen die Echtheit des TF vorgebracht wurden, ist so eindrucksvoll, dass ein Historiker bei einer vorurteilslosen Prüfung und Abwägung aller verschiedenen Möglichkeiten kaum ein andere Wahl hat als anzuerkennen: Bei dem TF handelt es sich um eine Interpolation, die aus konstantinischer Zeit, und zwar aus der Feder des Kirchengeschichtsschreibers Eusebius von Cäsarea, stammt. Ein Zeugnis für die Historizität Jesu ist es auf keinen Fall.[97]

# 2. Tacitus: Der Brand Roms und die „neronische Christenverfolgung“

## Das Testimonium Taciteum

Wir kommen nun zu einem weiteren außerchristlichen Jesuszeugnis: einem Abschnitt aus den *Annalen* des Tacitus (15,44), dem *Testimonium Taciteum* (TT). Angesicht seines vermeintlich hohen Zeugenwertes gerät der Neutestamentler Robert E. van Voorst geradezu ins Schwärmen: „Mit diesem knappen, aber exakten Detail liefert Tacitus den stärksten Beweis für den Tod Jesu außerhalb des Neuen Testaments. Seine kurze Erwähnung Christi ist eine Bestätigung der zentralen Elemente der neutestamentlichen Überlieferung.”[98]

Doch lohnt es sich auch hier, näher hinzublicken. Auch das TT ist, wie wir noch sehen werden, in Wahrheit nur ein Beleg dafür, dass die frommen Kopisten der christlichen Ära wenig Bedenken trugen, wenn es darum ging, die Geschichtsbücher nichtchristlicher Autoren durch tendenziöse Einfügungen in ihrem Sinne umzuschreiben. Warum auch hätten sie sich mit Skrupeln plagen sollen, da sie doch nach eigenem Selbstverständnis nichts anderes taten, als Ergänzungen anzubringen, die ihnen notwendig und gerechtfertigt erschienen?

In diesem Fall ist der Autor, den sie zum Zeugen ihrer christlichen „Geschichte“ erwählten, wiederum ein Historiker der flavischen Zeit. *Publius Cornelius Tacitus* wurde um 58 n. Chr.  geboren und verstarb vermutlich um 120. Zu seinen Werken gehören, abgesehen von einigen kleineren Studien – dem *Agricola*, einer Biographie seines Schwiegervaters Gnaeus Iulius Agricola, und der *Germania* sowie einem Dialog über den Verfall der Beredsamkeit –, zwei große Geschichtswerke: die Historien (*Historiae*), eine Geschichte des Römischen Reiches von 69-96 n. Chr. , und die Annalen (*Annales* oder *Ab excessu divi Augusti,* verfasst um ca. 115 n. Chr.), eine Geschichte des Römischen Reiches von 14-68 n. Chr. Beide Werke sind nur unvollständig erhalten. Über die christliche Religion und ihren Begründer schweigt der Geschichtsschreiber – mit einer Ausnahme: Aus der Chronik der Regierungszeit des Kaisers Nero sticht eine Episode hervor, die ganz singulär dasteht und die seit Jahrhunderten die Phantasie von frommen Christen ebenso wie die von Geschichtsforschern beschäftigt hat: die Schilderung des *Rombrands im Jahre 64 n. Chr.*

Obwohl Tacitus dem römischen Kaiser keineswegs wohlgesonnen ist,[99] lässt er die Schuldfrage bei der Ursache des Brandes – anders als andere römische Geschichtsschreiber – in der Schwebe. Er spricht davon, dass es „ungewiss“ sei, ob das Feuer auf Zufall oder auf die Heimtücke des Kaisers zurückzuführen war.[100] Doch obwohl er nirgendwo ausdrücklich behauptet, der Kaiser habe den Brand selber verursacht, legt Tacitus dies nahe. Er weiß von einem Gerücht, in dem Nero der Brandstiftung verdächtigt wurde. Um diesem Gerücht den Boden zu entziehen, habe der römische Kaiser die Christen zu Sündenböcken gemacht und an ihnen ausgeklügelte Folter- und Strafmethoden praktiziert. Es folgt (in meiner Übersetzung) der folgende Abschnitt:

> „Aber nicht menschliche Hilfeleistung, nicht die Spenden des Kaisers oder die Maßnahmen zur Versöhnung der Götter konnten die Verdächtigung zum Weichen bringen, der Brand sei auf Befehl gelegt worden. Demgemäß, um den Reden ein Ende zu bereiten, schob Nero die Schuld auf andere und belegte mit den ausgesuchtesten Strafen diejenigen, die, wegen ihrer Schandtaten verhasst, vom Volke als Chrestiani bezeichnet wurden. (3) Der Urheber dieses Namens, Christus, war während der Regierung des Tiberius durch den Procurator Pontius Pilatus mit dem Tode bestraft worden; und für den Augenblick unterdrückt, brach der verderbliche Aberglaube (*exitiabilis superstitio)* erneut hervor, nicht nur in Judäa, dem Ursprungslande des Übels, sondern auch in der Hauptstadt, wo von überall her, was immer es Grässliches und Widerwärtiges gibt, zusammenfließt und praktiziert wird. (4) Zuerst also wurden solche ergriffen, die sich bekannten (*fatebantur*), dann auf ihre Anzeige hin eine gewaltige Menge (*multitudo ingens*), die nicht so sehr der Brandstiftung als vielmehr des Hasses auf das Menschengeschlecht überführt wurde (*odio humani generis convicti sunt*). Noch den Sterbenden wurde Spott zugefügt, derart dass sie, mit Tierfellen bedeckt, aufgrund von Zerfleischung durch Hunde starben oder ans Kreuz geheftet und angezündet wurden und, wenn der Tag vergangen war, als Fackeln zur nächtlichen Beleuchtung dienten. (5) Seine Gärten hatte Nero für dieses Schauspiel zur Verfügung gestellt. Er gab auch ein Zirkusspiel und

mischte sich als Wagenlenker verkleidet unters Volk oder stellte sich auf einen Rennwagen. Daher regte sich mit jenen Menschen, die doch schuldig waren und härteste Strafen verdient hatten, Mitleid, als müssten sie nicht für das öffentliche Wohl, sondern wegen der Grausamkeit eines einzelnen sterben."

Die Ereignisse bei und nach dem Brand von Rom haben sich den Nachgeborenen eingeprägt. Zumal die mit der „Toga molesta", also mit einem Gewand aus Pech und Harz bekleideten lebenden Fackeln, die die Gärten des Kaisers des Nachts illuminierten, haben fantasieanregend gewirkt. Der polnische Maler Henryk Siemiradzki hat die Ereignisse auf dem Historiengemälde „Fackeln des Nero" eindrucksvoll dargestellt. Theodor Fontane haben die „in Pechlappen einbandagierten" menschlichen Kreaturen zu dem etwas frivolen Vergleich mit „großen Wickelkindern" veranlasst.[101]

Aber auch andere Details aus dem Bericht über den Rombrand haben nachhaltigen Eindruck hinterlassen, insbesondere die Gestalt des künstlerisch ambitionierten Psychopathen Nero, „der spielte und sang und ... Rom anzünden" ließ.[102] In seinem 1951 von Hollywood verfilmten Roman *Quo vadis?* schildert der für sein Werk mit dem Nobelpreis ausgezeichnete Schriftsteller Henryk Sienkiewicz die Christenverfolgung unter Kaiser Nero in grausamen Szenen. Der Film wurde vor allem durch die Darstellung Peter Ustinovs, der dem Kaiser Nero sein irres Leben einhauchte, weltberühmt.

Kein Wunder, die mythenbildende Kraft von Gemälden, Romanen und Filmen hat das Ihre getan und ein Bild der Ereignisse produziert, das vom naiven Leser und Zuschauer für das echte, für das geschichtliche gehalten wird. Die Probleme, die der Text des Tacitus bereitet, blieben weitgehend verborgen. Nur Philologen und Historiker haben immer schon davon gewusst – doch welcher Romanschriftsteller oder Regisseur würde sich angesichts des publikumswirksamen Stoffs, einer geradezu perfekten Mischung aus frommem Augenaufschlag und römischer Dekadenz, schon für Philologie interessieren? Oder dafür, wie es „wirklich" war?

Der Baseler Altphilologe Harald Fuchs sprach von „rätselreichen Sätzen, in denen Tacitus sein Wissen von der Christenverfolgung Neros mitgeteilt hat", Sätze, die sich einer überzeugenden Deutung bis heute entziehen. Schon 1888 war Franklin Arnold, der in seinem Buch über die neronische Christenverfolgung alle Aporien der Tacitusstelle zusammengetragen hatte, zu einer ähnlichen Erkenntnis gelangt. Man kann auch nach mehr als einem Jahrhundert nicht behaupten, dass sich Grundlegendes an der Situation geändert hätte. Noch immer harren viele Probleme einer Klärung, und ein Konsens der Gelehrten lässt mehr denn je auf sich warten.[103]

So wird z.B. immer wieder die Frage nach der *Orthographie des Christennamens* gestellt: Hat es eine besondere Bedeutung, dass in der erhaltenen Handschrift der Annalen ursprünglich von *Chrestiani* statt von *Christiani* die Rede war? Und warum nennt der römische Historiker Jesus nicht bei seinem Namen, sondern bei seinem Titel, also „Christus"? Wozu bekannten sich die gefangen genommenen Christen eigentlich (*qui fatebantur*)? Zu der *Brandstiftung* – oder zu ihrem *Glauben*? Hat Tacitus an dieser Stelle vielleicht eine bewusst verschleiernde Ausdrucksweise gewählt? Und was hat es schließlich mit dem Begriff *odium humani generis* auf sich?[104] Seit wann ist „Hass auf das Menschengeschlecht" ein Straftatbestand? Und warum kennt keiner der Kirchenväter das TT? Warum setzt sich keiner von ihnen mit der Falschanklage des Kaisers, der angeblichen Brandstiftung, auseinander?

Mit solchen und anderen Problemen der Tacitusstelle werden die Leser des „Historischen Jesus" von Theißen/Merz oder dem Buch Bruce's über die außerchristlichen Jesuszeugnisse freilich nicht weiter behelligt. Theißen/Merz führen das TT als außerchristliches Zeugnis für ihren historischen Jesus ins Feld, ohne tiefer in die Sache einzudringen. Für sie steht nach anderthalb Seiten fest: Tacitus liefert „ziemlich präzise Informationen über Christus und die christliche Bewegung ... Er weiß: 'Christus' ist ein unter Pontius Pilatus als Verbrecher hingerichteter Jude, 'Christus' ist der Urheber einer neuen aus Judäa stammenden religiösen Bewegung, deren Anhänger sich nach ihm 'Christen' nennen und zur Zeit Neros in Rom bereits bekannt und verbreitet waren."[105]

Das ist nicht gerade viel. Doch bereits das Wenige, was Theißen/Merz aus dem Abschnitt bei Tacitus herauslesen zu können glauben, steht auf wackeligen Füßen, denn von einem „Juden" Christus steht genau genommen nichts im Text. Stattdessen lesen wir nur von „Christus", über dessen Herkunft aber weiter nichts gesagt wird – und ob daraus auf die Historizität des Mannes aus Nazaret geschlossen werden darf, ist mehr als fraglich. Wie schon der französische Gelehrte Charles François Dupuis (†1809) bemerkte: Hätte Tacitus über die Brahmanen gesprochen, so hätte er sicherlich ganz entsprechend behauptet, dass ihr Name vom indischen Brahma abstamme.[106]

Die oft geäußerte Vermutung, Tacitus habe seine Kenntnisse durch die römischen Senatsarchive erhalten, erfreut sich bei vielen Theologen zwar großer Beliebtheit und wird auch von Bruce und Theißen/Merz mit Sympathie bedacht, ist aber äußerst unwahrscheinlich. Wie van Voorst bemerkt, gab es im damaligen Rom zwei verschiedene Archivtypen: die *Commentarii Principis* und die *Acta Senatus*. Während die *Commentarii Principis* der Geheimhaltung unterlagen, waren die *Acta Senatus* öffentlich zugänglich. Allerdings brauchte Pilatus als Präfekt einer *kaiserlichen* (nicht senatorischen) Provinz im Allgemeinen keinen Bericht zu erstatten. Es entbehrt überdies jeder Wahrscheinlichkeit, dass ihm das Schicksal eines in der Provinz hingerichteten jüdischen Messiasprätendenten die Tinte wert gewesen wäre.[107]

## Fehlende Bezeugung

Nun ist allerdings zu fragen, ob die besagte Stelle überhaupt aus der Feder des Tacitus stammt. Die Frage ist nicht ganz neu und wurde seit Polydore Hochart (1831-1916)[108] immer wieder gestellt.[109] Angesichts der Vielzahl von Problemen, die der Text aufgibt, spricht einiges für die Interpolationstheorie, darunter auch eine Reihe von Beobachtungen, die wir in ähnlicher Form schon beim TF machten. Wie dieses wird auch das TT in der antiken Literatur nirgendwo erwähnt. Das Zeugnis des Tacitus steht, wie der ehemalige anglikanische Theologe und Bischof von Woolwich, John A. T. Robinson, bemerkte, „nicht nur in der klassischen, sondern auch in der christlichen Literatur allein“ da![110] Das ist auffallend, weil zumindest von den christlichen Schriftstellern des 2. und 3. Jahrhunderts ein Eingehen darauf zu erwarten gewesen wäre. Unter anderem schweigen nicht nur Justin und Clemens von Alexandrien, der immerhin eine Zitatensammlung von heidnischen Schriftstellern bietet, auch Origenes, Eusebius, Laktanz und Tertullian äußern sich nicht zu der gegen die Christen erhobenen Beschuldigung, den Rombrand verursacht zu haben.[111] Dabei wiegt das Schweigen Tertullians besonders schwer, nennt er doch Tacitus einen „im Lügen überaus beredten“ Mann[112] – da hätte man einen kurzen Hinweis auf den Abschnitt aus den Annalen erwarten dürfen.

Auch der Herausgeber der lateinischen Ausgabe der Annalen, Erich Koestermann, sieht das Problem:

> „Es ist von jeher aufgefallen, dass die angeblich im ursächlichen Zusammenhang mit dem großen Brand Roms stehenden sog. Christenverfolgungen bis auf die Zeiten des Sulpicius Severus (Anfang des 5. Jahrh.), der den Tacitus ausgeschrieben hat, keinerlei Widerhall in der christlichen Literatur gefunden haben, obwohl das angesichts des grausamen Martyriums der Opfer aufs höchste befremden muss. Die Christen haben sich mit jeder gegen

sie erhobenen Beschuldigung, auch der absurdesten, immer wieder nachhaltig auseinandergesetzt und sich bemüht, deren Unrichtigkeit zu erweisen. Und da sollten sie sich gegen den schwersten aller Vorwürfe, nämlich die Hauptstadt des Reiches in Brand gesetzt zu haben, nicht mit äußerster Energie zur Wehr gesetzt haben?"

Koestermann zieht daraus die Konsequenz:

„Unter diesen Umständen kann ihr völliges Schweigen nur bedeuten, dass die Darstellung des Tacitus des inneren Wahrheitsgehaltes ermangelt. Denn die Kunde von den furchtbaren Vorgängen in Rom als Folge des Riesenbrandes muss sich über die ganze römische Welt verbreitet haben: Wären Christen die alleinigen Opfer gewesen, so würde das auch dem letzten von ihnen zum Bewusstsein gekommen sein."[113]

Allerdings ist Koestermann noch weit entfernt davon, den Abschnitt deswegen als interpoliert zu betrachten. Nach seiner Auffassung geht die Darstellung vielmehr auf einen „folgenschweren Irrtum" des römischen Historikers zurück, der an dieser Stelle schludrig recherchiert haben soll. Tacitus habe die *Chrestianos*, von denen auch der römische Geschichtsschreiber Sueton (Claud. 25,4) wissen könnte und bei denen es sich in Wahrheit um eine in Rom ansässige Gruppe jüdischer *Messianisten* gehandelt haben soll, mit den Christen verwechselt und ihren Ursprung fälschlich auf den unter Pontius Pilatus gekreuzigten Christus zurückgeführt (siehe S. 128ff.). Da das Werk des Tacitus überdies nicht sehr verbreitet gewesen wäre, hätten die späteren christlichen Schriftsteller umso weniger Anlass gehabt, sich mit dem „Blackout" des römischen Historikers auseinanderzusetzen.

Die Argumentation will nicht ganz einleuchten, da sie voraussetzt, dass das *Werk* des Tacitus den christlichen Schriftstellern ganz unbekannt geblieben sein müsse. Dass dies aber keineswegs der Fall ist, zeigt das oben zitierte Beispiel des Tertullian, der Tacitus gleich mehrmals erwähnt.

Als vorläufiges *Resultat* bleibt also festzuhalten, dass das Schweigen der christlichen Schriftsteller ein gravierendes Problem darstellt, das auch von solchen Wissenschaftlern anerkannt wird, die den Text nicht als christliche Interpolation betrachten.[114]

Es ist übrigens bemerkenswert zu sehen, wie sich die Überlieferung über Neros Brandstiftung, den Rombrand und die Verfolgung der Christen in eigenartiger Weise verzweigt:

Es gibt christliche und nichtchristliche Schriftsteller, die nicht nur den Brand und Neros Brandstiftung erwähnen, sondern auch eine neronische Christenverfolgung – freilich eine, die mit dem Brand in keinerlei Zusammenhang steht (1). Dann gibt es solche, die nur vom Brand und Neros

Brandstiftung, aber nichts von einer Christenverfolgung wissen (2). Umgekehrt gibt es Schriftsteller, die zwar die neronische Verfolgung kennen – aber über den Rombrand in diesem Zusammenhang schweigen (3). Und schließlich gibt es Autoren, die weder das eine noch das andere erwähnen, obwohl wir dies gerade bei ihnen erwarten dürften (4).

(1) Zu der Gruppe der ersten gehört der römische Klatsch-und-Tratsch-Historiker *Sueton*, dessen Werk *De Vita Caeasarum* („Caesarenleben“) nach den Annalen des Tacitus, vermutlich nach 120 n. Chr., erschien. Sueton erwähnt die Brandstiftung im 38. Kapitel des dem Kaiser Nero gewidmeten Abschnitts.

> „... unter dem Vorwand, dass ihm die Hässlichkeit der alten Bauwerke und die engen und krummen Straßen zuwider seien, zündete er die Stadt an, und zwar so offenkundig, dass viele Konsulare seine Kammerdiener, welche sie mit Pechkränzen und Fackeln in ihren Häusern ertappten, nicht anzurühren wagten. Einige Kornspeicher in der Umgebung seines Goldenen Hauses, deren Grund und Boden er ganz besonders gern in seinen Besitz bekommen wollte, wurden durch Kriegsmaschinen eingerissen und dann angezündet, weil sie aus Quadersteinen aufgemauert waren. Sechs Tage und sieben Nächte lang wütete das Feuer. Das Volk war gezwungen, in Denkmälern und Grabstätten Zuflucht und Obdach zu suchen. Damals verbrannten außer einer unermesslichen Zahl von Mietshäusern die Paläste der alten Feldherren, die noch mit den feindlichen Beutestücken geschmückt waren, ferner Göttertempel, die von den Königen und später in den Punischen und Gallischen Kriegen gelobt und geweiht worden waren, überhaupt fast alles, was Sehenswertes und Denkwürdiges noch aus älteren Zeiten erhalten geblieben war. Dieser Feuersbrunst schaute Nero vom Mäcenasturm herab zu. In der Freude über ‘die Schönheit der Flammengluten’, wie er sich ausdrückte, sang er in seinem bekannten Theaterkostüm ein Lied von Iliums Eroberung. Um aber selbst aus diesem Unglück möglichst viel Gewinn und Beute zu ziehen, kündigte er an, er übernehme das kostenfreie Wegschaffen des Schuttes und der Leichen, und verbot unter diesem Vorwande jedermann, die Trümmer seines Eigentums zu betreten. Durch die freiwillig eingehenden Spenden, weit mehr aber noch durch die geforderten, erschöpfte er völlig die Provinzen und das Vermögen der Privatleute.“[115]

Die meisten Elemente, die bei Tacitus vorkommen und die das Bild vom Brand Roms bis heute prägen, begegnen auch hier: der Trojagesang des Kaisers, den dieser diesmal freilich nicht auf der Privatbühne, sondern im Theaterkostüm vom Mäcenas-Turm herab angestimmt haben soll, sowie die von Nero ergriffenen Maßnahmen, Neubau der Hauptstadt, Schuttbeseitigung und Ausplünderung der Provinzen.[116]

Sueton weiß nicht nur von einem Brand, sondern auch von einer neronischen *Christenverfolgung*, nur erwähnt er diese an ganz anderer Stelle: im 16. Kapitel seiner Nero-Biographie

> „Mit Todesstrafen wurde gegen Christen vorgegangen, eine Sekte, die sich einem neuen, gemeingefährlichen Aberglauben ergeben hatte."

Die Stelle wurde jedoch, wie noch zu zeigen sein wird, *interpoliert*. Abgesehen davon, ließe sich auch aus ihr, wenn sie echt wäre, ein kausaler Zusammenhang mit dem Rombrand nicht entnehmen. Zwar spricht Sueton am Anfang des 16. Kapitels von Bauprojekten, die sich auf die Situation nach dem Brand beziehen, doch dann fährt er in der Aufzählung mit weiteren Maßnahmen fort, die damit nichts zu tun haben: die Wiedereinführung alter, strenger Strafbestimmungen und Verbote, die Beschränkung des Luxus und der öffentlichen Festessen und ein Verbot, in den Schenken gekochte Speisen zu verkaufen, wovon nur Hülsenfrüchte und Gemüse ausgenommen bleiben sollen. Nach der Erwähnung der Todesstrafe für Christen nennt Sueton weitere Maßnahmen des Kaisers, die ebenfalls in keinem Zusammenhang mit dem Rombrand stehen: ein Verbot der Belustigung der Rennfahrer und die Ausweisung der Pantomimen.

Man hat vermutet, dass die vorzeitige Erwähnung der Verfolgung mit dem Aufbau der Nero-Biographie zu tun habe.[117] Diese zerfällt nämlich in einen Abschnitt mit *positiven* (Kap. 8-25) und einen mit *negativen* Taten des Kaisers (ab Kap. 26). Sueton könnte die Christenverfolgung deswegen bereits im 16. Kapitel erwähnt haben, weil er sie – anders als die Brandstiftung – zu den positiven Taten Neros rechnete.

Doch würde dies den moralischen Maßstäben des römischen Historikers wohl ein allzu schlechtes Urteil ausstellen. Immerhin wusste Sueton ja, dass an den gegen die Christen vorgebrachten Anschuldigungen nichts dran war, da nach seiner Meinung der Kaiser selber den Brand veranlasst hatte. Sollte er in einer offenkundigen Ungerechtigkeit des Kaisers, der grausamen Verfolgung unschuldiger Menschen, tatsächlich etwas *Positives* gesehen haben?

Jedenfalls lässt sich ein Zusammenhang der Todesstrafen für Christen mit dem Rombrand nicht erkennen, schon gar nicht in dem Sinne, dass diese als Reaktion auf eine vermeintliche Brandstiftung erfolgten. In der Passage ist nicht die Rede davon, dass die Christen wegen Brandstiftung verurteilt wurden, sondern wegen des „neuen gemeingefährlichen Aberglaubens."

Nicht anders liegt der Fall bei dem Historiker und Theologen Paulus *Orosius* († um 418), einem jüngeren Zeitgenossen des Sulpicius Severus, der sein Wissen über den Rombrand offensichtlich aus der zuerst zitierten Stelle bei Sueton geschöpft hat:

> „... Schließlich machte er (Nero) den Brand Roms zum Schauspiel seiner Lust; sechs Tage und sechs Nächte ruhten die königlichen Blicke auf der brennenden Stadt ... (6) Er selbst betrachtete dies vom sehr hohen Maecenasturm aus und freute sich der Schönheit der Flamme und sang, wie man sagt, im Aufzug des Tragöden die Ilias...“ Es folgt ein Abschnitt über Neros Habsucht (7) (8) und Grausamkeit (9).

Erst danach, d.h. ohne jeden Bezug auf die Brandstiftung, wird von der neronischen Christenverfolgung gesprochen:

> (10) „Die Verwegenheit des Frevels gegen Gott vermehrte die Masse seiner Verbrechen. Denn er war der erste, der die Christen zu Rom mit Todesstrafen verfolgte und sie in allen Provinzen mit gleicher Verfolgung zu peinigen befahl. Bei dem Versuch, den (christlichen) Namen zu tilgen, tötete er die seligen Apostel Christi Petrus am Kreuz, Paulus durch das Schwert...“[118]

Wie schon Sueton so lässt auch Orosius Nero auf dem Maecenas-Turm das zerstörte Troia besingen. Orosius berichtet zwar, dass Nero die Christen verfolgte und kennt sogar einen Befehl zur Verfolgung des Namens „Christ“ (*nomen ipsum*) *in allen Provinzen*. Nur von einem Zusammenhang zwischen Brand und Verfolgung weiß auch er nichts. Die Christenverfolgung wird bei ihm deutlich von Neros Brandstiftung abgegrenzt.

Ebenso schließlich auch der Kirchenhistoriker *Eusebius*, der in seiner *Kirchengeschichte* nur ganz allgemein Neros Gräueltaten erwähnt und in den beiden unterschiedlichen Versionen seiner *Chronik* den Brand Roms säuberlich von der Christenverfolgung trennt; Robinson: „Das einzige, was zutage tritt, ist, dass Eusebius die Verfolgung nicht in Verbindung mit der Feuersbrunst setzt (in beiden Versionen liegen die Geschehnisse vier Jahre auseinander)...“[119] Es ist schwer vorstellbar, dass der Polyhistor Eusebius es nicht besser gewusst bzw. dass ihm das *Testimonium Taciteum* entgangen sein sollte.

(2) *Plinius der Ältere* († 79) gehört zur zweiten Gruppe, d.h. zu jenen Schriftstellern, die *nur* den Rombrand und Neros Brandstiftung erwähnen, ohne von irgendwelchen Verfolgungsmaßnahmen des Kaisers zu wissen. In seinem bald nach dem Brand geschriebenen Werk *Naturalis Historia* bedauert der ganz auf die Welt seiner Bäume und Pflanzen fokussierte Naturforscher, dass es vor dem Brand der Stadt Rom eine Reihe langlebiger Baumarten gab, die durch das von Nero gelegte Feuer leider verbrannten.[120]

Auch der römische Dichter *Statius* († um 96) scheint in einem Geburtstagsgedicht zum Gedächtnis des römischen Historikers Lucan († 65) kurz auf die Brandstiftung Neros einzugehen – ohne von irgendwelchen Christen als Sündenböcken zu wissen.[121]

In dem fälschlicherweise Seneca zugeschriebenen, aber zu Recht oder Unrecht in die flavische Zeit (69-96) datierten Drama *Octavia*[122] wird Nero die Schuld am Brand gegeben – auch hier ist von Christenverfolgungen nicht die Rede.[123]

Der Historiker *Cassius Dio* († nach 235) gibt einen ausführlichen Bericht über den Rombrand. Er hält Nero für den Brandstifter – die Christenverfolgung erwähnt er mit keinem Wort.[124]

Der Historiker *Eutropius* († nach 390) berichtet in seinem bis 364 reichenden Abriss der römischen Geschichte, Nero habe die Stadt Rom angezündet, „damit er das Bild jenes Schauspiels vor Augen habe, wie einst Troja nach der Eroberung in Flammen stand".[125] Offenbar hat auch Eutropius die entsprechende Stelle aus dem *Caesarenleben* des Sueton nur ein wenig umgeschrieben. Aber über eine Verfolgung der Christen schweigt er.

Schließlich ist noch der spätantike Geschichtsschreiber *Sextus Aurelius Victor* († um 390) zu erwähnen, der ebenfalls von Neros Brandstiftung Kenntnis hat. Er sieht in ihr – aufgrund einer wunderlichen Verwechslung von Ursache und Wirkung – eine Reaktion auf die Pisonische Verschwörung. Von einer Christenverfolgung als Ablenkungsmanöver des Kaisers weiß er nichts.

(3) Zu den Schriftstellern, die zwar eine neronische Christenverfolgung, aber keinen damit in Zusammenhang stehenden Rombrand erwähnen, gehört der von Eusebius zitierte *Melito von Sardes*:

> „Die einzigen Kaiser, welche, von böswilligen Menschen verführt, unsere Religion in üblen Ruf zu bringen suchten, waren Nero und Domitian; sie sind die Ursache jener unwahren Denunziationen, die bezüglich der Christen in unbegreiflicher Weise zur Gewohnheit geworden sind...." (Eus Hist Eccl 4,26)

Melito weiß offensichtlich nichts von einem Zusammenhang der Verfolgung mit dem Brand Roms. Man darf annehmen, dass er eine solche Nachricht, die gut zu seinem Zerrbild des Kaisers gepasst hätte, begierig aufgegriffen hätte.

Desgleichen *Tertullian* († um 230), der 197 n. Chr. schreibt, dass Nero der erste gewesen sei, der gegen die christliche Lehre mit dem kaiserlichen Schwert wütete. „Solche Menschen waren unsere Verfolger, immer waren es Ungerechte, Ruchlose, Wollüstlinge.“[126] Sicher hätte auch Tertullian nichts lieber getan, als seine Darstellung des blutrünstigen Monsters durch einen Hinweis auf die Brandstiftung zu komplettieren. Dass er es nicht tat, kann nur als Beweis dafür gelten, dass er nichts davon wusste. Tertullian kennt ein gegen die Christen gerichtetes (in seinem Charakter sehr umstrittenes) Dekret Neros (das sogenannte *Institutum Neronianum)*, das auch nach seinem Tode nicht aufgehoben worden sein soll.[127] Einen Zusammenhang mit dem Brand der Hauptstadt kennt er nicht.

Bei dem Verfasser des *1. Clemensbriefes,* der mitunter als Zeuge für die neronische Verfolgung herhalten musste, ist alles unklar: die Frage der Entstehungszeit ebenso wie die der Verfasserschaft und Authentizität. Eine Frühdatierung und somit auch ein Bezug des Schreibens auf die neronische Christenverfolgung wird inzwischen von einer Mehrheit von Wissenschaftlern zu Recht abgelehnt.[128] In dem Schreiben ist weder von Nero noch von einem Brand Roms die Rede.

> „Halten wir uns vor Augen die tapferen Apostel: Petrus, der wegen ungerechtfertigter Eifersucht nicht eine und nicht zwei, sondern viele Mühen erduldet hat und der so – nachdem er Zeugnis abgelegt hatte – gelangt ist an den (ihm) gebührenden Ort der Herrlichkeit. Wegen Eifersucht und Streit hat Paulus den Kampfpreis der Geduld aufgewiesen: Siebenmal Ketten tragend, vertrieben, gesteinigt, Herold im Osten wie im Westen, hat er den edlen Ruhm für seinen Glauben empfangen. Gerechtigkeit hat er die ganze Welt gelehrt und hat Zeugnis abgelegt vor den Führenden; so ist er aus der Welt geschieden und ist an den heiligen Ort gelangt – größtes Vorbild der Geduld“ (1Clem 5:3-7). [129]

Die kurzen Bemerkungen über den Tod der beiden Apostel Petrus und Paulus, die Erwähnung einer großen Anzahl (*poly plētos,* 1 Clem 6,1) christlicher Märtyrer und Märtyrerinnen und die Auflistung besonderer Hinrichtungsarten reichen kaum aus, im Schreiben ein Zeugnis für die neronische Christenverfolgung zu sehen.

In seinem Schreiben vergleicht der Verfasser die Märtyrerinnen mit „Danaiden und Dirken“, die wie diese „fürchterliche und grauenhafte Peinen“ ertragen hätten.[130]

> „Frauen wurden wegen der Eifersucht verfolgt, wie Danaiden und Dirken, ertrugen fürchterliche und grauenhafte Peinen, wandelten so auf dem sicheren Pfade des Glaubens und holten sich den herrlichen Preis, obwohl sie schwach am Leibe waren.“

Während die Danaiden in der antiken Mythologie zur Strafe dafür, dass sie in der Brautnacht ihre Männer getötet hatten, Wasser in einem Fass ohne Boden schöpfen mussten, starb die eifersüchtige Dirke einen Tod, den sie selber eigentlich ihrer Konkurrentin Antiope zugedacht hatte: Sie wurde an einen Stier gefesselt und zu Tode geschleift. Der Verfasser des 1. Clemensbriefes kennt offenbar eine Überlieferung, nach der auch christliche Märtyrerinnen ein ähnliches Schicksal erleiden mussten.

Nach Meinung einiger Exegeten passe dies zu den von Tacitus mitgeteilten Hinrichtungsarten, die während der neronischen Verfolgung praktiziert worden sein sollen. Es handele sich dabei um die dort erwähnten *ludibria* und also um einen Hinweis, dass der Autor auf Tacitus Bezug nehme. Luise Abramowski, die eine spätere Datierung vertritt, glaubt, die Stelle sei eine „durch den Bericht des Tacitus von der grausamen Hinrichtung der Christen in Rom unter Nero" inspirierte Glosse, die später in den Text eingedrungen sei.[131] Aber Tacitus deutet nicht im Entferntesten an, dass Christinnen auf diese Weise den Tod fanden. Vermutlich bezieht sich der Autor (oder Interpolator) lediglich auf einige christliche Märtyrerlegenden, wie sie in der *Thekla-Legende,* der *Passio der Felicitas und Perpetua* oder in der Überlieferung vom Tod der hl. Blandina literarische Form annahmen:

> Auch Thekla wurde ähnlich wie Dirke „mit den Füßen mitten zwischen die Stiere" gebunden, wobei man den Stieren zusätzlich glühend gemachte Eisen unter das Geschlechtsteil legte, um sie noch mehr zu reizen;[132] für die Frauen in dem Martyrium der Perpetua und Felicitas hat man eine sehr wilde Kuh bestimmt, „die gegen die Gewohnheit hierfür herbeigeschafft worden war, damit auch die Bestie desselben Geschlechtes wäre"[133] – nachdem Blandina gegeißelt, den wilden Tieren vorgeworfen und geröstet worden war, „steckte man sie zuletzt in ein Netz und warf sie einem Stiere vor."[134]

Kenntnis christlich apokrypher Literatur könnte das Motiv der *Eifersucht* ins Spiel gebracht haben, das auch in dem noch zu besprechenden Martyrium des Paulus begegnet (siehe nächste Seite).

Auf den *1. Petrusbrief* als Zeugen für die von Tacitus berichteten Ereignisse in Rom kann man aufgrund einiger sehr weit auslegbarer und wenig konkreter Stellen, die angebliche Hinweise enthalten sollen, kaum etwas geben.[135] Ebenso auf die *Offenbarung des Johannes,* die nur noch von wenigen Wissenschaftlern mit der neronischen Christenverfolgung in Verbindung gebracht wird.[136]

Anders verhält es sich mit zwei Stellen aus der bisher noch zu wenig berücksichtigten christlich apokryphen Literatur des 2./3. Jahrhunderts. In der sogenannten *Himmelfahrt des Jesaja* lesen wir den folgenden Abschnitt:

> „Und nachdem es mit ihr (sc. der Welt) zu Ende gekommen ist, wird Beliar, der große Fürst, der König dieser Welt, der sie beherrscht hat, seit sie be-

> steht, herabkommen, und er wird aus seinem Firmament herabsteigen in der Gestalt eines Menschen, eines ungerechten Königs, eines *Muttermörders*, was eben dieser König ist, – die Pflanzung, die die zwölf Apostel des Geliebten gepflanzt haben, wird er verfolgen, und von den Zwölfen wird einer in seine Hand gegeben werden.“[137]

Während die Bezeichnung „Muttermörder“ sich zweifellos auf die auch von antiken Historikern kolportierte Nachricht, Nero habe seine Mutter Agrippina umbringen lassen, bezieht,[138] handelt es sich bei der Pflanzung der Apostel wohl um die frühe christliche Gemeinde.[139] Mit dem einen, der „in seine Hand gegeben“ wird, ist kein anderer als der Apostelfürst Petrus gemeint. Hier scheint deutlich auf eine von Nero veranlasste Christenverfolgung angespielt zu werden – allerdings wieder ohne Bezugnahme auf den Brand Roms.

Das *Martyrium des Paulus* ist eine von den *Paulusakten* zur Verlesung am Gedenktag des Apostels abgetrennte Schrift aus dem 2./3. Jahrhundert. Darin wird erzählt, dass der Apostel Paulus in Rom eine Scheune gemietet habe, um das „Wort der Wahrheit“ zu lehren (vgl. Apg 28:30). Auch der kaiserliche Mundschenk Patrokles wird als Hörer des Paulus zum Christentum bekehrt. Doch durch die *Eifersucht* des „bösen Teufels“ stürzt Patrokles vom Fenster herab und verstirbt (vgl. dasselbe Schicksal des Eutychus Apg 20:9). Nachdem es Paulus gelungen ist, den Jüngling wiederzubeleben und dieser, obwohl totgesagt, vor dem Kaiser erscheint, befiehlt Nero Paulus zu sich. Der rät Nero, sich ebenfalls seinem König, d.h. Gott, zu unterwerfen: „Wenn auch du das für gut hältst, leiste ihm Kriegsdienste! Denn nicht der Reichtum oder das, was in diesem Leben glänzt, wird dich retten, sondern wenn du dich unterwirfst und ihn bittest, wirst du gerettet werden. Denn er wird an einem Tage die Welt im Feuer vernichten.“ Darauf gibt Nero Befehl, ihn und andere Gefangene

> „mit Feuer zu verbrennen, Paulus aber zu enthaupten nach dem Gesetz der Römer. Paulus aber verschwieg das Wort nicht, sondern teilte es dem Präfekten Longus und dem Centurio Cestus mit. In Rom war also auf Betreiben des Bösen Nero (am Wüten), indem viele Christen ohne Urteil hingerichtet wurden, so dass die Römer sich bei dem Palast aufstellten und schrieen: ‘Es ist genug, Kaiser! Diese Menschen gehören ja auch zu uns; du vernichtest die Kraft der Römer!’ Da machte er ein Ende (der Verfolgung), woraufhin niemand von den Christen angerührt werden sollte, bis er selbst seinen Fall untersucht habe.“[140]

In dem Abschnitt fallen zwei Parallelen sofort ins Auge: a) die Christen werden – mit Ausnahme des Paulus – dem *Feuertod* ausgeliefert und b) die Römer reagieren auf die Hinrichtung der Christen mit *Empörung* (einmal mit offenem Protest, das andere Mal mit Mitleid). Dass die Menge der verurteilten Christen (ebenso wie bei Tacitus) sehr groß war, ließe sich aus dem Vorwurf des Volkes, Nero vernichte die Kraft der Römer, schließen, ist aber nicht sicher. – Trotz bemerkenswerter Ähnlichkeiten, ist ein wesentlicher Unterschied zum TT nicht zu übersehen: Die Christen werden nicht wegen angeblicher Brandstiftung angeklagt, sondern wegen ihrer „politischen Unzuverlässigkeit“.[141]

Ganz ungewiss ist, ob der Satiriker *Juvenal* († nach 127) etwas von Neros Brandstiftung gewusst hat. In der von der Entartung des römischen Adels handelnden achten Satire könnte Neros Gesang über den Untergang Trojas auf seine Brandstiftung hindeuten, aber das ist alles andere als sicher. Und von der bloßen Erwähnung einer „lebenden Fackel“ wird man keineswegs schon auf die Historizität der neronische Christenverfolgung, so wie sie bei Tacitus erzählt wird, schließen dürfen – sonst könnte man auch bei jeder Anspielung eines antiken Schriftstellers auf eine Kreuzigung einen Hinweis auf den Tod Christi sehen.[142]

(4) Dass der Philosoph und Erzieher Neros *Seneca* († 65) nichts über Neros Brandstiftung und über die anschließende Christenverfolgung erwähnt, mag seinen Grund in dessen besonderer Vorsicht haben, bleibt aber gleichwohl ein merkwürdiger Tatbestand. Übergangen werden Neros Brandstiftung und die anschließende Christenverfolgung auch von *Josephus*, was ebenfalls sehr seltsam ist, da Josephus sonst kein gutes Haar an Nero lässt.[143] Auch in der zwischen 395/408 verfassten *Epitome de Caesaribus* (*Epitome über die Kaiser)* bleiben Christenverfolgung und Brandstiftung unberücksichtigt, obwohl in Kapitel 5 Untaten Neros aufgeführt werden.

## Rombrand und Christenverfolgung im Briefwechsel des Paulus und Seneca

Ein Zusammenhang von Rombrand und Christenverfolgung wird erstmals von dem anonymen Verfasser des allgemein in das 4. Jahrhundert datierten gefälschten *Briefwechsels zwischen Seneca und Paulus* bezeugt, sofern man von dem Verfasser einer Fälschung als einem „Zeugen“ sprechen will.

Die Sammlung von vierzehn Briefen, acht von Seneca, sechs von Paulus, zählt nach Worten des Kirchengeschichtlers Alfons Fürst zu den „merkwürdigsten Produkten der apokryphen Literatur“.[144] Der angebliche Briefwechsel wurde den Werken des Seneca untergeschoben, so dass zwischen 1200 und 1500 der Briefwechsel in nahezu 300 Handschriften der Werke Senecas enthalten war.[145]

Der Kirchenvater Hieronymus ist der erste, der die Briefsammlung in seinem Buch über das Leben bedeutender Männer erwähnt (im Jahre 392).[146] Er würde, wie er schreibt, den römischen Philosophen „nicht in das Verzeichnis der Heiligen aufnehmen, wenn mich nicht jene Briefe dazu veranlassten, die von sehr vielen gelesen werden".[147] Und auch der Verfasser der *Passio sancti Pauli apostoli* weiß, dass der Erzieher am kaiserlichen Hofe, der Philosoph Seneca, in enger Freundschaft mit Paulus verbunden war, „dass er sich kaum einer Unterredung mit ihm enthalten konnte und, soweit eine mündliche Aussprache nicht möglich war, sie häufig in gegenseitigen Briefwechsel traten".[148]

Man sieht, dass es den Vertretern der Kirche in der Vergangenheit nicht nur gelang, christliche Schriften durch Beigabe von Geschichtsdaten historisch zu verlinken, sondern auch die Profanliteratur durch christliche Interpolationen und Unterschieben gefälschter Dokumente zu „unterwandern" und auf diese Weise selbst nichtchristliche Persönlichkeiten des Altertums für sich zu vereinnahmen. Die Überlieferungsgeschichte des gefälschten Briefwechsels zwischen Seneca und Paulus kann dies auf hervorragende Weise belegen und hat auch aus diesem Grunde unsere besondere Aufmerksamkeit verdient.

Es bedurfte erst des Humanisten *Erasmus von Rotterdam,* zu erkennen, dass man einer frommen Lüge aufgesessen war. Wenn dem simplen Machwerk gleichwohl immer noch viel Aufmerksamkeit zuteil wurde, so lag dies weniger an dem Inhalt als offenbar an der Faszination, welche die Vorstellung einer persönlichen Bekanntschaft der beiden antiken Geistesgrößen auf Christen ausübte. Der „Inhalt dieser kurzen Schreiben ist nämlich", wie Fürst feststellt, „an Dürftigkeit kaum zu überbieten. Die schwachen Spuren senecanischer Philosophie und paulinischer Theologie, die sich in ihnen finden, sind verflacht bis zur Banalität – mehr wird nicht geboten. Der Text ist gebastelt aus Konventionen und Phrasen, wie sie in der spätantiken Epistolografie gang und gäbe sind. Mit diesen schlichten Mitteln, garniert mit einigen famosen Einfällen, erzeugt der Autor den einzigen Eindruck, der offenbar vermittelt werden soll, dass nämlich Seneca und Paulus Freunde gewesen sein sollen."[149]

Um die Echtheit einzelner Briefe zu retten, hat man mit unterschiedlichen Argumenten die Einheitlichkeit der Sammlung in Frage gestellt. Aber die These muss an dem insgesamt sehr homogenen sprachlichen Befund scheitern.

Der Sinn des Briefwechsels wurde unterschiedlich gedeutet. Harnack und andere nahmen an, dass die Person des Philosophen Seneca vom Verfasser benutzt wurde, um humanistischen Lesern das Christentum anzuempfehlen. Diese These wird jedoch von Fürst mit Recht unter Hinweis darauf zurückgewiesen, dass Seneca im spätantiken Heidentum weder Ansehen noch Bedeutung besaß. Auch die Meinung Westerburgs, der Briefwechsel verdanke sich paulusfeindlichen, judenchristlich-ebionitischen Strömungen des frühen Christentums und diene dazu, den Apostel zu diskreditieren, ist problematisch. Vor allem, weil sie eine Teilung der Korrespondenz in zwei Gruppen voraussetzt, die, wie oben erwähnt, aufgrund des einheitlichen Sprachbefunds unwahrscheinlich ist.[150] Einleuchtend erscheint dagegen der Hinweis darauf, dass sich Seneca als „*Seneca saepe noster*“[151] bei den Kirchenvätern sehr großer Beliebtheit erfreute und deswegen zum Freund des Paulus stilisiert wurde.

Während der anonyme Fälscher es im Allgemeinen vorzieht, Seneca und Paulus inhaltsleere Bekundungen gegenseitiger Freundschaft machen zu lassen, ist der 11. Brief etwas konkreter. Er nimmt auf den Brand Roms Bezug und verbindet, wie das *Testimionium Taciteum,* den Gedanken von Rombrand und neronischer Verfolgung.

> „Seneca grüßt Paulus! Sei gegrüßt, mein lieber Paulus! Glaubst Du, es betrübt mich nicht und erfüllt mich nicht mit Trauer, dass eure Unschuld zum wiederholten Male bestraft wird? Dass alle Leute euch zudem für dermaßen verbohrt halten und ihr euch derart Vorwürfe gefallen lassen müsst, weil man meint, ihr wäret schuld an allem Schädlichen, das in der Stadt geschieht? Aber wir wollen mit Gleichmut ertragen und hinnehmen, was das Schicksal zuteilt, ... Wer für die Brandkatastrophe, die die Stadt Rom oft heimsucht, verantwortlich ist, ist völlig klar. Doch wenn der einfache Mann laut sagen könnte, was die Ursache ist, und wenn es möglich wäre, in diesen finsteren Zeiten ungestraft zu reden, dann würden ja alle alles durchschauen. Wie üblich – ach! – werden Christen und Juden bestraft, als wären sie die Brandstifter. Wer auch immer dieser Wüterich ist, dem das Abschlachten Vergnügen bereitet und die Lüge als Deckmantel dient, der Zeitpunkt (seiner Bestrafung) ist ihm bestimmt, und wie gerade der Beste als einziger sein Leben für viele hingegeben hat, so wird auch dieser für alle verflucht werden und im Feuer verbrennen. 132 Paläste, 4000 Wohnblöcke verbrannten in sechs Tagen; der siebte brachte eine Pause. Ich wünsche Dir, Bruder, dass es Dir gut geht. Am 28. März, als Frugi und Bassus Konsuln waren.“[152]

Dass Neros Name nicht genannt wird, versteht sich als angebliche Vorsichtsmaßnahme des am kaiserlichen Hof lebenden Seneca. Doch abgesehen von der prinzipiellen inhaltlichen Übereinstimmung mit dem TT –

in beiden Zeugnissen gilt die neronische Verfolgung als Konsequenz der angeblichen Brandstiftung – lassen sich keine besonderen Schnittpunkte oder gar wörtliche Übereinstimmungen zwischen den beiden Texten feststellen. Im Gegenteil, es gibt sogar einen offenkundigen Unterschied: Für den anonymen Verfasser des Briefwechsels wurden Christen und *Juden* verfolgt – dagegen weiß das TT von verfolgten Juden (wie auch die übrigen besprochenen Zeugnisse) nichts. Auch sind die Angaben über den durch den Brand angerichteten Schaden beim anonymen Verfasser wesentlich detaillierter als bei Tacitus. Mit ihnen soll der Darstellung offenbar ein authentisches Gepräge gegeben werden. Sie sind sonst nirgendwo überliefert.[153] Irgendwelche Hinweise darauf, dass der Verfasser des Briefwechsels die Stelle bei Tacitus gekannt haben könnte, lassen sich nicht entdecken.

Der zweite Parallel-Text, in dem Rombrand und Christenverfolgung miteinander kombiniert werden, stammt aus dem 5. Jahrhundert und steht im 2. Buch der *Historia Sacra* des *Sulpicius Severus.* Auf ihn werden wir wegen seiner Bedeutung auf S. 67ff. ausführlicher eingehen.

## Kein ursprünglicher Zusammenhang von Rombrand und Christenverfolgung

Als Ergebnis können wir bereits hier feststellen:

Der im TT vorausgesetzte Zusammenhang von Neros Brandstiftung, Rombrand und Christenverfolgung steht in der antiken christlichen und nichtchristlichen Literatur einzig da und wird so – abgesehen von dem pseudepigraphischen Verfasser des Briefwechsels zwischen Seneca und Paulus und Sulpicius Severus – nirgendwo sonst bezeugt.[154] Es scheint so, als hätten beide Überlieferungen, der Rombrand und die neronische Christenverfolgung, (bis hin zu Eusebius) ganz unabhängig voneinander existiert.

Dass Tacitus der erste gewesen sein soll, der die beiden Überlieferungsstränge zusammenfügte, ist unwahrscheinlich.[155] Die Episode wäre von den christlichen und nichtchristlichen Schriftstellern der Folgezeit entweder weitergegeben und kommentiert oder als „folgenschwerer Irrtum“ korrigiert worden. Koestermanns Annahme, die Tradition, die Rombrand und Christenverfolgung miteinander verknüpfte, habe lange Zeit einen *apokryphen* Charakter besessen und sei erst im vierten und fünften Jahrhundert, bei dem Verfasser des anonymen Briefwechsels zwischen Seneca und Paulus und bei Sulpicius Severus, ans Tageslicht gekommen, ist nur ein

Notnagel, mit dessen Hilfe das TT vor dem Verdacht, interpoliert zu sein, geschützt werden soll. Aber Tacitus ist, wie wir gesehen haben, auch für die Kirchenväter durchaus kein Unbekannter. Jemandem wie Eusebius, dem die von Pamphilos aufgebaute Bibliothek Caesareas zur Verfügung stand – eine der bedeutendsten ihrer Zeit –, wäre das TT kaum entgangen.

Darum liegt es näher anzunehmen, dass die beiden unterschiedlichen Traditionen viel später, und zwar erstmals von dem anonymen Verfasser des gefälschten Briefwechsels zwischen Seneca und Paulus und dem Kirchenhistoriker Sulpicius Severus, kombiniert wurden, am erfolgreichsten von dem letzteren. Sinn der Sache: die Annalen des römischen Geschichtsschreibers mit der Tradition der lateinischen Kirche in Einklang zu bringen. Wir werden noch sehen, dass der Text des Sulpicius Severus in der Tat die Grundlage für das TT darstellt.

Die *Historizität einer wie auch immer gearteten frühen neronischen „Verfolgung"*, die allerdings in keinem Zusammenhang mit dem Rombrand stand, braucht nicht in Frage gestellt zu werden. Verlässliche Informationen darüber sind angesichts des weithin legendarischen Charakters der überlieferteren Texte jedoch schwer zu erlangen. Die Frage ist überdies, ob *Juden* oder *Christen* Opfer von Maßnahmen des römischen Kaisers waren. Auch wenn außer Frage steht, dass Nero bei beiden gleichermaßen verhasst war, ist eine von Nero veranlasste „Christenverfolgung" eher unwahrscheinlich.

Als Ausgangspunkt der von Christen später mythisch verklärten Tradition ist wohl die Tatsache anzusehen, dass der Kaiser bei den Juden als Initiator jenes Konflikts galt, der letztlich mit der zweiten Zerstörung des Tempels im Jahre 70 durch das neue Babylon, Rom, endete. Möglicherweise entwickelte sich daraus sowie aus anderen, uns nicht überlieferten antijüdischen Repressionsmaßnahmen der Gedanke einer „Verfolgung". Jedenfalls tauchen entsprechende Nachrichten und erste Zeichen für eine Dämonisierung des Kaisers bezeichnenderweise nicht in christlichen, sondern in *jüdischen* Quellen auf. In dem um 80 n. Chr. enstandenen 4., vor allem aber in dem ca. 120-125 verfaßten 5. Buch der Sibyllinischen Weissagungen ist die Metamorphose Neros zur dämonischen Gestalt bereits im vollen Gange.[156]

Die Erinnerungen daran scheinen dann weiter fortgewirkt und über die Vermittlung des Judenchristentums auch das christliche Nero-Bild bestimmt sowie die Vorstellung einer von Nero veranlassten frühen „Christenverfolgung" geformt zu haben. Zeuge dafür ist vor allem das letzte Buch des neutestamentlichen Kanons, die „Offenbarung des Johannes".

Wie Adela Yarbo Collins gezeigt hat, gehören die entsprechenden Anspielungen im Offenbarungsbuch einer späteren Entwicklungsstufe an als die Motive des vierten Buches der Sibyllinischen Weissagungen.[157] Die Beobachtung fügt sich gut zu neueren numismatischen Befunden, die ebenfalls starke Hinweise darauf enthalten, dass die „Offenbarung des Johannes“ während der Regierungszeit Hadrians entstanden ist.[158] Offenbar übernahm Kaiser Hadrian (117-138) für den Verfasser der Apokalypse jene Rolle des „wiederkommenden Nero“ (*Nero redivivus*) , die nach Meinung vieler früherer Forscher Domitian (81-96) innegehabt haben soll.[159] Die wichtigste Parallele zwischen Hadrian und Nero ist jedenfalls unübersehbar: Wie sein Vorgänger aus dem 1. Jahrhundert führte Hadrian erneut Krieg gegen das jüdische Volk, diesmal freilich mit vernichtenden Folgen. Mit dem Ende des Bar Kochba Aufstandes (135) war auch Israels Schicksal besiegelt.

Jedenfalls scheint es sich bei den neronischen Verfolgungsmaßnahmen in Wahrheit wohl um Repressionen gegen Juden gehandelt zu haben. Die Entstehung der Überlieferung einer neronischen Christenverfolgung verdankt sich vermutlich nur der judenchristlichen Rezeption dieser mit dem ersten jüdischen Krieg zusammenhängenden Ereignisse.

## Das Testimonium Taciteum im Kontext

Nach Koestermann ist der Abschnitt in den Annalen „inhaltlich und sprachlich fest mit dem vorausgehenden Text verzahnt, so dass der verschiedentlich geäußerte Gedanke, es könne sich um einen späteren Zusatz von fremder Hand, also um eine Fälschung handeln“, nach seiner Ansicht „abwegig ist ...“[160]

Auch hier wird man dem Gelehrten, bei allem Respekt, nicht zustimmen können. Koestermann hätte nicht nur nach der Verzahnung des Abschnitts mit dem vorausgehenden Kapitel 43, sondern auch mit dem *folgenden Text,* d.h. mit dem Kapitel 45, fragen müssen. Dann wäre ihm sofort aufgegangen, dass der Verdacht einer Interpolation alles andere als „abwegig“ ist, sondern sich im Gegenteil geradezu aufdrängt.

Im 42.-43. Kapitel ging es um Neros rege Bautätigkeit. Nach dem Brand von Rom nutzt der Imperator die Situation zunächst, um neue Parks und Gärten anzulegen, sodann um Häuser und Wohnungen nach neuer großzügigerer Bauart zu errichten. Kap. 45 setzt nach dem Abschnitt über die Christenverfolgung dieses Thema mit einem einleitenden „interea“ (*indessen*) wieder fort. Nun wird hervorgehoben, dass das Geld für die

Bauvorhaben in erster Linie aus den Provinzen kam und dass selbst einige Tempel in Rom ihres Goldes beraubt wurden, um die Projekte des Kaisers zu finanzieren.

Der überlieferte Text bietet somit eine überaus seltsame Gedankenfolge: Nero lässt die Christen verbrennen, das Volk hat Mitleid mit ihnen – „inzwischen" (*interea*) wird das Römische Reich geplündert.

Dass ein solcher unsinniger Gedankengang keineswegs in der Absicht des Erzählers gelegen haben kann, ist offensichtlich. Zwischen Kap. 44 und 45 existiert kein Anknüpfungspunkt, auf den sich das „interea" beziehen könnte. Das „interea" hängt in der Luft! Es kann, wenn es einen sinnvollen Zusammenhang herstellen soll, inhaltlich nur an Kap. 43, nicht aber an 44 anknüpfen: In Rom wird gebaut – inzwischen wird dafür das Reich geplündert![161] Bei Kap. 44 muss es sich also um einen Text handeln, der vom christlichen Interpolator ohne Rücksicht auf den Kontext eingefügt wurde.

## Inhaltliche Probleme

Woher kommt zu dieser frühen Zeit die *multitudo ingens* („ungeheure Menge") an Christen? In seiner Untersuchung der stadtrömischen Christen des 1. Jahrhunderts kommt Lampe aufgrund des 16. Kapitels des Römerbriefs zu dem Ergebnis, es habe in dieser Zeit acht nachweisbare Hausgemeinden gegeben.[162] Einmal abgesehen davon, dass der Römerbrief im Allgemeinen und das 16. Kapitel im Besonderen als Quelle für das 1. Jahrhundert von zweifelhaftem Wert ist – selbst wenn es mehr Christen gewesen sein sollten: Eine ungeheure Anzahl ist etwas anderes!

Noch im 3. Jahrhundert weiß Origenes in seiner Schrift gegen Celsus nur von wenigen christlichen Märtyrern zu berichten:

> „Auf dass ein ermunterndes Vorbild nicht fehle und der Anblick einiger Glaubenszeugen Stärkung im Glauben und Verachtung des Todes in den Herzen wecke, hat im Laufe der Zeiten *eine kleine Schar, die leicht zu zählen ist*, um des christlichen Glaubens willen den Tod erlitten."[163]

Da die *multitudo ingens* allem widerspricht, was wir von der Verbreitung des neuen Glaubens in Rom zu dieser Zeit wissen, lösen Exegeten das Problem, indem sie Tacitus *rhetorische Übertreibung* unterstellen.[164] Aber damit macht man es sich zu leicht. Weswegen sollte Tacitus die Zahl der Opfer übertrieben haben? Das sich so ergebende Bild einer heroisch leidenden christlichen Märtyrergemeinde konnte kaum in seinem Sinne sein. Ein späterer Christ hätte eher Interesse daran gehabt, die Zahl der opferbereiten Märtyrer zu einer *multitudo ingens* zu steigern und die christlichen Anfänge auf diese Weise zu verklären.

Warum bedurfte es überhaupt des Anlasses des Rombrandes, um die *flagitia* der Christen zu bestrafen? Als römischer Kaiser hätte Nero sicherlich schon vor dem Brand Maßnahmen gegen Menschen ergreifen können und müssen, die wegen ihrer Verbrechen (*flagitia*) öffentlich bekannt waren.[165]

Die Amtsbezeichnung „procurator“ für den Statthalter von Judäa ist *anachronistisch*, da sie erst Mitte des 1. Jahrhunderts unter Claudius üblich wurde. Der korrekte Titel des Pontius Pilatus war „praefectus“. Dies geht, wie man neuerdings weiß, aus der 1963 bei Ausgrabungen in Caesarea Maritima entdeckten, zwischen 26-37 n. Chr. datierten sogenannten *Pilatus-Inschrift* hervor. Der von den Wissenschaftlern rekonstruierte Text wird folgendermaßen übersetzt: „Pontius Pilatus, *Präfekt* von Judäa, erbaute und weihte das Tiberieum den seligen Göttern.“[166]

Man wird auf den anachronistischen Gebrauch des Titels sicher nicht zu viel Gewicht legen dürfen, da Tacitus, der im 2. Jahrhunderts schrieb, einfach der Gewohnheit seiner Zeit gefolgt sein könnte. Gleichwohl wird der Quellenwert des TT durch den inkorrekten Gebrauch des Titels erheblich gemindert. Auf dem Studium römischer Archive können die Informationen des Tacitus keineswegs beruht haben, und von „präzisen“ Informationen wird ein seriöser Wissenschaftler angesichts dessen wohl auch kaum sprechen dürfen – was Theißen/Merz freilich nicht hindert, es dennoch zu tun.[167]

Hinzu kommt, dass es sich bei dem im TT erwähnten „Christus“ gar nicht um einen Namen, sondern um einen *Titel* handelt, den die christliche Gemeinde Jesus beilegte. Darf man dem römischen Historiker unterstellen, dies nicht erkannt zu haben? Hätte er wirklich auf der Grundlage amtlichen Materials geforscht, wäre ihm dieser Irrtum kaum unterlaufen. Ein heidnischer, dem Christentum feindlich gesonnener Historiker würde sich wohl gehütet haben, den Stifter der christlichen Gemeinden ausgerechnet mit jenem Titel zu bezeichnen, mit dem ihm das verhasste „humanum genus“ der Christen höchste Reverenz erwies. Auch hier ist der späte christliche Charakter der Stelle offensichtlich. Erst für Christen späterer Zeit war der Titel „Christus“ zum Namen geworden.

Überhaupt stellt sich die Frage, wie der römische Historiker in der Mitte des 1. Jahrhunderts bereits von *chrestiani* bzw. *christiani* sprechen konnte. Das Neue Testament kennt noch andere Namen, z.B. *hagioi* (die Heiligen)[168] oder *eklektoi* (die Auserwählten);[169] der Kirchenschriftsteller

Epiphanius weiß, daß die Christen anfangs als *Nazoräer* und *Jessäer* bezeichnet wurden.[170] Außerdem ist anzunehmen, dass die damit bezeichneten Gruppierungen von Außenstehenden überhaupt nicht als eigenständige Gemeinschaft wahrgenommen, sondern mit den Juden in einen Topf geworfen wurden, so dass Tacitus wohl kaum von *Christen*, sondern einfach von *Juden* bzw. judaisierenden Sekten gesprochen hätte, wie er dies in dem Abschnitt seines Buches über den Kaiser Tiberius mit den Ägyptern tut.[171]

Dem Begriff *christianoi* (Christen) begegnen wir im Neuen Testament insgesamt nur dreimal, zweimal beim Verfasser der Apostelgeschichte (11:26; 26:28), einmal im ersten Petrusbrief (4:16). Bei beiden Schriften handelt es sich um späte Texte, die heute zumeist in das zweite Jahrhundert datiert werden. Es scheint, als sei *„Christianus [sum]"* erst in den Christenprozessen des 2. Jahrhunderts (von der Fremdbezeichnung, siehe Apg 11:26) zur *Selbstbezeichnung* der Christen geworden.[172] Der selbstverständliche Gebrauch des Christennamens in dieser frühen Zeit macht allerdings, wie wir noch sehen werden, nicht nur das TT verdächtig, sondern auch das Zeugnis des Plinius d.J. sowie das des Sueton (siehe Kapitel 3 und 4).

Dass in der einzig erhaltenen Handschrift der Annalen an dieser Stelle ursprünglich von *Chrestiani* die Rede war,[173] was dann später (möglicherweise von demselben Schreiber) in *Christiani* umgewandelt wurde,[174] ist eine oft behandelte, aber vermutlich überbewertete Frage. Allgemeiner Beliebtheit erfreut sich heute die Meinung, Tacitus habe mit dem ursprünglichen „Chrestiani" die Christen in *ironisch sarkastischer* Weise als „Biedermänner" bezeichnen wollen (*chrēstos* = gr. „gut"). Zu übersetzen wäre also:

> „... die man, *wiewohl* (statt „weil") sie sich durch Verbrechen verdächtig gemacht hatten, gemeinhin Chrestianer (d.h. 'Biedermänner') zu benennen pflegte. Der (wahre) Veranlasser dieses Namens, Christus, ..."

Nach Hommel wird der „besonders gefärbte, hier adversative Sinn eines Particips wie die antithetische Anknüpfung eines neuen Satzes ohne besondere Partikel ... in Tacitus' mit äußerster Sparsamkeit arbeitender Darstellungskunst auch sonst vielfach dem Spürsinn des aufmerksamen, ja oft nur des in die Zusammenhänge eingeweihten Lesers überlassen."[175] Doch wird der „Spürsinn" des Lesers durch die Mehrdeutigkeit der Ausdrucksweise an dieser Stelle zweifellos überfordert. Die Pointe des Satzes verpufft, wenn dem Leser die Entscheidung über zwei grundverschiedene Deutungen überlassen bleibt.

Arthur Drews hat in den „Chrestiani" einst die (von Hadrian erwähnten)[176] ägyptischen Serapis-Anhänger vermutet und angenommen, Tacitus habe diese – wir denken dabei wieder an Koestermanns „folgenschweren Irrtum" – fälschlich mit den Christen seiner Zeit identifiziert.[177] Das wirft aber hinsichtlich der Bezeugung dieselben schweren Probleme auf wie die Annahme, es habe sich um Christen gehandelt.

Nach dem Zeugnis des Kirchenvaters Tertullian sollen zumal *Heiden* es vorgezogen zu haben, von *Chrestiani* statt von Christiani zu sprechen.[178] Vielleicht liegt hier ein Hinweis auf den Ursprung der ältesten Lesart. Es wäre möglich, dass dem Verfasser der Stelle diese Tatsache gegenwärtig war und er, um seinem Interpolat den Charakter des Authentischen zu geben, „Chrestiani" statt „Christani" schrieb. Ein Späterer hätte das dann wieder geändert, wohl weil er es vernünftiger fand, die „Christiani" von „Christus" abzuleiten.

Dass *Hass auf das Menschengeschlecht (odium humani generis)* genügt haben soll, Menschen mit dem Tode zu bestrafen, ist mit Römischem Recht schwer zu vereinbaren und wurde oft und erst neuerdings (von Lampe) wieder in Frage gestellt.[179] Ebenso wurde gefragt, welcher Art die rechtliche Absicherung der von Tacitus berichteten neronischen Verfolgung gewesen sein soll – wenn es denn eine gab.[180] Die meisten Lösungen, die zur Erklärung des Problems angeboten werden, können nicht befriedigen. Exegeten, für die die taciteische Herkunft des Abschnitts feststeht, sind in der Regel bereit, jede Möglichkeit der Erklärung in Betracht ziehen, auch wenn sie noch so entlegen sein sollte – oder mit den Worten Bruno Bauers: der „Verwirrung" und „Zusammenhanglosigkeit" des taciteischen Christenbildes „einen nicht weniger chimärischen und haltlosen Zusammenhang" aufzudringen.[181]

Das Problem lässt sich am besten lösen, wenn man annimmt, dass sich der Interpolator gar nicht um die juristische Möglichkeit oder Unmöglichkeit seiner Erzählung bekümmerte, weil es ihm auf etwas ganz anderes ankam. Im Gegensatz zur Auffassung mancher Interpreten, die den Ausdruck „odium humani generis" *negativ* verstehen und mit den *Historien* 5, 5, 2, vergleichen, wo der Verfasser einen ganz ähnlichen Vorwurf gegen die Juden erhebt und sie eines „feindseligen Hasses gegen alle anderen" bezichtigt (*adversus omnes alios hostile odium*), hat das „odium humani generis" für den Verfasser offenbar eine durchaus *positive* Bedeutung. Der Philosoph Seneca sieht darin einen Ausdruck der *tristitia.* Für sie ist kennzeichnend, dass sie gerade den moralischen Menschen (den Philosophen) angesichts der Schlechtigkeit der umgebenden Welt bisweilen heimsucht:

> „denn mitunter bemächtigt sich unser ein *Hass gegen das Menschengeschlecht* überhaupt (sed nihil prodest privatae tristitiae causas abiecisse; occupat enim nonnumquam *odium generis humani*). Wenn man bedenkt, wie selten die schlichte Ehrlichkeit ist, wie wenig man von Unschuld weiß, und wie die Reue fast ganz aus der Welt verschwunden ist, außer wo sie etwa Nutzen bringt, wenn uns der ganze Schwarm siegesgekrönter Verbrechen entgegentritt sowie die gleich hassenswerten Gewinne und Verluste der Lustbegier mitsamt dem Ehrgeiz, der sich soweit vergisst, dass er dem Glanze zuliebe die schändlichsten Mittel nicht scheut, da umnachtet sich der Geist, und Finsternis breitet sich über ihn, als wäre alle Tugend ausgestorben, als wäre jede Hoffnung auf sie versperrt und jeder Nutzen von ihr ausgeschlossen."[182]

Als Musterbeispiel dieser Haltung wird von Seneca der Philosoph *Heraklit* angeführt, der auch von Plinius d. Ä. neben dem Zyniker *Diogenes* und anderen als Exempel philosophischer Weltverachtung genannt wird.[183] Dem (christlichen) Interpolator wird an dieser Stelle eine ganz ähnliche Bedeutung des *odium generis humani* vorgeschwebt haben, d.h. auch er wird darin einen Ausdruck der höheren Ethik der Christen gesehen haben – wodurch sie mit der von ihnen verachteten, moralisch verkommenen heidnischen Umwelt in Konflikt gerieten. Wenn diese Deutung richtig ist, verriete sich in der indirekt positiven Bewertung der Christen aber auch zugleich der christliche Apologet.[184]

Auf die Interpretation des *odium humani generis* im Sinne der antiken „Misanthropie" wurde schon früh hingewiesen;[185] sie wird von vielen Philologen heute anerkannt. Nur werden die Konsequenzen, die sich daraus für die Interpretation der Stelle bei Tacitus ergeben, zu wenig bedacht. Denn streng genommen ergibt sich daraus eine positive Charakterisierung des Christentums, die aber kaum von dem römischen Historiker Tacitus, sondern nur von einem späteren christlichen Interpolator stammen dürfte.

Schließlich ist noch darauf hinzuweisen, dass der vom Verfasser des TT behauptete Zusammenhang zwischen Rombrand und Christenverfolgung auch deswegen ganz unwahrscheinlich ist, weil das Motiv, das er nennt, die Rücksicht Neros auf die umlaufenden Gerüchte, wenig psychologische Wahrscheinlichkeit hat. Dass der Kaiser sich *gar nichts* aus dem Gerede der Menge machte, wird ausdrücklich von Sueton bezeugt. Sueton: „Man muss sich eigentlich darüber wundern, und es ist ganz merkwürdig, dass Nero nichts so geduldig ertrug wie das Schimpfreden und Schmähungen der Leute."[186]

In seinem Kommentar machte Nipperdey einst darauf aufmerksam, dass Tacitus „stets in der gewöhnlichen Ordnung 'genus humanum' statt 'humanum genus' sagt.“[187] Auch in dieser meist übersehenen Beobachtung könnte ein Hinweis liegen, dass wir es an dieser Stelle mit einem anderen Verfasser zu tun haben.

Heute ist eine Mehrheit der Exegeten der Auffassung, dass der *Inhalt des Bekenntnisses* der gefangen genommenen Christen (*qui fatebantur*) sich nicht auf die Brandstiftung beziehen kann, sondern nur auf den *Glauben.*[188] Allerdings stellt diese Interpretation die Ausleger vor das Problem zu erklären, warum der Begriff *fateri* im Zusammenhang religiösen Bekennens steht, was bei Tacitus sonst nirgendwo der Fall ist. Da Tacitus *fateri* im Allgemeinen nur als Audruck für das *Bekennen von Schuld* gebraucht, glaubt darum ein anderer Teil der Exegeten, daß dies auch hier der Fall sein müsse.[189]

Befürworter der einen wie der anderen Interpretation haben jeweils Richtiges erkannt. Und doch hat niemand ganz recht. Diejenigen Interpreten nicht, die das Wort im Zusammenhang als christliches Bekenntnis interpretieren und den Abschnitt trotz des ungewöhnlichen Gebrauchs von *fateri* für taciteisch halten. Aber auch diejenigen nicht, die auf dem taciteischen Gebrauch des Begriffs insistieren, weil sie daraus den falschen Schluss ziehen, es sei von einem Schuldbekenntnis die Rede. Richtig ist dagegen, dass der Verfasser an dieser Stelle von *fateri* im Sinne religiösen Bekennens redet, ohne den besonderen taciteischen Gebrauch des Wortes zu berücksichtigen – und sich gerade dadurch als *Interpolator* zu erkennen gibt.

## Abhängigkeit von Sulpicius Severus

Wir haben oben schon erwähnt, dass es zum Tacitus-Text noch eine parallele Darstellung aus der Feder des im 5. Jahrhundert schreibenden Mönchs und Klostergründers *Sulpicius Severus* gibt, dem Verfasser der bekannten Biographie des Heiligen Martin von Tours. In seiner zweibändigen *Historia Sacra* schildert er die Geschichte von der Erschaffung der Welt bis zum Jahre 400. Über die neronische Christenverfolgung berichtet er folgendes (um dem Leser die Möglichkeit zu geben, zwischen der Version des Sulpicius Severus und dem TT zu vergleichen, werden die beiden Texte nebeneinandergestellt):

Sulpicius Severus
Chronicorum libri 2,2

Indessen geschah es – die Menge der Christen (*Christianorum multitudine*) in Rom war schon sehr groß – dass ein Feuer Rom verbrannte, als sich Nero bei Antium befand. Aber die allgemeine Meinung lenkte den Verdacht der Brandstiftung auf den Regenten und man glaubte, der Herrscher habe den Ruhm angestrebt, die Hauptstadt zu erneuern (*credebaturque Imperator* ***gloriam*** *innovandae* ***urbis quaesisse***).

Und auf keinerlei Weise gelang es Nero (zu erreichen), dass man nicht glaubte, der Brand sei auf Befehl von ihm gelegt worden. (*Neque ulla re Nero efficiebat* ***quin*** *ab eo* ***iussum incendium*** *putaretur*). Also kehrte er den Verdacht gegen die Christen, und die grausamsten Foltermethoden wurden gegen die Unschuldigen angewandt; es wurden sogar neue Todesarten ersonnen,

Tacitus
Ann 15,40.44

40. … Und dieser Brand veranlasste noch schlimmere Nachreden, … und es so schien, als trachte Nero nach der Ehre, der Erbauer einer neuen, nach ihm benannten Stadt zu werden… (…*videbaturque Nero condendae* ***urbis*** *novae et cognomento suo appellandae* ***gloriam quaerere***…)

44. Aber nicht menschliche Hilfeleistung, nicht die Spenden des Kaisers oder die Maßnahmen zur Versöhnung der Götter konnten die Verdächtigung zum Weichen bringen, der Brand sei auf Befehl gelegt worden (*sed non ope humana, non largitionibus principis aut deum placamentis decedebat infamia* ***quin iussum incendium*** *crederetur*). Demgemäß, um den Reden ein Ende zu bereiten, schob Nero die Schuld auf andere und belegte mit den ausgesuchtesten Strafen diejenigen, die, wegen ihrer Schandtaten verhasst, vom Volke als Chrestiani bezeichnet wurden.

Der Urheber dieses Namens, Christus, war während der Regierung des Tiberius durch den Procurator Pontius Pilatus mit dem Tode bestraft worden; und für den Augenblick unterdrückt, brach der verderbliche Aberglaube erneut hervor, nicht nur in Judäa, dem Ursprungslande des Übels, sondern auch in der Hauptstadt, wo von überall her, was immer es Grässliches und Widerwärtiges gibt, zusammenfließt und praktiziert wird. Zuerst also wurden solche ergriffen, die sich bekannten, so dass sie, mit Tierfellen bedeckt, aufgrund von Zerfleischung durch Hunde starben. Viele starben am Kreuz oder verbrannten im Feuer. Nicht wenige wurden dafür aufbewahrt, wenn der Tag vergangen war, als Fackeln zur nächtlichen Beleuchtung zu dienen (***ut ferarum tergis contecti laniatu canum interirent****. Multi crucibus affixi aut flamma usti. Plerique in id reservati ut cum* ***defecisset dies in usum nocturni luminis urerentur***).

dann auf ihre Anzeige hin eine gewaltige Menge (*multitudo ingens*), die nicht so sehr der Brandstiftung als vielmehr des Hasses auf das Menschengeschlecht überführt wurde.

Noch den Sterbenden wurde Spott zugefügt, derart dass sie, mit Tierfellen bedeckt, aufgrund von Zerfleischung durch Hunde starben oder ans Kreuz geheftet und angezündet wurden und, wenn der Tag vergangen war, als Fackeln zur nächtlichen Beleuchtung dienten (*et pereuntibus addita ludibria,* ***ut ferarum tergis contecti laniatu canum interirent*** *aut crucibus affixi aut flammandi atque ubi* ***defecisset dies in usum nocturni luminis urerentur***).

Ein Vergleich der beiden Abschnitte kann die zum Teil wortwörtlichen Übereinstimmungen eindrucksvoll erhellen. Gewöhnlich wird angenommen, dass es sich bei dem Text des Severus um ein Referat des Tacitus handelt. Richard Klein spricht von einer „teilweise wortgetreuen Nachahmung bei dem christlichen Schriftsteller Sulpicius Severus.“[190] Auch Waltraud Jakob-Sonnabend vertritt in ihrer Dissertation die Meinung, dass der spätantike Autor Tacitus ausschreibt.[191]

Diese Auffassung beruht in der Regel aber nicht auf einer näheren sprachlichen oder inhaltlichen Analyse des Verhältnisses der beiden Texte zueinander, sondern ergibt sich lediglich aus der überlieferten Chronologie. Die Gesichtspunkte, die außerdem von Jacob Bernays ins Feld geführt wurden, können die Priorität des TT, für sich gesehen, kaum begründen.[192] Sie zeigen nur, dass die beiden Texte in den jeweiligen Kontext integriert sind, was unbestritten ist. Die Priorität des TT ist damit natürlich noch nicht bewiesen.

Richtig ist Bernays’ Hinweis darauf, dass Tacitus mit Severus noch an einer anderen Stelle des 15. Buches wortwörtlich übereinstimmt, und zwar dort, wo von der „Verheiratung“ des Kaisers mit seinem Freigelassenen Pythagoras die Rede ist.[193]

| Sulpicius Severus<br>Chronicorum libri 2,28,2 | Tacitus<br>Ann 15,37 |
|---|---|
| Danach ließ er (Nero) sich einem gewissen Pythagoras feierlich anvertrauen. Man hängte über des Kaisers Gesicht den Brautschleier, man sah Mitgift, Brautbett und Hochzeitsfackeln; ja alles, was selbst bei Frauen nicht ohne Scham gesehen wird, ward zur Schau gestellt. | (Nero) hatte jedwede Schändlichkeit erschöpft, welche ihn noch lasterhafter machen konnte; nur dass er wenige Tage darauf einem Menschen von jener gräuelhaften Schar mit Namen Pythagoras, sich feierlich anvertrauen ließ. Man hängte über des Kaisers Gesicht den Brautschleier, man sah Zeugen, Mitgift, Brautbett und Hochzeitsfackeln; ja alles ward zur Schau gestellt, was selbst beim Weib die Nacht verhüllt. |

Doch bleibt Bernays auch hier eine überzeugende Begründung dafür, dass der Text des Severus auf dem des Tacitus fußt, schuldig. Weder aus sprachlichen noch inhaltlichen Gründen lässt sich die Annahme, dass ein Interpolator der Annalen von Severus abhängt, ausschließen. Die vermeintliche Priorität des Tacitus wird nur deswegen behauptet, weil die alternative Möglichkeit gar nicht geprüft wurde.

Dabei kann ein vorurteilsloser Vergleich der beiden Texte zeigen, dass das TT in der Tat auf Severus basiert. Dies geht vor allem aus der Art der Einfügung des vom Interpolator angebrachten Exkurses über die Christen und aus der Herkunft ihres Namens hervor. Gewiss ist innerhalb des Kontexts von Ann 15,44, in dem bisher noch nicht von Christen die Rede war, ein erklärender Einschub notwendig. Allerdings ist er an dieser Stelle ungeschickt platziert, weil er das Thema „Strafen“ unterbricht, das mit der Formulierung 15,44,2 („und belegte mit den ausgesuchtesten *Strafen…*“) eingeleitet wurde und nun erst 4b („Noch den Sterbenden wurde Spott zugefügt, derart dass sie, mit Tierfellen bedeckt, aufgrund von Zerfleischung durch Hunde starben“) weitergeführt wird. Hätte sich der Verfasser frei und ohne Vorlage bewegt, hätte er seine Erzählung sicher anders aufgebaut.

Auffallend ist auch, dass im TT Kreuzigung und Flammentod miteinander verbunden werden, während Severus beide Todesstrafen voneinander trennt und ausdrücklich sagt, einige Christen seien speziell für den Feuertod aufbewahrt worden (*reservati*). Offenbar geht die Version des TT auf ein Missverständnis der Severusstelle zurück, deren Darstellung eine viel größere Plausibilität besitzt.

Man kann die Gegenprobe machen und fragen, welchen Grund Sulpicius Severus, falls er die Tacitus-Stelle kannte, gehabt haben sollte, die übrigen bei Tacitus berichteten Einzelheiten über die Verfolgung zu übergehen.

Mark Morford hat gezeigt, dass die Episode über Neros sexuelle Ausschweifungen absichtlich in die Nähe des Rombrandes gerückt wurde, um den Brand als Konsequenz der vorangegangenen, in der Ehe des Kaisers mit Pythagoras kulminierenden Gräuel erscheinen zu lassen.[194] Das mag zutreffen. Zu ergänzen wäre allerdings, dass diese Tendenz nicht auf Tacitus selber, sondern offenbar auf das Konto eines christlichen Überarbeiters geht, zu dem eine solche moralisierende Geschichtsbetrachtung im übrigen sehr gut passen würde.

Dass die Stelle bei Tacitus christliche Interpolation ist, die auf dem Text des Sulpicius Severus basiert, könnte auch die bei Tacitus einmalige Wortfolge *humanum genus* statt *genus humanum* zeigen. Sie geht offenbar ebenfalls auf die Lektüre des Sulpicius zurück, der stets *humanum genus*, aber nie *genus humanum* schreibt.

Ebenso ließe sich die Herkunft des Ausdrucks *exitiabilis superstitio* bestimmen. Auch dieser ist sonst nirgendwo belegt – außer bei *Sulpicius*, der ihn an einer Stelle für die Gnostiker verwendet.[195]

Zuletzt fände auch die große Menge von Christen (*multitudo ingens*) bei Sulpicius ihre Erklärung. Denn wir dürfen annehmen, dass der Interpolator das *abundante iam Christianorum multitudine* („die Menge der Christen in Rom war schon sehr groß“) ebenfalls in der *Historia Sacra* des Sulpicius gelesen hat. Die rhetorische Übertreibung ist aus späterer Zeit und aus der Feder eines christlichen Mönches, der im erstaunlichen Wachstum der christlichen Gemeinde eine göttliche Wundertat sah, sicherlich sehr viel besser verständlich als bei einem römischen Geschichtsschreiber, der dazu wenig Anlass hatte.

Weiterhin würde die Annahme, dass Ann 15,44 einen christlichen Interpolator zum Verfasser hat, auch die *apologetischen Motive* erklären, die sich in den Text des vermeintlichen römischen Geschichtsschreibers eingeschlichen haben: Das Stichwort *„miseratio“ (*Mitleid) sollte hellhörig machen, da es sich um einen fast stereotypen Zug der frühchristlichen Märtyrerakten handelt: dass das Volk bei der Hinrichtung von Christen von Mitleid erfüllt wird, wird im Martyrium des Polykarp (2:2) gesagt; dort heißt es, beim Tod des Polykarp seien „selbst die Zuschauer von Mitleid ergriffen“ worden „und weinten“. Ähnlich im Martyrium des Pionius (21) „Als das Volk ihn nun angenagelt sah, rief es aus Mitleid...“ Und auch in den Theklaakten (34) weinten die „Frauen und das ganze Volk", als die christliche Märtyrerin von den Robben (sic!) gefressen werden soll.[196]

Unter allen Parallelen ist die sicher bemerkenswerteste die S. 55 besprochene Stelle aus dem *Martyrium des Paulus* (3,1), wo die Verfolgung römischer Christen durch Kaiser Nero die empörte Reaktion der römischen Bevölkerung provoziert, die dem Kaiser Einhalt gebietet mit den Worten: „Es ist genug, Kaiser! Diese Menschen gehören ja auch zu uns; du vernichtest die Kraft der Römer!"[197] Der Unterschied besteht darin, dass die verurteilten Christen – anders als im *Martyrium des Paulus* – als Schuldige bezeichnet werden, die ihre Strafe verdient hätten. Der hinter der Maske des Tacitus steckende christliche Interpolator beherrschte die Rolle des heidnischen Historikers alles in allem sehr gut.

Dass die Christen „nicht so sehr der Brandstiftung, als vielmehr des Hasses auf das Menschengeschlecht überführt wurden", wird vermutlich ebenfalls nur zu ihrer Entlastung, also aus *apologetischen Motiven,* gesagt. Dadurch kommt in die ganze Darstellung etwas Wirres: Die Christen können nicht der Brandstiftung überführt werden, werden aber gleichwohl *wie* Brandstifter bestraft (Tod durch Verbrennung). – Da sie aber nicht *wegen* Brandstiftung, sondern wegen „Hasses gegen das Menschengeschlecht" bestraft wurden, bleibt zu fragen, inwiefern Nero überhaupt glauben konnte, die Hinrichtung der Christen habe ihn vom Vorwurf der Brandstiftung entlasten können.

Bruno Bauer hatte vermutet, dass das Interpolat bei Tacitus vom Christenbrief des Plinius abhängig sein könnte. Die Vokabeln *fateri*, *confiteri, flagitia* und *superstitio* seien nach seiner Meinung dieser Quelle entnommen.[198] Denkbar wäre freilich auch das Umgekehrte, denn die beiden Plinius-Briefe sind, wie wir unten sehen werden, späteren Ursprungs.

Dem Sueton verdankt der Interpolator einen speziellen Zug seines Nero-Bildes: Wie dessen Nero liebt es auch der des Tacitus, als *Wagenlenker* aufzutreten (Ann 14,14; Suet. Nero 24,12.9) oder sich unerkannt unter das Volk zu mischen (Suet. Nero 26). Die Stelle erweckt den Eindruck, als sei das Nero-Bild des Interpolators aus verschiedenen Bestandteilen künstlich zusammengesetzt worden. Vielleicht spielten bei dem Auftritt des Kaisers „habitu aurigae" (im Aufzug eines Wagenlenkers) die *„Scriptores Historiae Augustae"* eine Rolle. Dort ist es Kaiser Commudus Antoninus, der „habitu aurigae" (2,9) auf dem Wagen steht. Möglicherweise haben wir es mit einem speziellen „Fündlein" des Interpolators zu tun.

## Brandstifter Nero?

In den letzten Jahrzehnten hat es verschiedene Versuche gegeben, das herkömmliche Negativbild des Kaisers kritisch in Frage zu stellen. In den Fußstapfen Hermann Schillers, der schon in seiner 1872 erschienenen „Geschichte des römischen Kaiserreichs unter der Regierung des Nero" einen ähnlichen Weg beschritten hatte,[199] haben mehrere Autoren angezweifelt, dass Nero überhaupt etwas mit dem Brand von Rom zu tun hatte. Neben Griffin,[200] Warmington,[201] Bishop,[202] Vandenberg,[203] Walter,[204] Baudy[205] und einigen anderen Historikern hat sich vor allem der Italiener *Massimo Fini* in seinem Nero-Buch mit dem vielsagenden Untertitel „Zweitausend Jahre Verleumdung – die andere Biographie"[206] sehr engagiert gegen den alten Vorwurf, Nero habe Rom angezündet, ausgesprochen.

Die Meinung all dieser Autoren lässt sich etwa so zusammenfassen:

Die überlieferte Nachricht, Nero sei der Initiator des Rombrandes im Jahre 64. n. Chr. gewesen, ist nicht glaubwürdig und hält kritischer Nachprüfung nicht stand. Um für seinen neuen Palast *Domus Aurea* Platz zu schaffen, hätte Nero als Kaiser sicherlich ganz andere Möglichkeiten gehabt, als Rom in Brand zu setzen oder in Brand setzen zu lassen. Im Übrigen habe sich, wie die Quellen erkennen ließen, Nero an den Löscharbeiten beteiligt und sich mit Rettungsaktionen für die Opfer engagiert. Auch sei der kaiserliche Palast, der beim Brand zerstört wurde, gerade erst nach Neros Wünschen umgestaltet worden und habe eine einzigartige und kostbare Sammlung griechischer und römischer Kunstschätze enthalten. Abgesehen davon, dass es kaum vorstellbar sei, dass ein Kunstliebhaber wie Nero das Feuer ausgerechnet in unmittelbarer Nähe seines Palastes gelegt haben soll, hätte Nero zumindest seine Kunstschätze in Sicherheit gebracht, wenn er tatsächlich der Initiator des Brandes gewesen wäre.

Alles in allem: Eigentlich konnte niemand weniger Interesse an einem Feuer in der Hauptstadt und der damit verbundenen Vernichtung von Kulturgütern haben als Nero. Möglicherweise wurde das Gerücht von den Beteiligten der *Pisonischen Verschwörung*, die Nero beseitigen wollten, gestreut. Einige Autoren wie Fini, Baudy oder Bishop wollen nicht ausschließen, dass der Brand von Christen bzw. jüdischen Messianisten gelegt sein könnte.

Nach Baudy könnten christliche Extremisten, „aufgestachelt von apokalyptischen Feuervisionen, Rom in Brand gesetzt" haben, „um die ersehnte Endzeit herbeizuführen" und dem verhassten Babylon Rom das Ende zu bereiten.[207] Die Version, Nero habe den Brand gelegt und dafür die Christen bestraft, könnte von christlichen Kopisten in den Text der Annalen des Tacitus eingefügt worden sein – eine der vielen Fälschungen, die Christen im Laufe der Jahrhunderte vornahmen.[208]

# 3. Plinius der Jüngere – Christenverfolgung in Bithynien?

## Leben und Werk des jüngeren Plinius

Plinius der Jüngere wurde 61/62 n. Chr. in Novum Comum geboren und war ein Neffe des älteren Plinius, der als Naturgeschichtler und „Enzyklopädist" in die Geschichte der lateinischen Literatur einging. Nach dem Tode seines Vaters kam er nach Rom in das Haus seines Oheims, der ihn testamentarisch adoptierte und ihm ein Studium bei Quintilian, einem der bekanntesten römischen Rhetoriklehrer der damaligen Zeit, ermöglichte.

Seine steile Karriere begann er achtzehnjährig als Anwalt in Zentumviral- und Kriminalprozessen („ich habe große und wichtige Fälle vor Gericht vertreten", ep 5,8 ); er durchlief daraufhin die verschiedenen Stationen der römischen Beamtenlaufbahn: 82: Militärtribun in Syrien (ep 8,14,7); 88: *quaestor Augusti*; 91/92: Volkstribun (ep 1,23; paneg 95,1); 93: Prätor, 95-96 (so Mommsen und Sherwin-White): Verwalter der Veteranenkasse (*praefectura aerarii militaris)*; 98-100: Verwalter der Staatskasse (*praefectura aerarii Saturni*); Sept. und Okt. 100: Suffektkonsul.[209] In das Kollegium der Auguren wurde er 103-104 aufgenommen.[210] Ab 105 oblag dem ehrgeizigen Beamten auch die *cura alvei Tiberis et cloacarum urbis*, d.h. die Aufsicht über das Tiberbett und die Ufer und Abwässer der Stadt Rom.

Im Jahre 111 wurde Plinius als kaiserlicher Legat Trajans in die Provinz *Bithynia et Pontus* in den Nordwesten Kleinasiens (heutige Türkei) geschickt, wo er bis zu seinem frühen Tode im Jahre 113 oder 115 amtierte. In dieser Zeit soll der Briefwechsel zwischen ihm und dem Kaiser entstanden sein. Zu den Briefen gehören auch die beiden sogenannten „Christenbriefe" (10,96/97).

Das epistolarische Werk des jüngeren Plinius bildet den Hauptteil des literarischen Nachlasses. Dichtungen und Reden sind, abgesehen von einem Panegyrikus auf Kaiser Trajan, größtenteils verlorengegangen. Die Briefe liegen heute in einer Sammlung von zehn Büchern vor. Die ersten neun Bände umfassen Privatbriefe, das zehnte Buch enthält die offizielle Korrespondenz mit Kaiser Trajan.

Anders als sein Onkel, der sich vorrangig mit naturkundlichen, geographischen und ethnographischen Themen beschäftigte, bietet der jüngere Plinius in den Büchern 1-9 einen Einblick in das gesellschaftliche Leben Roms der trajanischen Ära. Zu den von Plinius behandelten Themen gehören Bildungsfragen, literarische, politische und juristische Themen, aber auch Landschaftsschilderungen, Architekturbeschreibungen etc. Ein literarisches „Highlight" ist der Bericht über den Ausbruch des Vesuvs im Jahre 79 n. Chr., bei dem sein Onkel das Leben verlor.

Die in den Büchern 1-9 gesammelten Briefe sind stilistisch sorgfältig durchgeformt und -gestaltet. Ihr künstlerischer, nicht selten künstlicher Charakter ist offenkundig. Literaturhistoriker sprechen in diesem Zusammenhang gerne von „fein ziselierten Kabinettstücken".[211] Eduard Norden: „Alles ist geleckt und gedrechselt."[212]

Das lässt die Frage nach der Authentizität dieser Briefe aufkommen. Handelt es sich um wirkliche Briefe, die an die jeweiligen Adressaten versandt und nach entsprechender Überarbeitung ediert wurden – oder um reine Kunstbriefe, für die die briefliche Form nur als literarisches Gestaltungsprinzip diente? Die Frage ist im Laufe der Zeit immer wieder unterschiedlich beantwortet worden. Einerseits gibt es Literaturhistoriker, die an der Authentizität der Briefe unbedingt festhalten möchten, andererseits solche, die sie bestreiten und in ihnen bloße literarische Fiktion sehen.

Wohl im Zuge des allgemein zu beobachtenden „konstruktivistischen" Modetrends[213] neigen Altphilologen und Historiker heute dazu, die fiktionalen Züge der Korrespondenz des sich „selber erfindenden" Schriftstellers Plinius zu betonen und die Grenzen zwischen literarischem Schreiben und Privatbrief aufzuheben. Für Ludolph gilt auch in Bezug auf die Plinius-Briefe der Bücher 1-9:

> „Publizierte Privatbriefe wie Texte der 'persönlichen Dichtung' zeigen dieselbe 'Doppelgesichtigkeit': Sie tragen alle oder zumindest viele Kennzeichen privaten Schreibens und vermitteln somit den Eindruck von Authentizität, sind aber qua Publikation Literatur und fallen unter die Kautel der 'tendenziellen Fiktionalität', und bei beiden muss man mit einem 'literarischen', einem bald lyrischen, bald 'brieflichen' Ich rechnen."[214]

Hatten frühere Literaturwissenschaftler den um seinen literarischen Nachruhm besorgten jüngeren Plinius oft der übermäßigen „Eitelkeit“ geziehen, so ist heute viel von der „Selbstinszenierung“, „Selbststilisierung“, „self-representation“ usw. die Rede, wobei nicht selten die moralische Keule geschwungen wird.[215] Dass Plinius ein „Selbstdarsteller“ großen Stils war, ist unbestritten – doch andere waren es auch, wie wir am Beispiel der Autobiographie des Josephus gesehen haben. In literarischer und künstlerischer Hinsicht pflegen moralische Dinge im Allgemeinen weniger Gewicht zu besitzen als literarische und stilistische Qualität. Bei dem Verfasser der ersten neun Bücher haben wir es zweifellos mit einem begabten Schriftsteller und präzisen Beobachter seiner Zeit zu tun.

## Die Christenbriefe und ihre neuesten Apologeten

Wie gesagt sind es zwei Briefe aus dem letzten Band der Briefesammlung des jüngeren Plinius, die uns hier interessieren: eine Anfrage des Statthalters an seinen Kaiser bezüglich des Verfahrens gegen Christen (ep 96) und dessen Antwort (ep 97). Bei beiden Schriften soll es sich ebenso wie bei dem Briefwechsel des 10. Buches als Ganzes nach Ansicht der meisten Historiker und Theologen um „echte, nicht zur Herausgabe bestimmte Briefe“ handeln.[216] Dass sie dann doch postum herausgegeben wurden, sollen wir nach André Lambert einem „Freund“ zu verdanken haben, der auf diese Weise für den Verstorbenen ein *monumentum aere perennius* zu schaffen gedachte.[217]

> „C. Plinius an Kaiser Trajan. (1) Ich habe es mir zur Richtschnur gemacht, Herr, alles, worüber ich im Zweifel bin, Dir vorzutragen. Denn wer könnte besser mein Zögern lenken oder meine Unwissenheit belehren (ignorantiam instruere)? An Verfahren (cognitiones) gegen Christen habe ich noch nie teilgenommen: Deshalb weiß ich auch nicht, was und inwieweit man hier zu strafen oder zu untersuchen pflegt. (2) Auch war ich einigermaßen in Verlegenheit darüber, ob das Lebensalter einen Unterschied ausmacht oder ob kein Unterschied in der Behandlung junger Menschen und Erwachsener gemacht wird; ob Reue (paenitentia) Gnade (venia) bewirkt oder ob es dem, der überhaupt einmal Christ gewesen ist, nicht nützt, wenn er es nicht mehr ist; ob der [Christen-] Name allein (nomen ipsum), auch wenn keine Verbrechen vorliegen, oder ob die mit dem Namen verbundenen Verbrechen bestraft werden. Einstweilen bin ich mit denen, die mir als Christen angezeigt wurden, folgendermaßen verfahren: (3) Ich habe sie gefragt, ob sie Christen seien. Diejenigen, die gestanden, habe ich unter Androhung der Todesstrafe ein zweites und drittes Mal gefragt; diejenigen, die beharrten,

habe ich [zur Hinrichtung] abführen lassen. Denn ich zweifelte nicht: Was immer sie gestehen mochten, Hartnäckigkeit (pertinacia) und unbeugsamer Starrsinn (inflexibilis obstinatio) mussten auf jeden Fall bestraft werden. (4) Es gab einige von ähnlicher Verrücktheit, die ich, weil sie römische Bürger waren, zur Überführung nach Rom vorgemerkt habe. Bald darauf im Laufe des Verfahrens weitete sich, wie es zu geschehen pflegt, die Anschuldigung aus und es traten mehrere Sonderfälle auf. (5) Es wurde eine anonyme Schrift vorgelegt, die zahlreiche Namen enthielt. Diejenigen, die leugneten, Christen zu sein oder es je gewesen zu sein, wenn sie nach meinem Beispiel die Götter anriefen und deinem Bild, welches ich zu diesem Zweck mit den Bildern der Götter hatte herbeiholen lassen, mit Weihrauch und Wein opferten, außerdem noch Christus lästerten, – alles Dinge, zu denen sich, wie es heißt, wirkliche Christen niemals zwingen lassen –, glaubte ich freilassen zu müssen. (6) Andere, die in der Schrift genannt waren, sagten erst, sie seien Christen und bald darauf widerriefen sie: sie seien es wohl gewesen, hätten aber damit aufgehört, manche vor drei, manche vor noch mehr Jahren, ein paar sogar schon vor 20 Jahren. Diese haben auch dein Bild sowie die Götterstatuen angebetet und Christus gelästert. (7) Sie versicherten jedoch, ihre ganze Schuld oder auch ihre Verirrung habe darin bestanden, dass sie an einem fest gesetzten Tag vor Sonnenaufgang sich zu versammeln pflegten und Christus wie Gott einen Wechselgesang sangen und sich mit einem Eid (sacramentum) nicht etwa zu irgendeinem Verbrechen verpflichtet hätten, sondern dass sie keinen Diebstahl, keinen Raub, keinen Ehebruch begingen, dass sie nicht ein gegebenes Wort brächen, dass sie anvertrautes Gut, das zurückgefordert wird, nicht verweigerten. Darauf sei es bei ihnen Brauch gewesen, auseinanderzugehen und wieder zusammenzukommen, um eine Speise zu sich zu nehmen, die aber ganz gewöhnlich und harmlos war; selbst davon hätten sie nach meinem Edikt abgelassen, mit dem ich gemäß deinen Verfügungen das Bestehen von Hetärien verboten hatte. (8) Um so mehr hielt ich es für nötig, zwei Sklavinnen, die sie Diakonissen nannten, auch unter der Folter nach der Wahrheit zu befragen. Ich fand nichts anderes heraus als einen verschrobenen und maßlosen Aberglauben (superstitio). (9) Daher habe ich die Verhandlung vertagt und wende mich nun an Dich, um Deinen Rat einzuholen. Die Sache scheint mir nämlich der Beratung zu bedürfen, vor allem wegen der Zahl der Angeklagten. Viele nämlich jedes Alters, jedes Ranges und beiderlei Geschlechts sind angeklagt und viele werden noch angeklagt werden. Nicht nur über die Städte, sondern auch über die Dörfer und das flache Land hin hat sich die Seuche dieses Aberglaubens ausgebreitet, der jedoch, wie es scheint, eingedämmt und geheilt werden kann. (10) Fest steht jedenfalls, dass man beginnt, die schon fast verödeten Tempel wieder zu besuchen, die lange unterbrochenen feierlichen Opfer wieder aufzunehmen und das Fleisch der Opfertiere zu verkaufen, für das sich nur sehr selten ein Käufer fand. Man kann daraus

> leicht erkennen, welch große Zahl von Menschen gebessert werden kann (turba hominum emendari), wenn man der Reue Raum gibt."

Es folgt, als Brief 97 die Antwort des Kaisers:

> „Trajan an Plinius. (1) Du hast, mein Secundus, bei der Untersuchung der Fälle derjenigen, die dir als Christen angezeigt wurden, genau das Verfahren angewendet, das Du musstest. Denn es lässt sich nichts allgemein Gültiges verfügen, was sozusagen als feste Regel gelten könnte. (2) Es soll nicht nach ihnen gefahndet werden (*conquirendi non sunt*); wenn sie aber angezeigt und überführt werden, soll man sie bestrafen, jedoch so, dass einer, der leugnet, Christ zu sein, und dies durch die Tat, das heißt indem er unseren Göttern opfert, offenbar macht – mag er in der Vergangenheit noch so verdächtig gewesen sein –, aufgrund seiner Reue Gnade findet. Anonyme Anzeigen aber dürfen bei keiner Anklage berücksichtigt werden. Denn das wäre ein äußerst schlechtes Beispiel und unseres Jahrhunderts nicht würdig (*nec nostri saeculi est*)."

Die beiden zitierten Texte werden von den Theologen bis heute als sicheres Jesus-Zeugnis verbucht.

Nach Theißen/Merz soll die Formulierung, die Christen hätten Christus *quasi deo* (wie Gott) Hymnen gesungen, zeigen, dass „Plinius in Christus nur einen Quasi-Gott sieht, eben weil er ein Mensch war".[218] Hier wird übersehen, dass Plinius sicherlich keine selbständigen Erkundungen über den in der christlichen Gemeinde verehrten Christus angestellt haben wird, so dass seine Informationen natürlich nur von *Christen* stammen können. Wenn aber das *Wissen* des Plinius letztlich nur auf dem *Glauben* der frühen Christen basiert, lassen sich daraus für die Historizität des Menschen aus Nazaret keine Schlüsse ziehen.

Wie schon beim TT erfahren wir bei Theißen, Bruce, Kee und van Voorst leider gar nichts über die vielfältigen textgeschichtlichen und historischen Probleme der Korrespondenz. Die erstmals von *Johann Salomo Semler* (1725-1791) und in der Folge besonders eindrucksvoll von französischen Forschern gestellte Frage nach der *Echtheit beider Briefe* sowie der des ganzen 10. Buches wird ebenfalls völlig ignoriert.[219] Van Voorst bemerkt knapp und apodiktisch:

> „Der Text dieser beiden Briefe ist gut bezeugt und zuverlässig, ihre Authentizität wird nicht ernsthaft bestritten. Ihr Stil entspricht dem der übrigen Briefe des 10. Buches [davon, dass Buch 10 als Ganzes der Unechtheit verdächtigt wurde, scheint van Voorst nie etwas gehört zu haben], und sie waren bereits zu Tertullians Zeit (196-212) bekannt."[220]

Zu solcher von keinerlei Zweifeln angekränkelter Zuversicht möchte man gratulieren – wenn es um Glauben und nicht um Wissenschaft ginge.

Doch ist der Optimismus vieler Theologen und Philologen keineswegs so gut begründet, wie es den Anschein hat. Im Gegenteil. Die selbstsicher vorgetragene Behauptung steht wieder einmal auf äußerst wackeligen Füßen, wovon sich jeder, der nur ein wenig tiefer in die damit zusammenhängenden Probleme eindringt, leicht überzeugen kann. Da ist zunächst die geradezu abenteuerliche Geschichte der Entdeckung und Erstveröffentlichung des Textes.[221]

## Fra Giocondo und die Entdeckung des „Parisinus"

Es ist unbestritten, dass das zehnte Buch der Briefsammlung des jüngeren Plinius bis zum 16. Jahrhundert noch völlig unbekannt war. In der 2. Auflage der *Geschichte der römischen Literatur* von Schanz heißt es, es sei „lange verborgen" gewesen.[222] Richtig ist, dass das Buch bis dahin von niemandem vermisst wurde und die Entdeckung in der damaligen gelehrten Welt einer Sensation gleichkam. Wohl kannten die Humanisten jener Zeit bereits neun Bände mit Plinius-Briefen, die gegen Ende des 15. Jahrhunderts in immer neuen Ausgaben auf dem Markt erschienen. Von einem mehr als 100 Briefe umfassenden Briefwechsel mit dem Kaiser Trajan hatte indessen noch niemand etwas gehört.

Eine erste, freilich noch unvollständige Ausgabe des Briefwechsels, in der nur die Briefe 41-122 enthalten waren, erschien im Jahre 1502 und wurde vom Veroneser Philosophieprofessor und Humanisten *Hieronymus Avantius* herausgegeben.[223] Avantius gibt an, dass die von ihm veröffentlichte Ausgabe auf einer Handschrift basiere, die ihm ein gewisser *Petrus Leander* aus Frankreich mitgebracht haben soll.[224] Dass dieser jedoch nicht der Entdecker der Handschrift war, geht – abgesehen von dem Vorwort der späteren Ausgabe des *Manutius Aldus* (1449-1515), des bekannten venezianischen Buchdruckers und Verlegers, auf den wir unten noch näher eingehen – aus dem Zeugnis des berühmten französischen Gelehrten *Guillelmus Budeus* (frz. *Guillaume Budé*, 1467-1540) hervor: Als Entdecker der Handschrift nennt er den „Priester, Antiquar und bedeutenden Architekten" (*sacerdos homo antiquarius und architectus famigeratus*) Jucundus bzw. *(Giovanni)* Fra Giocondo.

Über das Leben dieses Mannes sind wir vor allem durch die Biographie des Kulturhistorikers *Giorgio Vasari* informiert. Freilich liegt noch vieles im Dunkeln. Fra Giocondo soll um 1435 in Verona geboren sein. Er war geistlichen Standes und Mitglied eines Ordens (darum „sacerdos") – ob

Dominikaner, Franziskaner, Minorit oder Weltpriester, darüber gehen die Meinungen auseinander. Vasari bezeichnet Fra Giocondo als Philosophen und Theologen, dessen Hauptprofession die (lateinische und griechische) Literatur war, der sich aber zugleich auch als bedeutender Architekt einen Namen machte. In jedem Fall erwies sich Fra Giocondo als ein tüchtiger Kenner des Altertums. Dem bekannten Kunstmäzen Lorenzo de Medici übergab er eine Sammlung von etwa 2000 lateinischen Inschriften, die später in der Vatikanischen Bibliothek Aufnahme fand. Zu den wichtigsten literarischen Entdeckungen Fra Giocondos gehörte, abgesehen von derjenigen der Plinius-Briefe, ein ebenfalls in Frankreich entdecktes Manuskript des *Gallischen Krieges* von Julius Caesar, das, mit seinem Kommentar versehen, bei Aldus gedruckt wurde. Fra Giocondo fertigte in diesem Zusammenhang erstmals eine Skizze der von Caesar gebauten Rhonebrücke an. 1511 gab er eine verbesserte und mit einem Kommentar versehene Ausgabe des (lateinischen Architekten) Vitruv heraus, die Papst Julius II. gewidmet war.

Zu Ruhm gelangte Fra Giocondo vor allem durch seine Tätigkeit als *Baumeister*. Ludwig XII. berief ihn 1499 als königlichen Architekten nach Paris, wo er als *Jean Joyeux*, wie man ihn hier nannte, den Bau zweier Brücken über die Seine leitete, darunter den Wiederaufbau der *Pont Notre-Dame*. Die mit (Geschäfts-) Häusern bebaute Brücke fand wegen der konsequenten Anwendung antiker Bauregeln viel Beifall.

Neben vielen anderen Bauprojekten, die Fra Giocondo im Dienste der Könige leitete, hebt Vasari vor allem seine Verdienste für die Republik Venedig hervor. Dort erwarb er sich nach seiner Rückkehr nach Italien im Jahre 1506 als *Wasserbauingenieur* einen großen Ruf, weil er beim Ausbau des Hafens die Versandung der Brenta durch Sedimente verhinderte und auf diese Weise großen Schaden von der Stadt abwendete und deswegen geradezu als „zweiter Begründer Venedigs“ bezeichnet wurde. Zwischen 1506 und 1508 verfasste Fra Giocondo überdies vier Abhandlungen zur Frage der Wasserwege in Venedig. Als 1513 die Rialto-Brücke abbrannte, legte der Architekt dem Senat von Venedig Skizzen für einen Neubau vor, die aber abgelehnt wurden.

Wohl aus Unwillen darüber ging Fra Giocondo 1514 nach Rom, wo eben der Architekt Bramante Lazzari gestorben war. Er übernahm dessen Stelle und arbeitete zusammen mit Architekten wie Raffael und Giuliano da Sangallo am Neubau der Peterskirche. In einem Brief aus dem Jahre 1514 bezeichnet Raffael seinen Kollegen als achtzigjährigen Greis, der wegen seines hohen Alters wohl nicht mehr lange leben werde. Tatsächlich scheint Fra Giocondo aber noch einige Jahre tätig gewesen zu sein. Als letzte Arbeit Fra Giocondos wird in den Quellen eine 1521 vollendete Brücke in Verona erwähnt, danach verlieren sich die Spuren des Hochbetagten. Wann und wo er verstorben ist, lässt sich nicht feststellen.

Wie wir gesehen haben, fällt die Entdeckung des Briefwechsels offenbar in die Anfangszeit des Aufenthaltes in Paris d.h. in die Jahre 1499-1501. Vasari zitiert den mit Fra Giocondo befreundeten, in Paris ansässigen Gelehrten Budaeus, der diesen nicht nur als berühmten Architekten preist, sondern ausdrücklich hervorhebt, dass derselbe Mönch die verschollenen Plinius-Briefe in einer alten Pariser Bibliothek entdeckt habe.

Steht damit das „All-round-Genie" Jucundus, Fra Giocondo, als Entdecker der Handschrift zweifelsfrei fest, so bleiben doch viele andere Probleme, die sich im Zusammenhang mit dieser „Entdeckung" stellen, ungeklärt. Eine der Hauptfragen, die uns beschäftigen wird, ist die nach dem frühen Verschwinden der soeben entdeckten Handschrift. Tatsache ist, dass diese nur wenige Jahre nach ihrer Entdeckung auf rätselhafte Weise verlorenging und bis zum heutigen Tage nicht aufgefunden wurde. Tatsache ist weiterhin, dass *außer dem Entdecker Fra Giocondo* offenbar niemand das Pariser Original der wertvollen Handschrift zu Gesicht bekommen hat.

Doch wir müssen, bevor wir diesem seltsamen Sachverhalt nachgehen, zunächst die Geschichte der Veröffentlichung des Briefwechsels noch ein wenig weiter verfolgen.

Schon bald nach Erscheinen der ersten Ausgabe der neuen Plinius-Briefe erschienen zwei weitere Ausgaben, eine in der Druckerei des *Beroaldus,* eine andere aus dem Jahre 1506 in der des *Catanäus*. Man geht sicher nicht fehl in der Annahme, dass die Herausgeber mit der Veröffentlichung der neu entdeckten Briefsammlung ein gutes Geschäft machten. Die Vermarktung zeitgenössischer Literatur stagnierte, aber der Verkauf eines neu entdeckten antiken Klassikers versprach immer guten Profit.

Schon aufgrund der Erfahrung mit ähnlich gelagerten Fällen war Misstrauen angebracht. Jedenfalls musste sich Catanäus in dem Vorwort zu seiner Ausgabe der Briefe bereits mit zeitgenössischen Skeptikern auseinandersetzen, die den Briefwechsel für eine Fälschung hielten (*sunt qui non esse Plinii putant*). Gegen die Echtheit führten sie den *Stil* der Briefe an, dem es an der Eleganz der übrigen Briefe mangele, aber auch die befremdliche Anrede „Domine" für Trajan, die erst in der späteren Kaiserzeit bei den Severianern nachweisbar sei.

Es wirft übrigens ein bezeichnendes Licht auf die „Vertrauenswürdigkeit" des Herausgebers Catanäus, dass dieser sich den Anschein gibt, als basiere sein Text auf einer alten Handschrift. Wie ein Vergleich der Ausgaben zeigt, legte Catanäus seiner Ausgabe aber offenbar nur die des Avantius zugrunde. Die Abweichungen gehen auf Konjekturen zurück, die er selber anbrachte.

Die erste vollständige Ausgabe sämtlicher Briefe des 10. Buches, die auf der Grundlage der Handschrift entstanden sein soll, ist die des *Aldus Manutius* aus dem Jahre 1508. Manutius war einer der führenden geistigen Köpfe der Hochrenaissance, von dem sowohl als Verleger wie auch als Buchdrucker entscheidende Impulse ausgingen. Als Buchdrucker und Typograph setzte er wichtige Neuerungen wie zum Beispiel die Kursivschrift oder die Einführung der Interpunktion durch, auch die Erfindung einer Art Taschenbuchausgabe (*libri portatiles*) geht auf seinen Erfindungsgeist zurück. Als Verleger war er verantwortlich für das Erscheinen wichtiger Klassikerausgaben wie z.B. der Werke des Aristoteles, Aristophanes, Vergil, Juvenal, Herodot, Euripides, Homer, Platon usw. In Bezug auf die Werke des Plinius galt sein Ehrgeiz der Herstellung einer ersten Gesamtausgabe, die, wie er behauptete, die in Paris entdeckte Handschrift zur Grundlage hatte, sowie außerdem eine Abschrift des Fra Giocondo, die schon zwei Jahre zuvor in seinem Besitz gewesen sein soll. Damit wollte er sich offenbar den Primat vor seinem Verwandten und Konkurrenten Catanäus sichern, der schon vor ihm eine Ausgabe des Briefwechsels veranstaltet hatte.[225]

Warum die ersten vierzig Briefe in den früheren Auflagen noch fehlten, ist nicht ganz klar. Gewöhnlich wird dies damit erklärt, dass die erste, von Petrus Leander stammende Abschrift nur nachlässig angefertigt worden sei. Jedenfalls legte Manutius in einem Widmungsbrief zur neuen Ausgabe großen Wert auf die Feststellung, dass die zugrundegelegte Handschrift keine geringere gewesen sei als der in Frankreich befindliche „Parisinus", den ihm der venezianische Nobile und Botschafter in Paris namens Mocenigo mitgebracht haben soll.

Doch auch hier gilt es, Unstimmigkeiten und Widersprüche festzustellen. Gegen die Behauptung des Manutius, ihm habe die Pariser Handschrift bei der Herausgabe seiner Plinius-Ausgabe vorgelegen, spricht die des Budaeus, der im November 1508 frank und frei erklärt, dass die von Fra Giocondo gefundene Handschrift noch in Paris sei. Und noch im Jahre 1516 heißt es bei Budaeus: *Habemus Plinium;* mit anderen Worten: Budaeus ist der Meinung, dass sich die ursprüngliche Handschrift nach wie vor in Paris befinde.[226]

Man wird den Widerspruch nicht anders lösen können als durch die Annahme, dass einer der beiden Männer nicht die Wahrheit sagte. Hätte

Budaeus Recht, so wäre nur schwer zu erklären, warum die Handschrift bei der von Franz I. „trefflich geordneten Archivverwaltung“ verlorengehen konnte;[227] hätte Manutius recht, so müssten alle Spuren des verlorengegangenen Codex nach Italien, in die Druckerwerkstatt des Manutius, weisen, was jedoch, wie wir noch sehen werden, keineswegs der Fall ist.

Was danach mit dem „Parisinus“ passierte, ist nicht bekannt. Spätere Herausgeber haben als Grundlage für ihre Ausgabe der Plinius-Briefe nur noch die des Aldus benutzt. Der mysteriöse, von Fra Giocondo in Paris entdeckte Codex ist seitdem spurlos von der Bildfläche verschwunden.

Auch der Fund eines Handschriftenkonvoluts durch den englischen Gelehrten Ernest George Hardy in der Bodleiana in Oxford im Jahre 1888 hat keinen näheren Aufschluss über den Verbleib des Pariser Codex bringen können. Nach Hardys Beschreibung besteht der Fund aus drei Teilen:

(1) einer Ausgabe der (neun ersten Bücher der) Plinius-Briefe des Beroaldus aus dem Jahre 1498,

(2) einer Ausgabe der Briefe 41-122 des Avantius aus dem Jahre 1502 mit dem letzten Teil des Briefwechsels,

(3) einer Handschrift mit den in beiden Ausgaben fehlenden Briefen (8, 3-18, 11 und 10, 1-40), die an ihren richtigen Platz gestellt wurden.

Außerdem wurden alle drei Teile mit Anmerkungen in altertümlicher Handschrift versehen.[228] Hardy versucht zu zeigen, dass es sich (a) bei der Handschrift entweder um eine direkte Abschrift des Pariser Codex oder aber um eine Kopie einer Abschrift handelt, dass (b) die handschriftlichen Verbesserungen aus der Feder Fra Giocondos stammen und – entscheidend (c): dass dieser Textkonvolut höchstwahrscheinlich mit demjenigen identisch ist, welcher Manutius bei dem ersten Abzug der ersten Auflage 1508 vorlag.

Wenn Hardys Annahme zuträfe, so würde sie nur bestätigen, dass Manutius, entgegen seiner Behauptung, den Pariser Codex *nicht* benutzt hat. Sie entspräche im Übrigen der von Keil, einem späteren Herausgeber der Briefe, gemachten Beobachtung, dass Manutius nur für die bis dahin noch nicht edierten Briefe des Briefwechsels eine Abschrift des Fra Giocondo benutzte.

Für Leon H. Canfield stand nach der Entdeckung des Bodleianus fest, „dass [tatsächlich] eine Handschrift existierte und dass die Korrespondenz keine humanistische Fälschung ist“.[229] Doch ist es überhaupt nicht nachvollziehbar, wie Canfield aus Hardys Entdeckung einen Beweis für die

Existenz des Pariser Codex ableiten kann. *Ganz im Gegenteil* kann Hardys Fund nur als Indiz dafür angesehen werden, dass das „manuscript“, also der Pariser Codex, der außer den neun Briefbänden auch den Briefwechsel zwischen Plinius und Trajan enthalten haben soll, von Manutius offenbar gar nicht benutzt wurde.

Statt auf den Bodleianus hätte Canfield besser auf den *Beluacensis* verwiesen. Der in der Bibliothek von Lord Ashburnam gefundene, aus dem 10. Jahrhundert stammende Codex (Laurentianus Ashburnham R 98) gibt in seinem Index tatsächlich einen Hinweis auf zehn Bücher mit Episteln des Plinius: C. PLINI SECVNDI EPISTVLARVM LIBRI NVMERO DECEM. Da der Codex aber nur die ersten 6 Bücher einschließt, ist völlig unklar, was sich dahinter verbarg (siehe unten).[230]

Es bleibt darum auch und gerade nach der Entdeckung des Bodleianus (und des Beluacensis) bei der von Schanz getroffenen Feststellung zur Überlieferungsgeschichte des 10. Buches: „Die einzige Quelle [sc. für die Briefsammlung] ist der verlorene Parisinus … Sonst erhalten die Codices der Plinius-Briefe nur die Korrespondenz der neun Bücher.“[231]

Am Ende der ebenso verworrenen wie mysteriösen Geschichte bleibt festzuhalten: Die einzige Handschrift, in der sämtliche Plinius-Briefe enthalten gewesen sein sollen, versank ebenso kometenhaft wieder im Dunkel, wie sie zu Beginn des 16. Jahrhunderts am Himmel der Humanisten erschienen war. Sechs Jahre lang tat sie gewissermaßen ihre Dienste, dann wurde es still um sie, und schließlich war sie ganz verschwunden.[232]

Die einzigen Zeugen, die den Pariser Codex zu Gesicht bekommen haben wollen, sind – sieht man einmal von dem Überbringer des Codex, Mocenigo, ab, über den wir weiter nichts wissen –, außer Manutius, der französische Gelehrte Budäus und Fra Giocondo.

Ohne einem dieser ehrenwerten Männer zu nahe treten zu wollen, muss doch festgestellt werden, dass die Glaubwürdigkeit der Aussagen des Manutius und des Budaeus über den Verbleib dieses Codex sehr unter der Widersprüchlichkeit ihres Zeugnisses leidet. Auch wenn man die Aussage des Manutius, seine Ausgabe der Plinius-Briefe sei auf der Grundlage des Pariser Codex entstanden, als großsprecherische, wenn auch verzeihliche Behauptung eines ehrgeizigen und geschäftstüchtigen Verlegers abzutun geneigt ist, bliebe das Problem, warum der Codex dann nicht in Paris aufbewahrt wurde, wie es uns Budaeus noch 1516 mit seinem *Habemus Plinium* glauben machen muss. – Oder sollte auch Budaeus nur Abschriften dieses Codex gesehen haben, die ihm der von ihm hoch verehrte Antiquar und Architekt Jucundus Veronensis verschaffte? Sollte mit anderen Worten

*Jucundus Veronensis* als Entdecker der *einzige* gewesen sein, der den originalen Codex, auf dessen Grundlage angeblich alle Abschriften und Drucke des Briefwechsels zwischen Plinius und Trajan entstanden, jemals in Händen gehabt hatte? Es deutet alles darauf hin.

Über die Vertrauenswürdigkeit dieses Mannes zu urteilen, kann an dieser Stelle nicht unsere Aufgabe sein. Sie grundsätzlich in Frage zu stellen, wäre ebenso falsch, wie sich grundsätzlich dafür zu verbürgen, was allerdings seit Jahrhunderten, und zwar nicht nur von Seiten der Theologen, geschieht.

Gibt es vielleicht sogar noch nähere Hinweise, anhand derer wir die besondere Handschrift des Jucundus erkennen können? Wir wollen uns diese Frage bis zum Schluss aufheben, d.h. bis zu dem Zeitpunkt, wo wir definitiv davon ausgehen dürfen, dass wir es bei dem ganzen Briefwechsel mit einer späteren Fälschung zu tun haben. Zunächst wollen wir uns, wie schon in den vorangegangenen Abschnitten, mit den zahlreichen *inhaltlichen Problemen und Widersprüchen* der beiden „Christenbriefe" beschäftigen, die seit Salomon Semler immer wieder den Anstoß der kritischeren Historiker erregt haben.

## Inhaltliche Probleme

Unter der Voraussetzung, dass wir es mit echten Briefen zu tun haben, ergeben sich eine Reihe von Fragen:

(1) Plinius, so heißt es bei Klein, mache in seinem Brief von seinem „Vortragsrecht" (*ius referendi*) Gebrauch, welches ihn „legitimiert, den Kaiser über alle anstehenden Fragen zu konsultieren", wofür, wie Klein umständlich anmerkt, „Ausdrücke des Nichtwissens und der Unsicherheit kennzeichnend" seien.[233] Das ist freundlich ausgedrückt.

Die Frage, die sich Klein und viele andere Ausleger nicht nachdrücklich genug stellen: Warum bedarf ein mit allen Wassern gewaschener Jurist wie Plinius überhaupt eines solchen kaiserlichen Nachhilfeunterrichts? Immerhin ist zu bedenken, dass wir es nicht mit einem Anfänger, sondern mit einem erfahrenen Verwaltungsbeamten zu tun haben. Nach einer erfolgreichen juristischen Karriere hatte Plinius, wie wir oben sahen (S. 75), das Senatorenamt bekleidet und war sogar Mitglied des kaiserlichen Kabinetts, d.h. Plinius stand an der *höchsten Spitze des römischen Staates*! Wie kann es sein, dass er gleichwohl nicht wusste, unter welche Anklage die Christen zu stellen seien und welche Strafen für sie bestimmt waren? Einem Mitglied der römischen Elite sollten die gesetzlichen Grundlagen für die staatliche Christenverfolgung, wenn es denn eine solche bis dahin überhaupt gab, nicht ganz unbekannt gewesen sein. Zumal Plinius an anderer Stelle stolz von sich behaupten kann: „Häufig habe ich vor Gericht gesprochen, häufig war ich selbst Richter, häufig nahm ich an Beratungen teil“ (ep 1,20).

Der Leser hat einen anderen Eindruck. Bruce zutreffend: „Plinius ... zeigt sich als Karikatur eines Beamten, der unfähig ist, selbständig Entscheidungen zu treffen.“[234] Noch deutlicher äußert sich Schanz in seiner römischen Literaturgeschichte:

> „Die Korrespondenz ist in hohem Grade interessant. Sie lehrt uns zwei verschiedene Charaktere kennen, auf der einen Seite den Statthalter, einen ängstlichen, pedantischen Mann, der den besten Willen zeigt, *in dem aber kein Funken eines Verwaltungstalentes vorhanden ist* (Hervorhebung von mir); auf der anderen Seite den Kaiser, der mit klarem Blick jeden vorgelegten Fall beurteilt und mit wenigen Worten den Kern der Sache trifft. Es ruht eine wahrhaft großartige Hoheit in diesen kaiserlichen Handschreiben; die Feinheit, mit der Traian seinen Statthalter hier und da zurechtweist, ist bewunderungswürdig.“

Ludwig Schaedel fragt vor diesem Hintergrund zu Recht: „Wie kann man es sich doch vorstellen, dass es dem Statthalter von Bithynien erlaubt gewesen sei, sich dem Throne des kaiserlichen Freundes mit Fragen zu nähern, die seine völlige Untauglichkeit zu einem höheren Verwaltungsposten dargetan hätten...?“[235]

Schaedel begründet sein Urteil noch mit einigen weiteren Beispielen aus den übrigen Briefen des 10. Buches, die nach wie vor sehr bedenkenswert sind:

Warum muss sich der Jurist Plinius von „erfahreneren Leuten“ darauf aufmerksam machen lassen, dass seinem Masseur, dem Ägypter Harpocras, vor der Verleihung der römischen Vollbürgerschaft erst das alexandrinische Bürgerrecht zu verleihen war (ep 10,6)? Während Sherwin-White ohne Beleg annimmt, dass solche Unwissenheit unter den Senatoren allgemein verbreitet war,[236] steht Schaedel nicht an, Plinius die gewöhnliche juristische Bildung abzusprechen.

In Brief 29 wendet sich Plinius wegen der Bestrafung zweier Sklaven, die unter den Rekruten entdeckt wurden, an den Kaiser und bittet um die Mitteilung des Strafmaßes. Tatsächlich waren Sklaven nach altem römischem Recht von jeder Art Kriegsdienst ausgeschlossen und wurden bei

Entdeckung mit dem Tode bestraft. Dass unter Nero eine Änderung erfolgt war und seitdem auch Sklaven zum Kriegsdienst zugelassen waren (Suet. Nero 44,1), scheint Plinius entgangen zu sein.

Plinius ist sich über religiöse Weihungen nicht im Klaren (ep 70,71) und weiß als Statthalter und ehemaliger Verwalter der Staatskasse nicht, wie er bei der Anlage öffentlicher Gelder vorgehen soll (ep 54).

Geradezu grotesk mutet es an, wenn er ep 98 den Kaiser mit einer *Straßenkloake* behelligt und um Zustimmung für deren Überdeckung bittet – als ob der Kaiser als Erbauer berühmter antiker Bauwerke wie z.B. der Donaubrücke nichts Besseres zu tun gehabt hätte, als sich mit einer *cloaca foedissima* zu befassen. Außerdem ist zu bedenken, dass Plinius ehemals die *cura alvei Tiberis et cloacarum urbis* innehatte und in dieser Zeit gelernt haben müsste, auf diesem Gebiet selbständige Entscheidungen zu treffen (siehe S. 75).

In Brief 75 mutet der zerstreute Statthalter dem Kaiser zu, über die Verwendung einer Erbschaft zu entscheiden, ohne die Höhe des Erbes anzugeben! Noch sonderbarer ist nur, dass der Kaiser sich in seinem Antwortbrief, ep 76, auch nicht danach erkundigt!

Diese und andere Beispiele sind nicht nur Beleg für die offenkundige Unfähigkeit des Statthalters, sondern lassen nach Schaedel überhaupt an der „historischen Vorstellbarkeit dieses Briefwechsels" die größten Zweifel aufkommen. Wie das letzte Beispiel zeigte, offenbarte sich nämlich nicht nur Plinius als Dilettant, auch auf den Kaiser fiele ein fragwürdiges Licht. In einem anderen Fall (ep 72/73) bittet dieser seinen Statthalter um Zusendung eines Senatskonsults aus Bithynien, obwohl er diesen jederzeit in Rom vom *rector decuriarium* hätte haben können.[237]

Alles in allem stellen sich bei der Lektüre der ganzen Briefsammlung zunehmende Zweifel daran ein, wie das Römische Reich zu Beginn des 2. Jahrhunderts erfolgreich regiert werden konnte, wenn seine Repräsentanten an höchster Stelle derartig törichte Schreiben ausgetauscht haben sollen.

(2) Der Hinweis auf die „Neuartigkeit der Christenprozesse, von deren Existenz er zwar schon gehört hatte, über deren Inhalt und Ablauf er aber nicht genau Bescheid wusste",[238] gibt auch keine Erklärung für die Ahnungslosigkeit des bithynischen Statthalters; vielmehr reihen sich daran erneut Fragen: Welcher Art waren die Untersuchungen, von denen Plinius gehört hatte, wer hat den Vorsitz geführt und wo haben sie stattgefunden? In Bithynien doch wohl nicht, denn sonst wäre die gänzliche Unwissenheit des Statthalters über den Prozessverlauf nur schwer zu erklären. Hätte Pli-

nius nicht wenigstens von seinen Beamten Informationen über die Regeln einholen können, die bei derartiger Rechtsprechung anzuwenden waren?

(3) Obwohl Plinius keine weitere Kenntnis von gerichtlichen Verfahren gegen Christen besitzt, hat er gleichwohl ein festes Schema zu ihrer Verfolgung entwickelt, dem der Kaiser dann fast vorbehaltlos zustimmt. Tatsächlich lag das Vorgehen bei Kognitionsverfahren in der statthalterlichen Ermessensfreiheit und hätte überhaupt keiner Nachfrage bedurft. Plinius befragt Christen unter Androhung der Todesstrafe und befiehlt, die bekennenden Christen hinzurichten oder, soweit sie das römische Bürgerrecht besitzen, nach Rom zu transportieren.

Wenn diese Verurteilung tatsächlich, wie Klein und andere annehmen, im *nomen ipsum*, d.h. dem bloßen *Christennamen*, ihren Grund gehabt haben sollte, warum beruft sich der Jurist Plinius zur Begründung der Todesstrafe nicht ausdrücklich auf die gesetzliche Grundlage? Stattdessen führt er, fast wie zur Entschuldigung, als Motiv für die Hinrichtung der Christen deren *pertinaciam* und *inflexibilem obstinationem* an, d.h. Gründe, für die kein Mensch in einem zivilisierten Staat mit einem geordneten Rechtssystem, wie es der römische ohne Zweifel war, hingerichtet werden würde. Abgesehen davon, ist zu fragen, ob dies die Art und Weise ist, einen Kaiser um Rat anzugehen und ob es nicht angebrachter gewesen wäre, zunächst die Entscheidung des Kaisers abzuwarten.

Auch Klein räumt ein, dass es sich bei *pertinacia* und *inflexibilis obstinatio* um „untechnische, literarische Wörter“ handelt,[239] und nimmt an, dass sie eben deswegen nicht Grund für die Verurteilung gewesen sein können. Aber dagegen steht der eindeutige Wortlaut des Briefes.[240] Kleins Interpretation funktioniert nur, weil er sich seiner Sache ganz sicher ist und voraussetzen zu können glaubt, es mit einem authentischen Schreiben zu tun zu haben. Was aber erst noch zu beweisen wäre!

(4) Warum reagiert Plinius so spät? Warum geht er, wenn die Situation aufgrund der großen Anzahl von Christen so schwierig geworden ist, wie er behauptet, nicht bereits in den früheren Briefen, d.h. gleich nach Antritt seiner Statthalterschaft, auf das Problem ein? Oder hat der Statthalter bei Amtsantritt vor einem Jahr noch nichts davon gemerkt? Das ist kaum wahrscheinlich. Angesichts der Dimension des Problems hätte es Anlass für einen regen Austausch zwischen Rom und Bithynien sein können, stattdessen wird das Thema in dem gesamten Briefwechsel insgesamt nur ein einziges Mal angesprochen. Von seinem *ius referendi* macht Plinius erst

Gebrauch, als die größte Gefahr bereits vorbei ist.[241] Die Tendenz ist rückläufig. Der Erfolg ist groß. Aber warum dann überhaupt noch ein Brief? Und eine Erfolgsmeldung hätte anders formuliert werden müssen.

(5) Plinius hatte Vorgänger in seinem Amt, darunter den mit ihm befreundeten *Maximus Quaestor*, an den er ep 8, 24 richtet. Angesichts dessen, dass das Problem der Christen in Bithynien schon seit längerer Zeit virulent sein musste und durch deren große Verbreitung eine zunehmende Dringlichkeit bekommen hatte, die auch den früheren Statthaltern nicht entgangen sein konnte, will es vollkommen unverständlich erscheinen, dass dieser von ihnen keinen Hinweis auf den Umgang mit den Christen bekommen haben soll.[242] Und schließlich hätte Plinius wenigstens von seinem Freund Tacitus etwas über die Christen und die sogenannte Neronische Christenverfolgung gehört haben müssen – wenn das TT echt wäre.

(6) Wie kann es angehen, dass das Christentum im Bithynien bereits um 112 so verbreitet war, dass die heidnischen Tempel nicht mehr besucht wurden?

Der Verfasser des ersten 1. Petrusbriefes, der nach Einschätzung der meisten Exegeten um die Wende vom 1. zum 2. Jahrhundert entstanden sein soll, redet die dortigen Christen als „Fremdlinge in der Zerstreuung" an (1 Petr 1:1; 2:11) – sicherlich kein Indiz dafür, dass der neue Glaube, wie der Verfasser des Briefes behauptet, schon Städte, Dörfer und das Land erfasst hatte.[243]

Erst bei Tertullian begegnen wir einem ähnlichen Szenario, wie es uns der Verfasser des 96. Plinius-Briefes speziell im Hinblick auf die Verhältnisse in Bithynien präsentiert: Stadt und Land sind voll von Christen:

> „Die Stadt, schreit man, sei ganz damit erfüllt, auf dem Lande, in den Burgflecken, auf den Inseln seien Christen, man beklagt es als einen Nachteil, dass Leute jeden Geschlechts, jeden Alters und Standes, ja sogar Leute von Rang zu diesem Bekenntnis übergehen. (Apol 1,7) ... Von gestern erst sind wir, und doch haben wir schon den Erdkreis und all das eurige erfüllt, die Städte, Inseln, Kastelle, Munizipalstädte, Ratsversammlungen, sogar die Heerlager, Zünfte, Dekurien, den Palast, den Senat und das Forum; wir haben euch nur die Tempel gelassen (Apol 37,4)."[244] Dabei sind auch einige Anklänge an den Pliniusbrief nicht zu überhören: Das „omnem sexum, aetatem, condicionem, etiam dignitatem" („jeden Geschlechts, jeden Alters und Standes, ja sogar Leute von Rang") findet eine Parallele in der Formulierung „Multi enim omnis aetatis, omnis ordinis, utriusque sexus" („viele nämlich jedes Alters, jedes Ranges und beiderlei Geschlechts" ).

Selbst das Motiv der nutzlosen Tempel finden wir im *Apologeticum* wieder:

> „Sicher ist, klagt ihr, dass die Tempelsteuern täglich mehr zusammenschmelzen; wie wenige geben noch Spenden in den Tempeln!" (Apol 42,8)

Dass wir die bei Tertullian um 200 n. Chr. beschriebenen Verhältnisse ein knappes Jahrhundert früher in Bithynien finden, würde nicht nur für ein unbegreiflich schnelles Wachstum der christlichen Gemeinden im ersten Jahrhundert sprechen, es würde zugleich die Frage aufkommen lassen, warum der Stand der Dinge am Anfang des Jahrhunderts der gleiche ist wie am Ende.

(7) Der Verfasser unseres Briefes teilt uns mit, dass unter jenen Christen, die widerriefen, solche gewesen sein sollen, die ihren Glauben schon vor drei, andere, die ihn vor 20 Jahren aufgaben. Ihre Zusammenkünfte und die gemeinschaftlichen Mahlzeiten hätten sie nach dem Verbot der Hetärien, einem allgemeinen *Vereinsverbot*, das Plinius auf Anweisung Trajans *vor einem* Jahr erlassen hatte, eingestellt.

Wenn die Aussagen der Abgefallenen über die Beendigung ihrer christlichen Aktivitäten nach Meinung des Verfassers einen Zusammenhang mit dem Erlass des Vereinsverbots voraussetzen – und ein anderer ist nirgendwo angedeutet (auch Sherwin-White stellt fest: „Plinius räumt ein, dass die Christen behaupten, es befolgt zu haben")[245] – , ergibt sich ein seltsames Bild: Wie aus Brief 10,33 und 34 hervorgeht, wurde das Vereinsverbot erst von Plinius eingeführt, so dass sich die Frage stellt, wie man ihm schon vor 20 oder drei Jahren Folge leisten konnte.[246]

(8) Der Verfasser des Briefes erwähnt, dass Christen vom Statthalter genötigt wurden, nicht nur dem Kaiser zu opfern, sondern auch Christus zu verfluchen. Dazu Klein: „Die maledictio war bereits seit frühester Zeit für die Juden ein Unterscheidungsmerkmal von den Christen; sehr deutlich z.B. auch bei Iust. Dial. C. Tryph. 93,4; 108,3…"[247] *„Für die Juden"* – hier aber geht es um ein *römisches* Rechtsverfahren. Eine derartige Maßnahme ist im römischen Recht ganz unbekannt und überhaupt mit dem Geist der römischen Rechtssprechungen unvereinbar.[248]

In der Apostelgeschichte findet sich eine Passage, in der berichtet wird, wie Christen während der Verfolgung zur Absage an Christus gezwungen werden. Der Verfolger ist jedoch nicht die römische Justizbehörde, sondern *Paulus*, der rückblickend von sich sagt: „Und in allen Synagogen zwang ich sie oft durch Strafen zur Lästerung (*blasphēmein*) , und ich wütete maßlos gegen sie, verfolgte sie auch bis in die fremden Städte“ (Apg 26:11).

Aufgrund der Ähnlichkeit der beiden Stellen hatte Hausrath einst vermutet, die Apostelgeschichte könne zur Zeit Trajans verfasst worden sein. Wahrscheinlich wird aber umgekehrt ein Schuh daraus, und der Verfasser des Pliniusbriefs hat die Anregung für seine Darstellung der Apostelgeschichte entnommen. Dabei könnte er außerdem auch die Geschichte vom Silberschmied Demetrius in Ephesus als Motiv an den Schluss des Briefes eingearbeitet haben: So wie dort davon berichtet wird, dass der Absatz von Götzenopferfleisch aufgrund der wachsenden Zahl von Christen zurückgegangen ist, bangt das Goldschmiedehandwerk in Ephesus, das von den Tempeln der Diana profitiert, angesichts der Verkündigung der Apostel, die die Menschen von den alten Göttern abspenstig macht, um seine Existenz (Apg 19:23). Überhaupt könnte das Grundmotiv des Briefes, „Statthalter fragt König bzw. Kaiser um Rat, wie er mit Christen verfahren soll“, der Apostelgeschichte entlehnt sein: Apg 25:13ff bittet der Statthalter Festus den König Agrippa um Rat hinsichtlich der gegen Paulus einzuschlagenden Vorgehensweise.[249] Vielleicht geht auch die Weiterleitung römischer Bürger nach Rom auf eine Anregung der Apostelgeschichte zurück: Hier ist es bekanntlich Paulus, der an den Kaiser appelliert und daraufhin nach Rom entsandt wird (Apg 26:32).

(9) Der Gesang der Christen, die „Christo quasi deo dicere secum invicem“ kann wegen des *secum invicem* strenggenommen nur als *Wechselgesang* verstanden werden.[250] Das Problem: Ein antiphonischer Gesang ist zu so früher Zeit noch nicht belegt.[251] Wie, wenn es sich um den Anachronismus eines Verfassers handelte, der die liturgische Praxis seiner Zeit (um 1500?) in die christliche Frühzeit projizierte?

(10) Dass sich die Bemerkung des Plinius, die von den Christen eingenommene Speise sei „ganz gewöhnlich und harmlos“ *gewesen (cibum, promiscuum tamen et innoxium*), offensichtlich auf die von einigen frühchristlichen Apologeten zitierte Anklage bezieht, Christen würden bei ihren geheimen Treffen kannibalische Mahlzeiten verzehren,[252] ist längst erkannt. Nach Sherwin-White soll mit diesen Worten konstatiert werden, dass es sich um ein Mahl handelte, was den bisher in den Vereinen und Genossenschaften praktizierten Mählern entsprach.[253]

Die entscheidende Frage, die sich Sherwin-White und andere Kommentatoren allerdings nicht stellen: Was bedeuten die oben zitierten Worte im Munde eines römischen Statthalters?[254] Konnte Plinius die Worte der von ihm befragten Christen vorbehaltlos und ohne weitere Nachprüfung übernehmen? Die apologetische Tendenz konnte ihm nicht entgangen sein, er musste die schweren Vorwürfe, gegen die sich die Christen damit verteidigten, kennen; warum erwähnt er sie nicht, warum geht er ihnen nicht weiter nach?

Eine wissenschaftliche Spitzenleistung der besonderen Art stellt die von van Voorst gelobte Argumentation von Murray J. Harris dar. Harris will beweisen, dass es sich beim 96. Brief keineswegs um eine christliche Interpolation handeln kann:

> „Christliche Interpolatoren hätten wohl kaum das Vorhandensein einer christlichen Apostasie bezeugt oder vorausgesagt, dass die meisten Christen zu den griechisch-römischen Göttern zurückkehren würden, wenn man ihnen die Chance dazu gäbe. Außerdem hätten sie nicht so abschätzig über das Christentums gesprochen und es als *amentia* ('Wahnsinn' ), *superstitio prava* ('verschrobener Aberglaube') oder *contagio* ('Seuche') bezeichnet. Mehr noch, in den Briefen 96 und 97 ist ein negativer Ton gegenüber dem Christentum vorherrschend, dessen sich kein Christ bedienen würde."[255]

Harris unterschätzt sichtlich das Raffinement eines Fälschers, wenn er meint, die Gesichtspunkte, die ihn selber veranlassen, den Brief für echt zu halten, seien diesem noch nie in den Sinn gekommen und könnten nicht aus eben diesem Grunde von ihm als Beglaubigungskriterien eingesetzt worden sein. Überdies ist der Brief, wie wir bereits beobachtet haben und unten weiter sehen werden, keineswegs ganz frei von versteckter christlicher Apologetik.

Sherwin-White geht noch weiter als Harris: Er hält es noch nicht einmal für nötig, „den echten Charakter dieser beiden Briefe zu verteidigen" und spricht außerdem auch noch von einer „unnötigen Kontroverse".[256] Dem renommierten Altphilologen, der einen Großteil des Gelehrtenlebens mit dem Studium der Plinius-Briefe verbracht hat, wird sicherlich niemand die Kompetenz zu einem solchen Urteil absprechen wollen. Doch sollte beim Umgang mit antiken Texten außer Gelehrsamkeit auch eine gesunde Skepsis nicht fehlen. Die aber ist, zumal bei konservativen Exegeten, die gerne (und mitunter recht „blauäugig") an den traditionellen Datierungen und Vorgaben festhalten, leider nicht sehr weit verbreitet. Es ist jedenfalls recht befremdlich, dass sich Sherwin-White in seinem imponierenden Kommentarwerk mit kaum einem der bisher aufgelisteten Probleme auseinandersetzt, geschweige denn dafür eine Lösung anbietet. Bedauerlich auch, dass Sherwin-White dem oben ausführlicher dargestellten und für die Beurteilung der Echtheit des Textes nicht unerheblichen Problem der *Textgeschichte* kaum eine knappe Seite widmet![257]

Die wenigen Argumente, die Sherwin-White dann doch noch vorbringt, lassen sich schnell widerlegen: Dass die Briefe dem Kirchenvater Tertullian bekannt gewesen sein sollen, ist eine ungeprüfte Behauptung. Tertullian erklärt, einen Briefwechsel zwischen Plinius und Trajan über die Verfolgung von Christen zu kennen – mehr nicht. Daraus zu folgern, dass ihm die uns bekannten Briefe vorgelegen hätten, wäre, wie wir noch sehen werden, bei Tertullian, der eine Reihe anderer dubioser Dokumente kennt, überaus leichtsinnig.

Dass die beiden Christenbriefe dem Stil des 10. Buches genau entsprechen und viele Charakteristika des Plinius enthalten, ist zutreffend, aber als Argument für die Authentizität der beiden Briefe praktisch bedeutungslos, da sich die Bedenken bei den meisten Echtheitsbestreitern nicht nur auf die beiden Christenbriefe, sondern *auf das gesamte Briefcorpus des 10. Buches* beziehen. Nicht nur die beiden „Christenbriefe“ bereiten inhaltliche Probleme, sondern das ganze zehnte Buch.

## Bedenken gegen die Echtheit des 10. Buches

(1) Das eigentliche Problem der Entstehung der Sammlung ist, dass die Briefe nicht mehr selber von Plinius herausgegeben werden konnten, da er im Jahre 113 verstarb. Wer hat sie dann veröffentlicht? Sherwin-White und andere denken an einen späteren Herausgeber, einen Bekannten des Plinius oder an einen Freigelassenen.[258] Allerdings gibt die Sammlung selbst darauf nirgendwo einen expliziten Hinweis.

Hinzu kommt: Anders als die Briefe der neun vorangehenden Bücher, die von vornherein für die Veröffentlichung bestimmt waren, müsste es sich nach Ansicht der meisten heutigen Kommentatoren bei der Korrespondenz des Statthalters mit dem Kaiser um *echte*, also ursprünglich nicht zur Herausgabe gedachte Briefe gehandelt haben. In diesem konkreten Fall hätten wir es zudem mit *staatlichen Dokumenten* zu tun.[259] – Doch ließen die sich überhaupt ohne weiteres und ohne Einverständnis des Kaisers veröffentlichen? Oder wurde dem Herausgeber für die Veröffentlichung das kaiserliche *Imprimatur* gegeben? Wenn dies der Fall war, warum erhalten wir darauf nirgendwo einen Hinweis?

Neuerdings ist von Greg Woolf auch die Theorie einer postumen Veröffentlichung der Briefe durch einen späteren Herausgeber wieder in Frage gestellt worden. Die von Woolf beobachtete kunstvoll komponierte Einleitung der im 10. Buch enthaltenen Briefsammlung kann nach seiner Meinung nicht das Werk eines späteren Herausgebers sein; sie muss auf den Verfasser selber zurückgehen, der die Briefe von Anfang an zur Veröffentlichung bestimmt hatte. Woolf fragt:

> „Wenn sie tatsächlich nicht für die Publikation bestimmt waren, warum sind sie dann so leicht zu verstehen … Wie die Briefe in Buch 9 und anders als in Ciceros Privatkorrespondenz hat jeder Brief in Buch 10 ein einheitliches Thema. Und wie sollen wir angesichts der Distanz zwischen Bithynia-Pontus und Rom die [kaiserlichen] Aufträge und die Tatsache verstehen, dass keine Antwort sich auf mehr als ein Thema bezieht? Warum treten Trajan und Plinius so positiv in der Korrespondenz hervor, wenn sie nicht für die Öffentlichkeit verfasst worden ist? Und warum ergeben die Briefe, wenn man sie als Ganzes betrachtet, was sie sind, eine solche wohlabgerundete Geschichte? Meine Antwort ist, dass Buch 10 den anderen [d.h. den 9 vorhergehenden Büchern] sehr stark gleicht."[260]

Woolf hält also auch die Briefe des 10. Bandes in Analogie zu den neun übrigen Büchern für künstlich stilisierte Dokumente zum Zweck der „Selbstdarstellung" (*selfrepresantation*) ihres Autors. In ihnen ginge es, im Unterschied zu den Briefen der ersten neun Bücher der Sammlung, allerdings weniger um idealisiert dargestellte moralische oder literarische Themen, sondern um eine Beschreibung des Verhältnisses des idealen Herrschers zum idealen Senator („der ideale Herrscher und der ideale Senator"):

> „Der Text des Plinius entwirft eine Ideologie der aktiven Teilhabe, indem es eine Partnerschaft darstellt, die dem Interesse der Provinzen und des Reiches dient."[261]

Richtig daran ist, dass auch dem 10. Buch der Sammlung offenbar ein planvoller Aufbau zugrundeliegt, wie ja auch von Sherwin-White konzediert wird. Sherwin-White bezeichnet die Briefe in stilistischer Hinsicht als ausgefeilt („highly polished") und sorgfältig ausgearbeitet („elaborated)."[262] Dies gilt selbst dann, wenn die Briefe stilistisch längst nicht auf der Höhe der übrigen Briefsammlung sind. Man kann sich nur schwer vorstellen, dass Stil und Anordnung der Briefe das Ergebnis einer Überarbeitung durch einen späteren Herausgeber sind.[263]

Wenn die Briefe von Anfang an, parallel zu den Briefen der übrigen neun Bücher, als „Kunstbriefe" konzipiert wurden, kann es sich nicht um eine amtliche Korrespondenz gehandelt haben, können sie mithin keine authentischen Briefe sein. Dies ist in der Tat die Position Woolfs. Damit lösen sich manche Probleme, die mit der Annahme einer postumen Veröffentlichung und eines späteren Herausgebers verbunden sind. Anderseits entstehen neue. Denn da Woolf Plinius für den Verfasser der Briefe des 10. Buches hält, ist zu fragen, wie die stilistischen Unterschiede, auf die wir noch zu sprechen kommen, zwischen Buch 1-9 und 10 zustandegekommen sind. Außerdem bleibt unklar, warum Buch 10 in der Überlieferung ganz eigene Wege gegangen ist und über Jahrhunderte nicht mit der übrigen Sammlung, der es doch von seinem Charakter her so nahe stehen soll, verbunden war.

(2) Die gesamte Korrespondenz zwischen Plinius und dem Kaiser enthält – nach heutiger Zählung – 124 Briefe (3b, 17b, 86b als selbständige Briefe gerechnet). Davon sollen sich nur die letzten 109 Briefe auf die Korrespondenz in Bithynien beziehen; 61 von ihnen stammen von Plinius, 48 von Trajan. Die Zeit der Statthalterschaft des Plinius in Bithynien dauerte aufgrund seines frühen Todes ungefähr 18 Monate.

Viele Briefe in so kurzer Zeit!

Denn immerhin ist zu bedenken, dass die Briefbeförderungsbedingungen nicht den heutigen entsprachen und dass der Statthalter auf Antworten des mehr als 2000 Kilometer entfernt in Rom lebenden Kaisers sicherlich mehrere Wochen warten musste.

Merkwürdig auch, dass der Statthalter seine Briefboten gleichwohl um ein paar kurzer Zeilen willen immer wieder auf die große Reise schickte, um ihm so bedeutende Mitteilungen zu machen wie beispielsweise die, dass der Legat Servilius Pudens angekommen sei (ep 25), Plinius mit den Provinzbewohnern ein öffentliches Gelübde für den Kaiser abgehalten habe (ep 35/36), Dienstkameraden und Provinzbewohner den Tag der Thronbesteigung feierten (ep 53, ep 102), oder schlichte Geburtstagsglückwünsche an den Kaiser zu senden (ep 88).

Die Briefe bestehen oft aus einem einzigen Satz und behandeln ein einziges Thema, ebenso wie die Antwort des Kaisers, etwas, was man unter den gegebenen Umständen wohl als ausgesprochen „unökonomisch" bezeichnen muss:

> [Gaius Plinius an Kaiser Trajan.] Ich wünsche, o Herr, dass Du diesen und viele weitere Geburtstage in größtem Glück begehen mögest und den in unvergänglichem Lobe blühenden Ruhm Deiner Tüchtigkeit, unversehrt und stark, mit immer neuen Taten mehren wirst.
>
> [Trajan an Plinius.] Ich nehme Deine Wünsche, mein liebster Secundus, entgegen, in denen Du die Bitte aussprichst, dass ich viele weitere Geburtstage in größtem Glück und bei voller Blüte unseres Staates begehen möge.

Aber auch andere Briefe tragen im Hinblick auf ihre Länge eher den Charakter knapper Telegramme. Es fällt schwer, in ihnen Briefe zu sehen, die, zumal angesichts des zum Teil völlig bedeutungslosen Inhalts, über Tage und Wochen mühevoll zu Lande und zur See befördert wurden.

Manche Kommentatoren haben versucht, das Problem mit der Erklärung zu lösen, es seien jeweils mehrere Briefe gesammelt und dann zusammen abgeschickt worden. Dann hätte aber der Kaiser kaum auf jeden einzelnen Brief ein Antwortschreiben verfasst, sondern mehrere Anfragen in einem einzigen Brief beantwortet. Berücksichtigt man außerdem, dass die Briefe sicher nicht immer in der Reihenfolge bei ihrem jeweiligen Adressaten eintrafen, wie die jetzige Abfolge der Korrespondenz es suggeriert, sondern manche Briefe früher, manche später, hätte sich auch das in den Antwortschreiben niederschlagen müssen. Davon ist jedoch keine Spur.

(3) Den Briefen fehlt es an einer Einleitung. In einem echten Briefwechsel wäre zu erwarten gewesen, dass Absender und Adressat im ersten Satz genannt werden, also „Gaius Plinius an Kaiser Trajan“ und „Trajan an Plinius.“ Dies ist jedoch nicht der Fall. Wie Keil bemerkte, fehlen diese Angaben in der ersten Ausgabe der Briefe und damit vermutlich auch in dem mysteriösen Pariser Codex! Adressat und Absender wurden nach Meinung einiger Wissenschaftler erst später vom Herausgeber hinzugefügt.[264]

(4) Ep 100 heißt es:

> [Gaius Plinius an Kaiser Trajan.] Die *in den vorigen Jahren* abgelegten Gelübde (*vota, domine, priorum annorum nuncupata*) haben wir, o Herr, mit Begeisterung und Freude erfüllt und unter dem hingebungsvollen Wetteifer der Dienstkameraden und Provinzbewohner wieder erneuert, indem wir zu den Göttern beteten, sie möchten Dich und den Staat blühend und gesund mit der Gnade bewahren, ….

Da Plinius als Statthalter erst ein Jahr in Bithynien weilt, hatte er wenig Anlass, von „vergangenen Jahren“ (*priorum annorum*) zu sprechen.

Das *priorum annorum* wird seit Mommsen aufgrund der inhaltlichen Schwierigkeit in manchen Ausgaben in *priore anno* („im vergangenen Jahr“) verbessert. Ein schönes Beispiel dafür, wie Texteditoren durch ihre Emendationen und Konjekturen Fälschern dazu verhelfen können, unentdeckt zu bleiben (siehe S. 113).

Die Liste der Fragen und Probleme, die die Behauptung der Echtheit des gesamten Briefwechsels, nicht nur der beiden „Christenbriefe“, aufgibt, ist groß und ließe sich weiter fortsetzen. Die wenigen Beispiele mögen aber bereits hinreichend gezeigt haben, dass die Authentizität der gesamten Korrespondenz keineswegs als gesichert gelten kann.

Wir wollen uns nach dem kurzen Exkurs über Fragen der Echtheit des 10. Buches im Ganzen wieder den beiden Briefen 96/97 zuwenden.

## Äußere Bezeugung

Die Frage der *äußeren Bezeugung* der beiden sogenannten „Christenbriefe" ist bei den Plinius-Briefen etwas komplizierter als beim TT. Darum wird unsere eingangs aufgestellte Behauptung, das 10. Buch der Briefsammlung des jüngeren Plinius sei bis zum 16. Jahrhundert völlig unbekannt geblieben, noch etwas zu präzisieren sein. Revidieren brauchen wir sie freilich nicht.

Die beiden Altphilologen Stout und Merrill haben gezeigt, dass nicht nur das zehnte, die beiden Christenbriefe enthaltene Buch der Briefsammlung, sondern auch die ersten neun Bücher des jüngeren Plinius in der antiken und mittelalterlichen Literatur nahezu unbezeugt geblieben sind.[265] Abgesehen von dem gleich noch zu erwähnenden Tertullian tauchen sie erstmals beim Plinius-Verehrer *Sidonius Appollinaris,* dem Bischof von Clermont, auf (431/2 bis 479). In seinem Brief an seinen Freund Firminus After antwortet er auf dessen Bitte, seiner bis dahin nur aus acht Bänden bestehenden Briefsammlung einen 9. Band hinzuzufügen, damit diese, ebenso *wie die des großen Vorbildes Plinius*, 9 Bände umfasse.[266] Der Abschnitt zeigt zugleich deutlich, dass ein 10. Band mit Plinius-Briefen zu dieser Zeit noch unbekannt ist.

Tatsächlich gibt es bis zum Ende des 2. Jahrhunderts – mit einer scheinbaren Ausnahme, auf die wir gleich zu sprechen kommen – nicht die geringste Spur irgendeiner Bekanntschaft mit den „Christenbriefen". *Justin* in der Mitte des 2. Jahrhunderts lässt den Brief des Plinius unerwähnt, obwohl sich manche schlimmen Verdächtigungen, denen die Christen seiner Zeit ausgesetzt waren, z.B. sie versammelten sich zu kannibalischen Mahlzeiten, sie trieben ödipeischen Sex etc., mit dem „nihil aliud" des 96. Briefes ausgezeichnet hätten zerstreuen lassen.

Überdies zitiert Justin in seiner an den Kaiser Pius Antoninus gerichteten Apologie ein Schreiben Hadrians an Minucius Fundanus, in dem verlangt wird, die staatlichen Stellen mögen sich bei der Verfolgung der Christen an die gesetzmäßigen Vorgaben halten und nicht blindlings auf

Verleumder hören. Der Wortlaut des Schreibens, der dem des Trajan in vieler Hinsicht gleicht:

> „Wenn also die Provinzialen für ihr Verlangen gegen die Christen sich auf klare Gründe stützen in der Weise, dass sie auch vor dem Richterstuhle Rede und Antwort stehen können, so mögen sie diesen Weg beschreiten, aber nicht einzig auf Bitten oder Schreien sich verlegen. Denn es ist bei weitem angemessener, dass du, wenn jemand eine Anklage erheben will, hierüber eine genaue Untersuchung anstellst. Wenn also jemand als Ankläger auftritt und nachweist, dass sie irgendwie gesetzwidrig handeln, dann fälle dein Urteil nach der Größe des Vergehens; wenn er es aber in verleumderischer Absicht vorbringen sollte, wahrlich, eine solche Schändlichkeit bring gehörig in Anschlag und sorge für ihre Bestrafung."[267]

Hier wäre für Justin der Ort gewesen, auch des Schreibens des Kaisers zu gedenken. Warum wird der Briefwechsel zwischen ihm und Plinius nicht erwähnt, zumal dieser doch inzwischen einen amtlichen Charakter besessen haben soll, wie manche Historiker mutmaßen?

Bemerkenswert ist auch, dass der aus dem nahegelegenen Sardes in Lydien in der römischen Provinz Asia, dem heutigen Izmir, stammende christliche Bischof *Melito* kein Wissen von irgendwelchen Christenverfolgungen in seiner Umgebung verrät. Der Bischof kann um 170 ohne jede Einschränkung behaupten, dass die Kirche sich ungebrochenen Wachstums unter den römischen Herrschern, mit Ausnahme von Nero und Domitian, erfreut habe. Kein Wort von irgendwelchen Verfolgungen, was doch in einem Zusammenhang, worin von den Christenverfolgungen des Domitian und Nero die Rede ist, zu erwarten gewesen wäre; kein Wort auch von einem Schreiben des Kaisers, worin dieser anonyme Anzeigen gegen Christen abgelehnt hätte.

Für die These von Antonie Wlosok, das Trajan-Reskript sei „zu einer allgemeinen Richtschnur für das Strafverfahren gegen die Christen im II. Jh. geworden", ist dies alles nicht sehr günstig. Wenn sich „vor allem durch die Veröffentlichung der Plinius-Briefe" erklären soll, weswegen „das kaiserliche Reskript bekannt und verbreitet wurde", bleibt die Frage, warum diese rechtsgeschichtlich überaus bedeutsamen Dokumente weder bei christlichen noch nichtchristlichen Schriftstellern in den ersten Jahrhunderten Erwähnung fanden. [268]

Nun taucht allerdings gegen Ende des 2. Jahrhunderts ein Zeugnis auf, das tatsächlich die Existenz der beiden Christenbriefe belegen könnte – und dies auch nach herkömmlicher Meinung tut. Es stammt aus der Apologie des *Tertullian* und hat den folgenden Wortlaut:

Als nämlich Plinius Secundus eine Provinz verwaltete und einige Christen verurteilt, andere aber ihrer (Beamten-) Stellung enthoben hatte, fragte er, dennoch beunruhigt durch ihre Menge, Kaiser Trajan um Rat, was er weiterhin tun solle, wobei er anfügte, dass er außer dem Eigensinn, nicht zu opfern, über ihre Mysterien weiter nichts habe in Erfahrung bringen können, als dass sie zur Zeit vor dem Sonnenaufgang Versammlungen abhielten, um Christus und Gott zu besingen und die gemeinsame Sittenzucht durch Bündnis zu befestigen, zufolge welcher Mord, Ehebruch, Betrug/Raub, Wortbruch und sonstige Verbrechen verboten seien. – Darauf schrieb Trajan zurück, nach dieser Menschengattung sei nicht zu fahnden, aber wenn sie ausgeliefert würden, seien sie zu bestrafen.

Plinius enim Secundus, cum provinciam regeret, damnatis quibusdam Christianis, quibusdam gradu pulsis, ipsa tamen multitudine perturbatus, quid de cetero ageret, consuluit tunc Traianum imperatorem, adlegans praeter obstinationem non sacrificandi nihil aliud se de sacramentis eorum comperisse quam coetus antelucanos ad canendum Christo et deo et ad confoederandam disciplinam, homicidium adulterium fraudem perfidiam et cetera scelera prohibentes. – Tunc Traianus rescripsit hoc genus inquirendos quidem non esse, oblatos vero puniri oportere.

Tertullian kritisiert dann mit dem üblichen künstlichen Pathos die Entscheidung des Kaisers als „verworren", weil sie die Fahndung wie bei Unschuldigen verbiete, aber die Bestrafung wie bei Schuldigen zulasse. Sie sei milde und grausam zugleich, verurteile Angeklagte, nach denen niemand zu fahnden wünsche usw.

Die Mehrheit der Historiker sieht in diesem Abschnitt einen wichtigen Beweis für die Authentizität des Briefwechsels. Doch auch wenn unbestritten bleiben muss, dass Tertullian der erste ist, der einen Brief des Plinius an Trajan ebenso wie die Antwort des Kaisers erwähnt und dass ihm eine Reihe weiterer Kirchengeschichtsschreiber folgen, wird man hinsichtlich des *Zeugenwertes* dieses Kirchenvaters und derer, die in seinen Fußstapfen wandeln, Verschiedenes zu bedenken haben:

1) Tertullian kennt noch eine Reihe anderer Dokumente, für deren Authentizität sich wohl kaum ein heutiger Historiker verbürgen möchte; ein paar Kostproben:

a) Nachdem er in seiner Apologie (21,24) von Tod, Auferstehung und Himmelfahrt Jesu berichtet und davon gesprochen hatte, dass dieser „von einer Wolke umgeben, in den Himmel aufgenommen" worden sei, „was viel zuverlässiger ist, als was bei euch Leute wie Proculus von Leuten wie Romulus zu bekräftigen pflegen", nennt er als glaubwürdigen Zeugen der Ereignisse den römischen Statthalter Pilatus, der „selbst schon in seinem Innersten ein Christ, dem damaligen Kaiser Tiberius über Christus gemeldet" habe. Bei der von Tertullian erwähnten Schrift handelt es sich offensichtlich um die schon erwähnten *Acta Pilati*, deren Existenz umstritten ist und die, wenn sie existiert haben sollten, sicherlich nicht authentisch waren.

b) Im vierten Band seiner gegen Marcion gerichteten Schrift (Marc 4,7) versucht Tertullian zu beweisen, dass Christus nicht, wie Marcion behauptet, vom Himmel herabgestiegen, sondern auf der Erde geboren sei. Als „höchst glaubwürdiges Zeugnis" (*testem fidelissimum*) führt er die Registrierung Jesu in den Unterlagen der Volkszählung auf, die in den Archiven in Rom aufbewahrt worden sein sollen!

c) Weiterhin behauptet Tertullian in seinem *Apologeticum* einen Brief des Kaisers Marc Aurel zu kennen, in dem dieser schreibe, dass ein Wassermangel in Germanien „durch einen Regen, der vielleicht durch das Gebet der Christen erlangt war, beendigt wurde" (Apol 5,6, vgl. Scapul 4). Überflüssig zu sagen, dass sich ein Brief über ein Regenwunder nirgendwo unter den überlieferten Schriften des Kaisers findet.

d) In seiner Schrift *Ad Nationes* behauptet Tertullian die Existenz eines auf Kaiser Nero zurückgehenden Edikts gegen die Christen: „Unter Augustus kam dieser [Christen-] Name auf; unter Tiberius wurde die [christliche] Lehre bekannt; unter Nero trat die Verurteilung (der Christen) in Kraft [...] Und obwohl alle anderen *instituta* aufgehoben wurden, ist dieses eine *institutum Neronianum* übrig geblieben." (Nat 1, 7, 8f.)[269] Weil für das sogenannte *Institutum Neronianum* bis heute kein Beleg gefunden wurde, spricht man inzwischen von einer „modernen Fehlinterpretation".[270] Richtiger wäre es wohl anzuerkennen, dass die Verfechter eines *Institutum Neronianum* einmal mehr der blühenden Phantasie des Kirchenvaters auf den Leim gegangen sind. Wahrscheinlich bezog Tertullian seine Anregungen aus dem legendarischen Martyrium des Paulus (siehe Endnote 127).[271]

e) Vom Apostel Johannes weiß er zu berichten, dass dieser in siedendes Öl geworfen wurde, ohne Schaden zu leiden und hernach auf die Insel Patmos verbannt wurde.[272]

Die Beispiele mögen genügen, um deutlich zu machen: Wenn Tertullian aus einer Schrift zitiert, beweist das in der Regel gar nichts, weder dass er

richtig zitiert noch dass er die Schrift gelesen hat – noch dass es sie überhaupt gegeben hat.
2) Ganz ohne eigenständigen Zeugenwert, wenngleich nicht unwichtig, wie wir noch sehen werden, sind die übrigen Kirchengeschichtsschreiber, die den Christenbrief des Plinius und die Antwort des Kaisers kennen, da sie alle deutlich vom Referat des Tertullian abhängig sind und bei keinem von ihnen eine unmittelbare Kenntnis des Briefwechsels nachzuweisen ist. Genaugenommen handelt es sich bei ihnen also gar nicht um Bezugnahmen auf den Briefwechsel, sondern auf *das Referat des Tertullian*, das in immer neuen Varianten wiedergegeben wird.

Der erste, der auf Tertullians Referat Bezug nimmt, ist *Eusebius von Caesarea*; in seiner Kirchengeschichte spricht Eusebius über die frühen christlichen Verfolgungen und erwähnt auch die des Trajan; diese habe so viele Menschenleben gefordert,

dass Plinius Secundus, der damals die Provinz regierte, betroffen über die große Zahl der Ermordeten, an den Kaiser schrieb, dass eine zahllose Menge von Menschen täglich geköpft würde, bei denen keine Verbrechensschuld gefunden werden könnte oder etwas, was gegen die römischen Gesetze gerichtet sei, außer dass sie vor Tagesanbruch einem gewissen Christus Hymnen wie einem Gott sängen; dass sie aber Ehebruch und die übrigen Verbrechen als unerlaubt betrachteten und zutiefst verabscheuten und dass sie im übrigen gemäß den allgemeinen Gesetzen handelten …

ut Plinius Secundus, qui tunc provinciam administrabat, multitudine interemptorum permotus referret ad imperatorem, quod innumera hominum milia cottidie obtruncarentur, in quibus nihil omnino sceleris deprehenderetur admissum aut aliquid contrarium Romanis legibus gestum, solum quod antelucanos hymnos Christo cuidam canerent deo. adulteria vero vel cetera huiusmodi crimina apud eos et inlicita haberi et peni-tus arceri, cetera vero secundum leges eos agere communes (lateinische Übersetzung Rufins, MPL).

In dem griechischen Text bezeugt Eusebius ausdrücklich, dass er seine Informationen von Tertullian bezogen hat. Auf Eusebius folgt Hieronymus (347-420):

Als Plinius Secundus eine gewisse Provinz regierte und während seiner Regierung viele Christen getötet wurden, fragte er Trajan, erschreckt über

Plinius Secundus, cum quamdam provinciam regeret, et in magistratu suo plurimos Christianorum interfecisset, multitudine eorum perterritus, ihre Menge, was zu tun sei, und verkündete ihm: Außer ihrer Hartnäckigkeit, nicht zu opfern und sich vor Tagesanbruch zu versammeln, um einem gewissen Christus wie einem Gott zu lobsingen, finde er nichts bei ihnen. Außerdem befestigten sie die gemeinsame Sittenzucht durch das Bündnis, keinen Mord, Diebstahl, Ehebruch, Raub und ähnliches zu begehen. Dadurch bewegt antwortete Trajan: nach dieser Menschengattung sei nicht zu fahnden, aber wenn sie ausgeliefert würden, seien sie zu bestrafen. (So) berichtet Tertullian im Apologeticum.

quaesivit a Trajano, quid facto opus esset, nuntians ei, Praeter obstinationem non sacrificandi, et antelucanos coetus ad canendum cuidam Christo ut Deo, nihil apud eos reperiri. Praeterea ad confoederandam disciplinam, vetari ab his homicidia, furta, adulteria, latrocinia, et his similia. Ad quae commotus Trajanus rescribit: Hoc genus quidem inquirendum non esse, oblatos vero puniri oportere. Tertullianus refert in Apologetico (MPL).

Die Version des Hieronymus ist deswegen wichtig, weil sie gewissermaßen traditionsbildend wurde und drei weitere kirchliche Schriftsteller, Prosper Aquitanus (390-455), Frechulf Lexovensis, Bischof von Lisieux (820–850) und Marianus Scottus (1028-1082), von ihr, nicht (nur) von der des Tertullian abhängig sind. Für sie ist die besondere Reihenfolge von *homicidia, furta, adulteria, latrocinia, et his similia* typisch. Frechulf scheint sie in seinem Referat des Plinius-Briefes mit verschiedenen anderen Versionen seiner Vorgänger zu kombinieren.

*Orosius*, dem im Großen und Ganzen auch der Bischof *Ado Viennensis* (ca. 800-875) folgt, hat eine ganz eigene Version, die sich von der seiner Vorgänger erheblich unterscheidet. Seine Fassung zeigt, welche Freiheiten sich mittelalterliche Autoren in ihren Referaten mitunter nehmen konnten. Abgesehen von einigen sprachlichen Übereinstimmungen gibt es nur noch wenige inhaltliche Parallelen:

Plinius Secundus, der zusammen mit anderen Richtern als Verfolger eingesetzt wurde, berichtet dass diese Menschen außer dem christlichen Bekenntnis und ihren unanstößigen Versammlungen nicht gegen die römischen Gesetze verstießen, ja dass niemandem (von ihnen), aufgrund des harmlosen Bekenntnisses, der Tod als schlimm oder furchterregend erschien. Sofort mäßigte der Imperator das Edikt durch milder gefasste Reskripte.

Plinii Secundi, qui inter ceteros iudices persecutor datus erat, relatu admonitus, eos homines praeter confessionem Christi honesta que conuenticula nihil contrarium Romanis legibus facere, fiducia sane innocentis confessionis nemini mortem grauem ac formidulosam uideri, rescriptis ilico lenioribus temperauit edictum (MPL).

Wie gesagt: Eine direkte Kenntnis des Briefwechsels ist bei keinem dieser Autoren vorhanden, sie alle schöpfen aus Tertullian oder aus den Tertullian-Referaten ihrer jeweiligen Vorgänger. Für die Authentizität beweisen sie nichts. Ganz im Gegenteil: Es lässt sich sogar zeigen, dass ein sorgfältiger Vergleich der Texte vielmehr einen entscheidenden Hinweis auf dessen Unechtheit geben kann. Dazu müssen wir uns noch etwas eingehender dem Referat des Hieronymus zuwenden

## Furta und latrocinia

In der oben zitierten Passage aus dem Werk des Hieronymus fällt auf, dass sie zwei Wörter enthält, die zwar im Brief des Plinius an Trajan, nicht aber bei Tertullian begegnen: Diebstahl (*furta*) und Raub/„Spitzbübereien" (*latrocinia*). Hieronymus spricht davon, dass die Christen, außer ihrer Weigerung zu opfern und sich zu gottesdienstlichen Versammlungen zu treffen, gegen keine römischen Gesetze verstießen:

> … außerdem befestigten sie die gemeinsame Sittenzucht durch das Bündnis, keinen Mord, Diebstahl, Ehebruch, Raub und ähnliches zu begehen *(Praeterea ad confoederandam disciplinam, vetari ab his homicidia, furta, adulteria, latrocinia, et his similia).*

Ebenso heißt es bei Plinius, wenn auch in anderer Reihenfolge (*latrocinia* folgt auf *furta*), die Christen versicherten, dass ihre ganze Schuld darin bestünde, Christus in ihren Versammlungen wie Gott zu lobsingen

> … und sich mit einem Eid nicht etwa zu irgendeinem Verbrechen zu verpflichten, sondern dass die keinen Diebstahl, keinen Raub, keinen Ehebruch begingen usw. (*sed ne furta ne latrocinia ne adulteria committerent, ne fidem fallerent, ne depositum appellati abnegarent).*

Dagegen lesen wir bei Tertullian, dass Plinius über die Mysterien der Christen nichts anderes habe herausfinden können, als dass diese sich träfen, um

> …die gemeinsame Sittenzucht durch Bündnis zu befestigen, zufolge welcher Mord, Ehebruch, Betrug/Diebstahl, Wortbruch und sonstige Verbrechen verboten seien (*homicidium, adulterium, fraudem, perfidiam et cetera scelera).*

Deutlich ist: Anders als bei Mord (*homicidium)* und evt. Ehebruch (*adulteria* – siehe aber den Plural) kann die Quelle für *furta* und *latrocinia* bei Hieronymus nicht Tertullians Referat gewesen sein! Selbst wenn der Kirchenvater das *fraus* in *furta* verwandelt haben sollte, woher kommt *latroci-*

*nia*? Und warum gebraucht Hieronymus ebenso wie Plinius durchweg den Plural und nicht wie Tertullian den Singular?

Man könnte annehmen, dass Hieronymus außer dem Referat des Tertullian noch den Text des Pliniusbriefs vor sich liegen hatte oder aus dem Gedächtnis daraus zitierte. Doch abgesehen davon, dass der Kirchenvater es wohl kaum unterlassen haben würde, seinen Lesern den wertvollen Schatz zu präsentieren und seinen Plinius *direkt* zitiert hätte, beschließt er ebenso wie schon Eusebius sein Referat ausdrücklich mit einem Quellenhinweis: „So zitiert Tertullian im Apologeticum" (*Tertullianus refert in Apologetico*). Es ist somit klar, dass wir es bei *furta* und *latroconia* mit einem *Zusatz* des Hieronymus, der dabei aus Eigenem schöpfte, zu tun haben müssen.

Unter der allgemein angenommenen Voraussetzung der Echtheit des Briefes hieße das mit anderen Worten: Hieronymus hätte, ohne den Pliniusbrief zu kennen, zusätzlich zu den Angaben, die Tertullian über ihn macht, den genaueren Wortlaut des Briefes rekonstruiert!

Man mag über die wunderbare Intuition des Kirchenvaters staunen – nur sollte man zumindest dort, wo man die Sache wissenschaftlich angeht, nicht unterlassen, zunächst nach einer anderen, plausibleren Erklärung Ausschau zu halten. Tatsächlich gibt es eine solche. Sie setzt jedoch etwas voraus, was offenbar vielen Theologen und Historikern schwer fällt: sich von dem Vorurteil zu verabschieden, der Brief des Plinius sei ein echtes Schreiben und somit *vor* Tertullian und der auf ihn folgenden von Hieronymus bis Marianus Scottus reichenden Zeugenkette entstanden. Vielmehr gilt es – paradox genug – zu erkennen, *dass der Pliniusbrief seinen Referaten und Referenten nicht voranging, sondern ihnen folgte* und sozusagen den Endpunkt der mit Tertullian einsetzenden Entwicklung bildete, in deren Verlauf er in immer neuen Variationen und Paraphrasen zitiert wurde; d.h. nicht eigentlich er, sondern das Referat des Tertullian.

Der wirkliche Verfasser des Plinius-Briefes, so dürfen wir annehmen, war gewiss ein gebildeter und in der kirchlichen Tradition aufgewachsener Mann, dem Kirchenväterschriften, darunter Tertullian und Hieronymus, vielleicht auch einige andere Kirchenschriftsteller, teils schriftlich, teils gedächtnismäßig zur Verfügung standen. Als er den Plan fasste, in die von ihm komponierte Korrespondenz des römischen Kaisers mit seinem Statthalter in Bithynien eine Beschreibung der frühen Christenheit einzufügen, mochte er sich zunächst an das Referat des Tertullian erinnert haben, vielleicht brachte ihn dieses überhaupt erst auf seine Idee. Er benutzte die Stelle im *Apologeticum* nicht nur als Anregung und Ausgangspunkt für seine phantasievoll ausgeschmückten, ausführlicheren Bericht des Christenverfolgers Plinius, sondern zugleich auch als eine Art „Echtheitszertifikat". Wo immer nach der Veröffentlichung Zweifel an der Authentizität des Schreibens bzw. des ganzen Briefwechsels laut werden würden, konnte man nun auf die kirchliche Tradition verweisen, in welcher der Briefwechsel zwischen Plinius und Trajan sicher belegt war – Tertullian war Zeuge! Dass der Briefwechsel offenbar eine reine Fiktion Tertullians darstellte, war die hochwillkommene Voraussetzung für das Gelingen des Unternehmens.

Natürlich ist nicht ganz auszuschließen, dass Tertullian tatsächlich einen (inzwischen verschollenen) Briefwechsel zwischen dem Statthalter Plinius und dem Kaiser Trajan zur Christenfrage gekannt hat, nur wird es sich dabei mit Sicherheit nicht um jenen Briefwechsel gehandelt haben, den wir als 96. und 97. Brief des 10. Buches der plinianischen Briefsammlung kennen, sondern um eine apokryphe, verloren gegangene Schrift.

Auch hier wird man wiederum an die mysteriösen „Pilatusakten" erinnert, die bei Justin (Just 1Apol 35; 48) und Tertullian herumgeistern (Apol 21,24) und die, wie Wolfgang Speyer vermutet, in späterer Zeit sehr wahrscheinlich den *Ausgangspunkt* zur Erfindung verschiedener Schriften mit diesem Titel waren.[273] Wenn es sie zur Zeit Justins und Tertullians tatsächlich gegeben haben sollte, wird es sich sicher nicht um authentische Schriften, sondern um apokryphe Fälschungen gehandelt haben, die später verlorengingen. Vielleicht nahm aber auch ein späterer Schriftsteller ihre Erwähnung bei den frühchristlichen Apologeten für die erneute Produktion jenes literarische Werkes zum Anlass, das wir heute unter dem Namen *Nikodemusevanglium* kennen und das ursprünglich ebenfalls den Namen *Acta Pilati* trug.[274]

Wie auch immer, der Fälscher des Plinius-Briefes wählte ganz sicher dieses Verfahren. Er kannte zweifellos seinen Tertullian; außerdem war ihm auch das Pliniusreferat des Hieronymus oder anderer antiker oder mittelalterlicher Referenten in Stichworten bekannt. Während er sich bei der Gestaltung seines Werks im Großen und Ganzen an den Wortlaut von Tertullians *Apologeticum* hielt, den er allerdings, wie wir noch sehen werden, nicht immer richtig deutete, fügte er in die Liste der Vergehen, gegen die sich die Christen in ihren Versammlungen eidlich verpflichtet haben sollten, zwei Delikte ein, die er nur von Hieronymus und den von ihm abhängigen Kirchenschriftstellern kennen konnte: *furta* und *latrocinia* – etwas zu voreilig vielleicht, gab er sich doch damit eindeutig als ein Späterer zu erkennen, der auf Hieronymus und die von ihm abhängige Tradition zurückblickte.

| | |
|---|---|
| Plinius ep 96 | *sed ne furta ne latrocinia ne adulteria committerent, ne fidem fallerent, ne depositum appellati abnegarent* |
| Tertullian Apol 2:6 | *homicidium, adulterium, fraudem, perfidiam et cetera scelera* |
| Hieronymus Interpr. Chron. Euseb. - MPL 27, 0607 | *homicidia, furta, adulteria, latrocinia, et his similia.* |
| Prosper Aquitanus Chronicum Integrum MPL 51, 558C | *homicidia, furta, adulteria, latrocinia, et his similia.* |
| Frechulf Lexovensis Chronica MPL 106, 1153C | *homicidia, furta, adulteria, periuria, latrocinia, et his similia* |
| Marianus Scottus MPL 147, 0661D | *homicidia, furta, adulteria, latrocinia et his similia.* |

## Tertullian als Vorlage für „Plinius"

Dafür, dass die beiden Christenbriefe der plinianischen Briefsammlung *nach* Tertullian und Hieronymus entstanden sind, spricht auch, dass die tertullianische Version einen geschlosseneren und somit ursprünglicheren Eindruck macht als diese, so dass die Probleme, vor die uns die beiden Plinius-Briefe stellen und mit denen wir uns oben ausgiebig beschäftigt haben, hier zum Teil entfallen.

Bei einem Vergleich der beiden Versionen fallen erhebliche Unterschiede ins Auge. Tertullian gebraucht zum Teil zwar dasselbe sprachliche Material, d.h. dieselben Vokabeln und Wendungen wie der Verfasser des Plinius-Briefes, aber er füllt sie mit anderem Sinn: So weiß er davon, dass Plinius in seinem Brief von einer großen Menge Christen spricht, Plinius sei durch ihre Menge erschreckt (*multitudine perturbatus*). Wie Plinius, der davon spricht, dass er einige Christen wegen ihrer *inflexibilem obstinationem,*[275] d.h. wegen ihres Eigensinns, zu Tode verurteilt habe, erwähnt auch Tertullian, dass einige Christen sich aufgrund ihrer *obstinatio* weigerten, (dem

Kaiser) ein Opfer darzubringen. In diesem Zusammenhang begegnen wir auch dem *nihil aliud* (nur bei Tertullian, nicht bei den anderen Referenten), dem *sacramentum* und einer ähnlichen Beschreibung des christlichen Gottesdienstes: Nichts anderes (*nihil aliud*) nämlich, so Tertullian, habe Plinius betreffs ihrer Mysterien (*de sacramentis*) in Erfahrung bringen können, als dass sie sich vor Sonnenaufgang versammelten (*coetus antelucanos*), um Christus *und* Gott zu lobsingen (*ad canendum Christo et deo*) und ihr Bündnis zu bekräftigen, wonach ihnen Mord, Ehebruch, Betrug, Verrat und sonstige Verbrechen verboten seien (*ad confoederandam disciplinam, homicidium adulterium fraudem perfidiam et cetera*).

Obwohl die Worte dieselben sind, ist doch der Inhalt ein anderer. Manchmal handelt es sich nur um leichte Bedeutungsverschiebungen, häufig aber ergibt sich daraus ein ganz *unterschiedlicher* Sinn.[276]

a) Bemerkenswert ist beispielsweise, dass Tertullian gleich zu Beginn *die große Menge von Christen* erwähnt und diese dann dazu dienen muss, die Anfrage des Plinius beim Kaiser zu motivieren. Tertullian will offenbar sagen, dass der Statthalter, der bereits Urteile gegen Christen ausgesprochen hatte, dadurch zu einer erneuten Überprüfung seines Vorgehens veranlasst wurde. – Dagegen hat die Bitte um nähere Auskunft des Kaisers bei Plinius allein in der *Unwissenheit* des Statthalters ihre Ursache, der allerdings gleichwohl bereits Todesurteile gegen Christen verhängt hat.

Während so die Anfrage an den Kaiser bei Tertullian einen plausiblen Sinn ergibt – der Statthalter hat bisher offenbar auf gesetzlicher Grundlage gehandelt, weiß sich aber angesichts der großen Menge von Christen keinen Rat mehr – hängt sie bei Plinius in der Luft. Ein Statthalter, der ohne jemals an Christenprozessen beteiligt gewesen zu sein und die rechtliche Situation zu kennen, Todesurteile fällt, um erst beim Kaiser Rat einzuholen, als ihm die Sache über den Kopf wächst, ist entweder ein unfähiger Esel – oder literarische Fiktion.

b) Hinzu kommt, dass die Todesurteile bei Plinius allein aufgrund der *obstinatio* der Angeklagten gefällt worden sein sollen, also eines „untechnischen", „literarischen" Begriffs.

Auch hier ist der Text des Tertullian viel plausibler, da dieser nicht einfach von *obstinatio* redet, sondern präziser von *obstinatio sacrificandi* und somit dem Begriff überhaupt erst einen nachvollziehbaren juristischen Sinn gibt. Denn die Verweigerung des Kaiseropfers war in der Tat ein Straftatbestand, der mit dem Tode bestraft werden konnte. – Auch hier bereitet das „Referat" des Tertullian weniger Anstoß als der Pliniusbrief. Es scheint, als habe der Verfasser des „Briefes" an dieser Stelle seinen Tertullian bzw.

seine Kirchenväter nur ungenau gelesen oder als seien ihm die Quellen nur gedächtnismäßig präsent.

c) Während die Christen sich bei Plinius durch ein *sacramentum*, d.h. einen *Eid,* dazu verpflichteten, kein Unrecht zu tun, wird derselbe Begriff bei Tertullian in ganz anderem Sinne gebraucht: Sein Plinius will über *de sacramentis,* d.h. über die Mysterien der Christen, Näheres in Erfahrung bringen.

Der Eid, von dem bei Plinius die Rede ist, ist verschieden gedeutet worden: auf das bei der Taufe ausgesprochene Gelübde von Christen, den Werken des Bösen zu entsagen (*renuntiatio diaboli*);[277] auf das Sündenbekenntnis vor der Eucharistie;[278] auf die Eucharistie selber;[279] auf eine gottesdienstliche Rezitation der Zehn Gebote.[280]

Alle Deutungen haben ihre Probleme. Gegen die erste Interpretation spricht, dass eine *renuntiatio diaboli* nur in Taufgottesdienten üblich war, aber der Autor offenbar an einen in *regelmäßig* stattfindenden christlichen Versammlungen geleisteten Eid denkt. Das Sündenbekenntnis vor der Eucharistie ist, wie der Name sagt, eine *confessio*, d.h. ein Bekenntnis, und keine eidliche Verpflichtung. Die Eucharistie selber kann noch weniger als eine solche gedeutet werden. Am ehesten wäre an eine gottesdienstliche Rezitation des Dekalogs zu denken, da die Vergehensliste durchaus Anklänge an die Zehn Gebote erkennen lässt (siehe den nächsten Abschnitt). Aber wo ließe sich ein solcher Brauch in der Geschichte des frühchristlichen Gottesdienstes außerdem belegen?

Angesichts der Probleme, die jede dieser Deutungen mit sich bringt, rechnen die meisten Interpreten damit, dass der Statthalter die von ihm befragten Christen nicht richtig verstanden habe. Dass ein Missverständnis vorliegt, ist durchaus möglich. Nur wird dies vermutlich nicht aufseiten des bithynischen Statthalters gelegen haben, sondern eher bei dem in seinem Namen schreibenden Verfasser, der seinen Tertullian offenbar nur ungenau gelesen hat. Möglicherweise war ihm der Text auch nicht gegenwärtig und es waren ihm nur einige Stichworte erinnerlich, die er missverstand. So entstand durch das Stichwort *sacramentum* in seiner Phantasie die Vorstellung, die frühen Christen hätten sich in ihren Gottesdiensten jedes Mal eidlich auf das Halten der Gebote verpflichtet. – Der Text des Tertullian ist schlüssiger. Er spricht nicht von einer besonderen eidlichen Verpflichtung, sondern von den christlichen Sakramenten (Abendmahl, Taufe) und davon, dass Christen sich „ad confoederandam disciplinam“, d.h. zur „moralischen Stärkung“ trafen, was zu jedem Gottesdienst passt.

d) Auch im Hinblick auf die aufgezählten Vergehen scheint Tertullian eine sinnvollere Reihenfolge zu bieten. Jedenfalls ist auffallend, dass die genannten Verbote der zweiten Gebotstafel des Dekalogs entsprechen: 5. Gebot: *homicidium* („Du sollst nicht töten"); 6. Gebot: *adulterium* („Du sollst nicht ehebrechen"); *fraudem* scheint sich auf das 7. Gebot („Du sollst nicht stehlen") zu beziehen;[281] das 8. Gebot („Du sollst nicht falsch Zeugnis reden") könnte in *perfidiam* anklingen, was von seiner Grundbedeutung her soviel wie *Wortbrüchigkeit* meint.

Dagegen ist die Reihenfolge bei Plinius und den späteren Kirchengeschichtsschreibern, wie wir oben gesehen haben, eine andere, und der Zusammenhang mit dem Dekalog ist darin nicht mehr ohne weiteres ersichtlich.

Natürlich ist es nicht ausgeschlossen, dass der Kirchenvater die Angaben des Plinius seinem theologischen Wissen entsprechend ergänzte und korrigierte. Wahrscheinlicher aber ist, dass der ursprüngliche Zusammenhang später auf überlieferungsgeschichtlichem Wege verlorenging, jener Überlieferungsgeschichte, in die auch der Verfasser des Pliniusbriefs – als letztes, nicht als erstes Glied – hineingehört.

e) Auffallend ist noch, dass Tertullian nichts davon weiß, dass es sich bei Plinius um den Statthalter von *Bithynien* handelt. Nur davon ist die Rede, dass er eine Provinz verwaltete (*cum provinciam regeret*). Dieselbe Unkenntnis hinsichtlich des Namens der verwalteten Provinz setzt sich auch bei den späteren kirchlichen Schriftstellern fort. Merkwürdig deswegen, weil sie keineswegs den Briefwechsel vor sich liegen zu haben brauchten, um zu wissen, dass Plinius Statthalter *Bithyniens* war. Hieronymus spricht von einer *gewissen* Provinz (*cum quamdam provinciam regere*) und weiß auch nicht mehr. Ohne hier die von Hochart[282] einst gezogenen Folgerungen erneut zu diskutieren oder die Statthalterschaft des Plinius in Bithynien anzuzweifeln – wogegen Inschriften sprächen (die freilich genau so gefälscht sein können wie Handschriften) – , sollte der rätselhafte Befund zumindest erwähnt werden. Er kann zumindest zeigen, dass Hieronymus und alle übrigen Kirchenschriftsteller allein von Tertullian abhängig waren und keine Ausgabe des 10. Buches der Pliniusbriefe besaßen.

Mit alledem soll natürlich nicht gesagt werden, dass das Referat des Tertullian eine historische Basis hat. Wenn es denn eine, wie auch immer beschaffene, gehabt haben sollte, wäre diese vermutlich *in der Zeit des Tertullian* eher zu suchen als in der des Trajan. Auch bei Tertullians Ausführungen handelt es sich zweifellos um Fiktion. Gleichwohl unterscheidet sie sich von der Fiktion des im Namen des Plinius schreibenden Fälschers durch eine gewisse innere Plausibilität, die jener abgeht. Es ist schwer, einen verworrenen Sachverhalt so zu referieren, dass daraus ein sinnvollerer entsteht. Umgekehrt ist es viel eher möglich, einen sinnvollen Zusammenhang durch allerlei Missverständnisse zu verunklaren. Darum spricht alle Wahrscheinlichkeit dafür, dass wir es bei dem Pliniusbrief nicht mit der Vorlage des Tertullian zu tun haben, sondern dieser (zusammen mit dem Referat des Hieronymus) die (gedächtnismäßige) Vorlage und Anregung für die pseudepigraphische Abfassung des Plinius-Briefes darstellte.

Bestätigt wird diese Annahme auch noch durch die beiden folgenden Überlegungen, die bei zwei weiteren, bisher noch unerwähnt gelassenen Unterschieden zwischen dem Pliniusbrief und dem Referat des Tertullian ansetzen:

f) Über Plinius hinaus weiß Tertullian zu berichten, dass einige Christen durch den Statthalter (als Beamte) mit Amtsenthebung bestraft wurden (*quibusdam gradu pulsis*). Diese Passage ist von keinem der späteren Referenten wiedergegeben worden und fehlt auch im Pliniusbrief. Nach Bruno Bauer, der die Zusammenhanglosigkeit des Plinius-Briefes im Übrigen durch Interpolationen zu erklären versuchte, soll Tertullian diese Notiz „aus dem Eignen“ beigesteuert haben.[283] Ähnlich Merrill; er schließt aus der isoliert dastehenden Angabe des Tertullian, dass dieser den Brief des Plinius gar nicht zu Gesicht bekommen habe, sondern nur aus Sekundärquellen kannte.[284]

Über Herkunft und Bedeutung der Notiz ist viel gerätselt worden. Die oben gegebene Übersetzung ist zwar nicht die einzig mögliche, wird aber von der Mehrheit der Ausleger befürwortet.[285] Auch ist man sich weitgehend darüber einig, dass es sich bei der Bemerkung um einen *Anachronismus* handeln muss, denn: Amtsenthebungen von christlichen Beamten sind im Rahmen von Christenverfolgungen erst in späterer Zeit, d.h. zur Zeit Tertullians, bezeugt – woraus zugleich aufs Deutlichste hervorgeht, dass wir es bei der ganzen Vorstellung von den *quibusdam gradu pulsis* offenbar mit einem Fabrikat Tertullians zu tun haben, der einen Vorgang aus den Verfolgungen seiner Zeit in die Zeit des Trajan projiziert hat.[286]

Wir können darin wiederum eine Bestätigung unserer Annahme finden, dass es sich bei dem „Referat“ des Plinius-Briefes im *Apologeticum* in Wahrheit um eine spontane Erfindung des Kirchenvaters handelt, der hier, wie auch an anderen Stellen (siehe S. 100f.), darum bemüht ist, (vermeintliche) weltliche Autoritäten (die mysteriösen *Acta Pilati*, einen fiktiven Brief des Kaisers Marc Aurel, das *Institutum Neronianum* usw.) anzuführen, um auf diese Weise den neuen Glauben zu legitimieren, bzw. wie Speyer von der Tendenz solcher Fälschungen im Allgemeinen sagt, „den neuen Glauben durch wirkungsvolle geschichtlich-literarische Beweise zu stützen und zu verbreiten".[287]

g) Ein anderes vielbesprochenes Problem betrifft den Unterschied von *et deo* und *quasi deo*: Während in Tertullians Referat nach dem eindeutigen handschriftlichen Befund die Rede davon ist, dass die Christen in ihren Liedern Christus *et deo* („und Gott") verehrten – heißt es im Pliniusbrief, sie verehrten Christus *quasi deo* („wie Gott"); die auf Tertullian folgenden Referenten haben dann statt *et deo* ein *ut deo* (ebenfalls „wie Gott").

Zur Deutung des Befundes gibt es zwei Möglichkeiten:

1. das herkömmliche Modell: Unter Zugrundelegung der Echtheit und Ursprünglichkeit des Plinius-Briefes müsste man mit der Mehrheit der Kommentatoren annehmen, dass Tertullian statt des *quasi* ein *et* gelesen habe. Dieses *et* wurde dann durch Abschreibfehler – Verwechslungen von *et* und *ut* kommen in den antiken Handschriften häufig vor – in ein *ut* umgewandelt und begegnet als solches zuerst bei Hieronymus, von wo es auch zu den ihm folgenden Kirchenschriftstellern gelangte. Also:

$$\leftarrow$$

$$\text{quasi} \neq \text{et} \Rightarrow \text{ut}$$

Dieses Modell hat allerdings zwei Probleme, über die sich die Kommentatoren oft nicht recht klar sind: Während die Verschreibung von *et* zu *ut* leicht nachzuvollziehen ist, kann eine plausible Erklärung dafür, warum Tertullian *et* statt *quasi* las, nicht gegeben werden. Außerdem müsste schon eine seltsame Fügung darin gesehen werden, dass durch ein Versehen späterer Abschreiber der Fehler des Tertullian im Laufe der Textgeschichte ausgebügelt wurde und wenigstens dem Sinn nach bei ihnen wieder das gleiche stand wie bei Plinius: die Christen verehrten Jesus in ihren Liedern wie (*ut=quasi*) Gott.

Was das letzte betrifft, so war es keineswegs „befremdlich", wie Lightfoot meinte, sondern nur konsequent, wenn Variot vermutete, Hieronymus habe ebenso wie Eusebius (beide lesen *ut* statt *et*) das Original des Plinius konsultiert und lediglich das *quasi* zu *ut* verändert.[288] Jedoch scheitert Variots Vermutung daran, dass beide Kirchenväter, wie wir schon gesehen haben, ausdrücklich Tertullian als Quelle ihrer Information nennen. Die herkömmliche Betrachtungsweise nötigt uns also dazu, wie schon im oben dargestellten Fall von „furta" und „latronicia", einen wunderbaren Zufall anzunehmen und zu glauben, dass der ursprüngliche Sinn des Plinius-Briefes später durch ein Versehen wiederhergestellt wurde.

2. Gilt die Echtheit des Plinius-Briefes nicht als gesichert, kann an eine ganz andere, viel plausiblere Möglichkeit gedacht werden: Bei dem Text aus dem *Apologeticum* würde es sich dann um den ursprünglichen und ältesten Text handeln. Zuerst wäre das *et* von Abschreibern bzw. den späteren Referenten mit einem *ut* verwechselt worden, was, wie gesagt, leicht geschehen konnte. Schließlich hätte der Verfasser des Plinius-Briefes das *ut* in ein *quasi* verwandelt, was ebenfalls gut nachvollziehbar ist, da es sich bei *ut* und *quasi* um zwei gleichbedeutende Worte handelt. Also:

$$\text{et} \Rightarrow \text{ut} = \text{quasi}$$

Dieses Modell vermag die unterschiedlichen Lesarten aus ihrer Entwicklung völlig zwanglos zu erklären und setzt lediglich voraus, dass heutige Kommentatoren von einem ihrer Lieblingsgedanken, der Authentizität des Plinius-Briefes, Abschied nehmen.

Man kann das Ganze auch so ausdrücken: Die aufgezeigte Entwicklung ist aufgrund ihrer hohen Evidenz eine starkes Indiz dafür, dass der Pliniusbrief nicht am Anfang der Reihe der Textüberlieferung stand, sondern diese sozusagen als letztes Glied beschloss.

Leider gerät das Problem durch die neueren Textausgaben erst gar nicht mehr in den Blick der Textausleger. Während der frühere Herausgeber von Tertullians *Apologeticum*, Franz Oehler, den eindeutigen handschriftlichen Befund berücksichtigend, noch das *et* in den Text aufnahm, ist in den neueren Ausgaben des Apologeticum (Becker) nur noch *ut* zu lesen. Warum? Weil Exegeten, wie schon Lightfoot, sich aufgrund der späteren Überlieferung zur Annahme einer solchen Konjektur als einzig möglicher Lesart berechtigt glauben. Eine wichtige Spur zur Erhellung des Hintergrunds und der Herkunft des Pliniusbriefs wird auf diese Weise verwischt.

## Stilistische, formale und sprachliche Besonderheiten

Die frühesten Echtheitskritiker im 16. Jahrhundert nahmen vor allem an der sprachlichen Form der Korrespondenz zwischen Plinius und Trajan Anstoß. Besonders die 82-mal vorkommende Anrede Trajans als *Domine* hatte ihren Argwohn erregt, da diese als offizielle Anrede erst in späterer

Zeit gebräuchlich wurde. Außerdem hatte Plinius selber die Bezeichnung „Dominus" für Trajan in seinem Panegyricus abgelehnt und davon gesprochen, dass er ihn lieber *Vater* als Herrn nennen möchte:

> „Wir wollen (Trajan) nirgends wie einem Gott, nirgends wie einem göttlichen Wesen schmeicheln: wir sprechen nämlich nicht von einem Tyrannen, sondern einem Bürger, nicht von einem Herrn, sondern einem Vater." (*Nusquam ut deo, nusquam ut numini blandiamur: non enim de tyranno, sed de cive; non de domino, sed de parente loquimur;* paneg. *2).*

Aber auch für spätere Echtheitsbestreiter wie Held zählt die Anrede „Domine" in den Briefen des Plinius noch zu den „zuverlässigsten Fälschungsargumenten" (*inter certissima fraudis argumenta).*[289] Sherwin-White räumt ein: „Die Bezeichnung war bis zum Zeitalter der Severianer kein offizieller Herrschertitel."[290] Andererseits kennt er eine Reihe von Beispielen, die einen inoffiziellen Gebrauch der Anrede belegen, und er bezeichnet sie daher als „eine übliche Form höflichen Umgangs zwischen Untergebenen und Höhergestellten von freier Geburt, nicht nur zwischen Herrn und Sklaven."[291]

Zusammenfassend lässt sich sagen, dass der auffallend häufige Gebrauch, den Plinius in seinem Briefen von der Anrede „Domine" macht, zu Beginn des 2. Jahrhunderts wohl nicht allgemein üblich war, aber auch nicht völlig auszuschließen ist. Doch ist das Argument längst nicht das einzige.

Neben der umstrittenen Anrede war es vor allem die *stilistische Einfachheit*, auf die die Kritiker der Echtheit hinwiesen, da diese nicht recht zu dem Plinius der vorhergehenden Bücher passen wollte. Dieser Einwand lässt sich in der Sache schlecht bestreiten. In der Tat besteht zwischen den Briefen der vorangehenden neun Bände und dem 10. Band ein starkes stilistisches Gefälle, was auch von denjenigen eingeräumt wird, die von der Echtheit der Korrespondenz mit dem Kaiser im Übrigen völlig überzeugt sind.[292] Vom stilistischen Glanz und der Brillanz der früheren Briefe, ihrem Einfallsreichtum, ihrem leichten, scheinbar mühelosen Plauderton ist hier wenig zu spüren; der Ton ist hölzern und schwerfällig, besonders auffallend sind die zahlreichen Wiederholungen.[293] Die Briefe der Sammlung des zehnten Buches entsprechen kaum den Anforderungen, wie sie Plinius selber im 20. Brief des 3. Buches aufstellt:

> „Und bei Gott, wie lange noch jene Ladenhüter: 'Wie geht es Dir? Hoffentlich gut?' Auch unsere Briefe sollen nicht immer nur unwichtige und uninteressante und nicht über den Kreis unseres Privatlebens hinausgehende Dinge behandeln."

Allerdings wird von den Befürwortern der Echtheit eingewendet, dass die Briefe des 10. Bandes als amtliche Dokumente nicht an der hohen Messlatte der vorangehenden Briefe gemessen werden dürfen, zumal diese auch gar nicht von Plinius selber herausgegeben wurden und aufgrund seines frühen Todes auch nicht mehr von ihm überarbeitet und verbessert werden konnten. Man mag diesen Einwand, der in anderer Hinsicht, wie wir bereits gesehen haben, einige Probleme bereitet (wer hat die Briefe herausgegeben? durften sie als staatliche Dokumente überhaupt veröffentlicht werden?), gelten lassen. Das Rätsel, warum ein Stilist reinsten Wassers, wie es Plinius zweifellos war, ausgerechnet in seinen Briefen an den Kaiser mit seiner Begabung hinterm Berg gehalten haben soll, ist damit nicht vollständig gelöst.

Merkwürdig ist auch, dass die Briefe des Kaisers sich in stilistischer Hinsicht wenig von denen des Plinius unterscheiden. Abgesehen von der Frage, ob dieser die Briefe überhaupt selber beantwortet hat oder von einem Sekretär beantworten ließ, lassen sich bei den kaiserlichen Reskripten keine wesentlichen stilistischen Abweichungen von den übrigen Briefen bemerken; sie stammen, wie W. C. van Manen feststellte, „nach Sprache und Stil zu urteilen, von derselben Hand wie die des Plinius“.[294] Sicherlich kein Indiz dafür, dass wir es mit einem echten Briefwechsel zu tun haben!

Der Aufbau der Reskripte ist in der Regel immer der gleiche: Die Eingangssätze nehmen die Formulierungen aus der Anfrage des Statthalters noch einmal auf, die folgenden Sätze geben noch das eine oder andere zu bedenken, und zum Schluss wird die von Plinius getroffene Entscheidung im Allgemeinen grundsätzlich abgesegnet.[295]

Von einem Kaiser wäre hier sicherlich mehr Souveränität zu erwarten gewesen. Es ist unverständlich, warum der Statthalter nicht schon nach Empfang der ersten Reskripte begriff, dass von weiteren Anfragen beim Kaiser wenig zu erwarten war und er sich stattdessen einfach auf seine statthalterlichen Amtsvollmachten besann.[296]

Auch der Kopenhagener Philologe J. L. Ussing konnte an den Reskripten Trajans wenig Kaiserliches finden und setzt sie darum auf das Konto eines Fälschers aus dem 15. Jahrhundert, während er jedoch an der Echtheit der Briefe des Plinius festhielt. Aber diese Lösung ist, wie wir inzwischen gesehen haben, aus vielen Gründen unmöglich. Was speziell die mangelnde Authentizität der kaiserlichen Reskripte angeht, so bietet Ussing dafür eine Reihe nach wie vor bedenkenswerter, hervorragender Beobachtungen.

Wir erwähnten schon, dass von den Befürwortern der Echtheit der Christenbriefe auf die Ähnlichkeit des Stils mit den übrigen Briefen des 10. Buches hingewiesen wird. Es ist in der Tat richtig, dass die Sprache der beiden Briefe 96/97 sich nicht von den übrigen Briefen unterscheidet. Die von einigen Kommentatoren aufgestellte Liste der stilistischen Parallelen, gemeinsamen Lieblingsausdrücke und Wörter, die in diesem Zusammenhang aufgeführt wird, könnte noch durch weitere Beispiele verlängert werden. Doch lässt sich die Echtheit der beiden Christenbriefe auf diesem Wege kaum beweisen, weil das ganze 10. Buch im Verdacht steht, eine Fälschung zu sein – ein Gesichtspunkt, auf den Sherwin-White mit keinem Wort eingeht.

Zudem weisen die beiden Christenbriefe nicht nur im Vergleich mit den vorhergehenden neun Bänden der Briefesammlung gravierende stilistische Unterschiede auf, sie enthalten darüber hinaus einige Vokabeln und Redewendungen mit *starker kirchlicher Färbung*, die bei anderen nichtchristlichen Schriftstellern des 2. Jahrhunderts so nicht belegt sind:

(1) Besonders auffällig ist der Ausdruck *ignorantiam instruere*[297] (jmds. „Unwissenheit belehren"), der in der klassischen Latinität *nirgendwo* begegnet, von dem jedoch in der Patristik und im Mittelalter reichlich Gebrauch gemacht wird. Wir begegnen ihm erst bei *Cassiodor* (485 bis ca. 580),[298] *Gregor dem Großen* (590-604)[299] und vor allem in mittelalterlichen Texten: bei *Bernhard von Clairvaux* (1090-1153)[300] und *Heiricus Autissiodorensis* (841 bis 876/877);[301] im mittelalterlichen *Liber de Spatula* (12. Jh.);[302] bei *Petrus Lombardus* (1095-1160)[303] usw. und schließlich auch im 15. Jahrhundert bei *Thomas a Kempis*.[304]

(2) Der Aberglaube im Bild einer um sich greifenden, ansteckende Krankheit, d.h. als eine *superstitionis contagio*, bei nichtchristlichen Schriftstellern selten, taucht freilich bei Livius auf, dessen Bericht über den *Bacchanalien-Skandal* (ab urbe cond. 39,7-18) nach Meinung von R.M. Grant und ihm folgender Kommentatoren die Darstellung des Plinius beeinflusst hat.[305] Abgesehen davon begegnet dieser Ausdruck aber in erster Linie bei späteren Kirchenschriftstellern, die ihn auf den heidnischen Aberglauben beziehen.[306]

(3) Ähnlich der Ausdruck *prava superstitio*, der bei Augustin, Hieronymus und Sulpicius Severus für den heidnischen Aberglauben verwendet wird.[307]

(4) Dass das *Christo maledicere* speziell kirchlicher Redeweise entspricht und oft bei den Kirchenvätern begegnet,[308] braucht nicht eigens hervorgehoben zu werden. Auf die jüdischen Wurzeln wurde oben bereits ein-

gegangen. Ein entsprechender nichtjüdischer- und -christlicher Ausdruck in Bezug auf die Verfluchung heidnischer Gottheiten ist mir nicht bekannt.

(5) Plinius ist der Überzeugung, dass die Menschen der Provinz verbessert werden können (*turba hominum emendari*), wenn man ihnen „Raum zur Reue" (*si sit paenitentiae locus*) einräumt. Auch das hat klerikalen Klang. Tatsächlich begegnet diese Ausdrucksweise nicht nur bei den Kirchenvätern, sondern auch bei einigen nichtchristlichen Schriftstellern – allerdings *überwiegend* bei den erstgenannten.[309]

Alles in allem: Man kann man sich des Eindrucks nicht erwehren, dass über die Christenverfolgungen in Bithynien und Pontus in Wendungen gesprochen wird, wie sie später von Klerikern zur Beschreibung der Verfolgung christlicher Häretiker verwendet wurden. Offenbar glaubt der Verfasser, mit dieser Umkehrung der Verhältnisse für seine Zeitgenossen ein plausibles historisches Szenario geschaffen zu haben, mit dem er der Rolle des heidnischen Statthalters am besten gerecht wurde: Als Vertreter der römischen Staatsmacht ist Plinius Vertreter des rechten Glaubens – die Christen übernehmen als Repräsentanten eines verderblichen Aberglaubens die Rolle, die in späteren Jahrhunderten die Anhänger der heidnischen Religionen zugewiesen bekamen.

## Apologetisches

Kirchliche Denkweise kommt aber auch und gerade da zum Vorschein, wo die vermeintliche Sorge des Statthalters um die Erhaltung der alten religiösen Ordnung in heimliche Apologie des Christentums umkippt. Die im Brief dargestellte Szene erinnert ein wenig an die zur Verherrlichung des Christentums gedachten Märtyrerberichte. Auch in der *Passio* der *Scilitanischen Märtyrer* (ca. 180 n. Chr.) beteuern die herbeigeführten Christen ihre Unschuld: „Niemals haben wir Unrecht getan und auch in keiner Weise zu einer Übeltat mitgewirkt; wir haben niemals geflucht, sondern bei schlechter Behandlung gedankt" (Pass Sct Scilit 2/ep 96,7).[310] Der Prokonsul Saturninus kann ebenfalls keine Schuld an ihnen finden. Er rät, von der „Narrheit" (*dementia*, Pass Sct Scilit 1:8/vgl. *amentia* ep 96:3; vgl. weiterhin Tertullian Apol 1,13; 27,2) abzulassen und zur Vernunft zurückzukehren (*ad bonam mentem redeatis*). Weil aber die Christen hartnäckig bleiben (*obstinanter perseuerauerunt*, Pass Sct Scilit 14/*obstinatio*/*obstinatio* ep 3), verurteilt er sie schließlich doch wegen der Verweigerung des

Kaiseropfers (Pass Sct Scilit vgl. ep 96,5) und aufgrund des Namens (Pass Sct Scilit 10 – ep 96,3).

Der Stil der Märtyrerakten lässt sich bis hin zu einzelnen identischen Vokabeln auch in ep 96 beobachten – nur, dass hier die Perspektive vertauscht ist und der ganze Prozess aus der Sicht des Statthalters berichtet wird. Wie bei den Märtyrerberichten, die im Gewand scheinbar neutraler Gerichtsprotokolle daherkommen, weiß der Verfasser die Sympathien seiner Leser geschickt auf die unschuldig verfolgten Christen zu lenken und ihren Ruhm noch dadurch zu steigern, dass er ihn von einem heidnischen Statthalter bezeugen lässt.

Die Unschuld der Christen wird vor allem an deren gemeinsamem Mahl gezeigt, bei dem es sich auch nach Aussage des Statthalters um ein ganz „unschuldiges" (*innoxium*) handeln soll, sowie an dem auf „hanc fuisse summam" folgenden Katalog ihrer Guttaten (7), auf die sie sich verpflichten. Dazu Bruno Bauer treffend: „Weiter Nichts, das war Alles (hanc fuisse summam) – das klingt wie das triumphirende Zeugniss eines Solchen, der sich stolz und mit einem lächelnden Seitenblick auf die Anklage seines Glaubens rühmt; – weiter Nichts, das war doch Nichts Schlimmes, im Gegentheil."[311]

Einen entsprechenden, ganz ähnlichen Gedankenaufbau finden wir auch bei Tertullian in seiner apologetischen Schrift Ad Scapulam, 4:

> *„Keine andere* Affäre hat der Christ auszuhalten, als nur die, dass er seiner Genossenschaft angehört (*Quod aliud negotium* patitur Christianus, nisi suae sectae), obwohl sie nach so langer Zeit noch von niemand weder der Blutschande noch grausamer Handlungen überführt worden ist. Es ist unsere Schuldlosigkeit, unsere große Rechtschaffenheit, unsere Gerechtigkeit, Keuschheit, Treue, Wahrheitsliebe, es ist der lebendige Gott, um dessentwillen wir verbrannt werden ..." (BKV)

Vgl. auch Tertullian Apol 39,20:

> „Das ist die Zusammenkunft der Christen (Haec coitio Christianorum); allerdings mit Recht unerlaubt, wofern sie unerlaubten Zusammenkünften gleich ist, mit Recht zu verdammen, wenn jemand darüber auf den Titel hin zu klagen hat, auf den hin man über die Parteiverbindungen klagt. Zu wessen Verderben sind wir denn irgendeinmal zusammengekommen? Versammelt sind wir genau das, was wir zerstreut, alle miteinander das, was die einzelnen sind, niemanden beschädigend, niemanden betrübend (Neminem laedentes, neminem contristantes). Wenn rechtschaffene und gute Leute zusammenkommen, wenn fromme und keusche Menschen sich vereinigen, so verdient das nicht den Namen einer Parteiverbindung, sondern eines Senates." (BKV)

Bei Tertullian finden wir z.T. wortwörtlich eine ganz ähnliche Auflistung von einzuhaltenden Geboten wie bei Plinius:

> „Außerdem leugnen wir keinem das uns Anvertraute ab (*praeter haec depositum non abnegamus* – vgl. Plinius: *ne depositum appellati abnegarent*), greifen in niemandes eheliche Rechte ein (*matrimonium nullius adulteramus* – vgl. Plinius: *ne adulteria committerent*), handeln milde gegen die Waisen, erquicken die Dürftigen und vergelten keinem Böses mit Bösem (*pupillos pie tractamus, indigentibus refrigeramus, nulli malum pro malo reddimus*)"; ad Scapulam 4.

Alles in allem ist die christlich-apologetische Tendenz der Passage überdeutlich; der Verfasser hat die christlichen Märtyrerberichte und seinen Tertullian offenbar gut gekannt – und benutzt.

## Abfassungszeit und Verfasserfrage

In den vorangehenden Abschnitten konnte gezeigt werden, dass Tertullians *Apologeticum* keineswegs ein Referat der beiden Plinius-Briefe bietet, wie Theologen und Historiker bis heute glauben, sondern deren (schriftlich vorhandene oder gedächtnismäßige) *Vorlage* darstellt. Die Behauptung van Voorsts und anderer, wir hätten es hierbei mit einem zuverlässigen und gut bezeugten Text zu tun, dessen Authentizität nicht ernsthaft angezweifelt werden könne, hat sich als irrig bzw. als apologetisches Wunschdenken erwiesen. Tatsächlich handelt es sich bei den sogenannten „Christenbriefen" um christliche Fälschungen, die nicht nur das *Apologeticum* des Tertullian, sondern auch die darauf sich beziehenden Referate der Kirchenväter voraussetzen (siehe vor allem die Abschnitte über *furta* und *latrocinia* und *quasi deo*).

Doch verhält es sich keineswegs so, dass wir es bei ep 96/97 nur mit späteren christlichen Interpolationen zu tun hätten. Die beiden „Christenbriefe" gehören offenbar einer Briefsammlung an, die *als Ganzes* dem Verdacht der Fälschung unterliegt. Abgesehen von den internen Argumenten, die in diesem Zusammenhang nur angedeutet werden konnten, wurde das 10. Buch der Plinius-Briefe jahrhundertelang nicht zu den übrigen neun Büchern gezählt und noch nicht einmal in ihrem Zusammenhang erwähnt. Das 10. Buch wird erstmals in dem Inhaltsverzeichnis des aus dem 10. Jahrhundert stammenden und heute in Florenz aufbewahrten *Beluacensis* (Laurentianus Ashburnham R 98) aufgeführt – ohne jedoch in dem Codex selber enthalten zu sein! Es bleibt eine offene Frage, ob es überhaupt dazu gehörte. Für Th. Stangl verdankte sich das in dem Index nur einmal vorkommende LIBRI NVMERO DECEM, das in den übrigen vier Aufschriften fehlt, der „Schrulle eines Grammatikers“, der, „im besitz einer vollständigen handschrift der Plinius-Briefe, die hauptaufschrift mit einer solchen selbsteigenen zuthat zieren zu müssen glaubte“.[312]

Somit aber wäre das 10. Buch der Plinius-Trajan-Korrespondenz erstmals durch Fra Giocondos Entdeckung des *Parisinus* um die Wende vom 14. zum 15. Jahrhundert an das Licht der Öffentlichkeit gelangt.

Da es sich, wie die internen Argumente zeigen, bei der Plinius-Trajan-Korrespondenz als Ganzes um eine Fälschung handelt, kann die Frage nur lauten, ob Fra Giocondo den gefälschten Briefwechsel bereits vorgefunden hat, ob er einen gefälschten Briefwechsel um weitere Falsifikate ergänzte oder ob der Briefwechsel überhaupt auf sein Konto geht. Die Richtigkeit der Datierung des *Beluacensis* und die Authentizität des ominösen Indexeintrags vorausgesetzt, müsste die Entscheidung zugunsten der ersten oder zweiten Möglichkeit fallen. Das rasche „Verschwinden“ des Codex fände in den beiden letzten Fällen eine plausible Erklärung.

Dass der Mönch, Theologe, Antiquar und Architekt Jucundus Veronensis von seinen geistigen Voraussetzungen her der ideale Verfasser des Briefwechsels Plinius-Trajan gewesen sein könnte, wird man nicht bestreiten können. Wir wiesen bereits oben darauf hin, dass Fra Giocondos Ruhm bei seinen Zeitgenossen insbesondere auf seinen Leistungen als *Wasserbauingenieur* basierte und dass er beim Ausbau des Hafens von Venedig die Versandung der Brenta durch Sedimente verhinderte. Auch dass er insgesamt vier Abhandlungen zur Frage der Wasserwege in Venedig verfasste.

Ist es Zufall oder zeugt es von einer geheimen „Seelenverwandtschaft“ mit dem Verfasser der Plinius-Trajan-Korrespondenz, wenn dieser ebenfalls ein besonderes Interesse an dem Thema bekundet? Er kommt mehrmals auf ein solches Projekt, und zwar in ep 10,41-42 und 61-62 zu sprechen:

> „Ich finde in der Umgebung einen von einem König angelegten Kanal, doch ist ungewiß, ob zur Aufnahme des Wassers aus den umliegenden Äckern bestimmt oder um den See mit einem Fluß zu verbinden; er ist nämlich unvollendet. Auch dies ist zweifelhaft, ob die Arbeit wegen des Königs Tod unterbrochen wurde oder ob man am Erfolg des Baues zweifelte. Aber gerade deshalb – Du wirst nämlich erlauben, dass ich ehrgeizig bin für Deinen Ruhm – reizt und lockt es mich, von Dir vollendet zu wünschen, was Könige nur begonnen hatten.“

Möglicherweise ließe sich unser Verdacht anhand weiterer Beobachtungen und anhand eines stilistischen Vergleichs mit dem vorhandenen literarischen Nachlass des Mönchs-Architekten erhärten. Aber das würde den Rahmen dieses Buches sprengen. Darin sollte es nur um die Frage gehen, ob Plinius als zuverlässiger Zeuge der Existenz eines historischen Jesus und von christlichen Gemeinden, die um 111 in der Provinz Pontius/Bithynien verbreitet waren, gelten kann. Sie kann nun mit einem klaren Nein beantwortet werden.

Wir beschließen damit den Abschnitt und wenden uns dem nächsten „Christuszeugen" zu, dem schon des öfteren erwähnten römischen Historiker Sueton.

# 4. Sueton: Christus in Rom?

## Sueton und seine Biographien römischer Kaiser

C. Suetonius Tranquillus Sueton (ca. 70 - ca. 130/140 n. Chr.) war Kanzleichef Hadrians und ist der wohl bekannteste römische Kaiserbiograph. Als Geburtsort nimmt man aufgrund einer 1951 entdeckten Inschrift Hippo Rhegius in Nordafrika an.

Die vorhandenen biographische Angaben über den römischen Historiker stammen zumeist von eben jenem *Plinius*, von dem im vergangenen Kapitel die Rede war. Im Brief 1,18 antwortet Plinius auf die Bitte des Sueton, einen Prozessaufschub zu erwirken, da dieser, durch einen Traum erschreckt, einen ungünstigen Ausgang befürchtet. In einem anderen Brief (1,24 ) lesen wir, dass Sueton offenbar ein kleines Landgut zu erwerben beabsichtigt und ihm Plinius bei der Vermittlung eines moderaten Kaufpreises behilflich ist. Etwas gönnerhaft spricht der römische Aristokrat davon, dass solchen „scholastici", d.h. *Stubengelehrten*, wie Sueton ohnehin nur so viel Grund und Boden genügt, „um dort ihren Kopf auszulüften, ihre Augen erfrischen zu können, eigenen Besitz zu umwandeln, immer auf dem gleichen Weg spazieren gehen zu können, jedes Rebstöckchen zu kennen und ihre Olivenbäume zu zählen". Obwohl Plinius es gerne gesehen hätte, wenn Sueton einen militärischen Rang übernommen hätte, verzichtete dieser: „Dem stillen Sammler mochte wenig an militärischen Ehren gelegen sein."[313]

Auch im 10. Buch ist noch einmal vom „rechtschaffenen, achtbaren und gelehrten Mann" die Rede: In Brief 94 bittet Plinius den Kaiser darum, seinen Freund das sogenannte *Dreikinderrecht* zu verleihen, um ihn in den Genuss wirtschaftlicher Vorteile zu bringen, die ihm aufgrund seiner Kinderlosigkeit eigentlich nicht zustanden. Ob wir diese Mitteilung zu den authentischen biographischen Angaben zählen dürfen, hängt von der Beurteilung des 10. Buches der Briefesammlung ab. Wie wir oben gesehen haben, spricht vieles gegen dessen Echtheit; andererseits spricht vieles dafür, dass der Fälscher, um seinem Werk den Anschein der Echtheit zu geben, einfach an eine Person aus den ersten 9 Büchern anknüpfte. [314]

Riesner vermutet, dass Sueton zum Gefolge des Plinius in Bithynien gehört haben könnte, wo die beiden mit der Christenfrage konfrontiert worden sein sollen. [315] Die Vermutung ist jedoch ohne jeden Anhalt in den Quellen, zumal auch Suetons literarisches Werk dergleichen nirgendwo erkennen lässt.

Der Sammelleidenschaft verdankt Sueton seinen literarischen Ruhm. Von seinen Schriften sind allerdings nur zwei Werke erhalten: eine Schrift mit dem Titel „De viris illustribus" (*Berühmte Männer*), eine Sammelbiographie mit Kurzviten antiker Literaten sowie „De Vita Caesarum" (*Über das Leben der Caesaren*), ein um 120 n. Chr. erschienenes Werk über die zwölf Herrscher Roms, von Iulius Caesar bis Domitian.

Das „Caesarenleben" ist mit seinen vielen unbezahlbaren historischen Details bis heute eine unentbehrliche Wissensquelle über die gesellschaftlichen und politischen Zustände der römischen Kaiserzeit. Nicht nur von Fachleuten, sondern auch von Laien gern gelesen, hat es das Bild der römischen Kaiserzeit und der römischen „Dekadenz" in der Öffentlichkeit stark bestimmt. Der fleißige Notizensammler sammelte, was ihm an Nachrichten über die römischen Caesaren, aber auch an sonstigem Klatsch und Tratsch in die Finger kam. Besonders die unpolitischen Einzelheiten aus dem Privat- und Intimbereich der römischen Kaiser hatten es ihm angetan – ein Umstand, dem es vermutlich zu verdanken ist, dass Auszüge aus seinem Werk selbst in einer Anthologie der „Erotischen Literatur von Lysistrata bis Lady Chatterley" nicht fehlen.[316]

## Chrestus und das Judenedikt des Claudius

Unser erstes „Jesuszeugnis" bei Sueton steht im Zusammenhang mit der Aufzählung verschiedener Maßnahmen in der Regierungszeit des Claudius (41-54 n. Chr. ). Der Leser wird hier mit einem Wust von Notizen aus dem Zettelkasten des römischen Historikers überschüttet, bei dem verschiedene Informationen und Ereignisse bunt durcheinanderwirbeln. Auf das Verbot für Ausländer, römische Geschlechtsnamen zu führen, folgt die Mitteilung, dass alle Nichtrömer, die sich das römische Bürgerrecht anmaßten, auf dem

Esquilinischen Felde mit dem Beil enthauptet wurden. Achaja und Mazedonien, die bis dahin durch Tiberius der kaiserlichen Verwaltung unterstellt waren, wurden dem römischen Senat zurückgegeben, den Lyziern wurde die Freiheit gegeben, den Rhodiern genommen, den Einwohnern von Ilium die Abgaben erlassen, wobei ein alter griechisch geschriebener Brief zur Begründung verlesen wurde – und dann (25,4):

> Die Juden vertrieb er [Claudius] aus Rom, weil sie, von Chrestos aufgehetzt, fortwährend Unruhe stifteten (*Iudaeos impulsore Chresto assidue tumultuantis Roma expulit*).

Danach geht es weiter mit germanischen Gesandten, denen wegen ihres hohen Selbstgefühls das Sitzen in der Orchestra erlaubt wurde und der vollständigen Abschaffung des Druidenkultes sowie dem Versuch des Kaisers, den Kult von Eleusis nach Rom zu verpflanzen.

Mit ein wenig gutem Willen lassen sich die beiden zuletzt genannten Anordnungen des Kaisers mit der Vertreibung der Juden aus Rom als religionspolitische Maßnahme in Verbindung bringen – aber auch dabei ist Vorsicht geboten, denn ob die Vertreibung der Juden aus religionspolitischen Gründen erfolgte, ist umstritten.

In *einem* Punkt müssen wir van Voorst diesmal ausnahmsweise recht geben: darin, dass es sich bei dem kurzen Abschnitt *nicht* um eine christliche Interpolation handelt. In der Tat. Ein christlicher Interpolator würde anders vorgegangen sein. Abgesehen davon, dass er seinen Christus vermutlich auch als solchen bezeichnet hätte,[317] hätte er ihn nicht in die Regierungszeit des Kaisers Claudius platziert und vermutlich auch nicht einen „Unruhestifter“ genannt.[318]

Die von Sueton berichtete Maßnahme bezieht sich auf die Vertreibung der Juden aus Rom durch Kaiser Claudius im Jahre 49 n. Chr.[319] Bereits unter Tiberius war es zu Spannungen zwischen Juden und der einheimischen römischen Stadtbevölkerung gekommen, die mit der Ausweisung eines Teils der Juden im Jahre 19 n. ihr vorläufiges Ende fanden.[320] Das *assidue* = „fortwährend“ muss wohl vor dem Hintergrund eines lange schwelenden Konflikts erklärt werden. Da sich aufgrund des fehlenden Artikels vor *Iudaeos* der von der Vertreibung betroffene Personenkreis nicht genau bestimmen lässt, ist umstritten, ob von Claudius *alle Juden* oder nur ein Teil ausgewiesen wurden. Aufgrund der numerischen Stärke der stadtrömischen Judenschaft, die überdies häufig das Bürgerrecht besaß, wird eine Ausweisung *aller* Juden von einigen Exegeten als unmöglich angesehen. Darum sei nach ihrer Meinung das *tumultuantis* als Einschränkung des betroffenen Personenkreises aufzufassen und folgendermaßen zu übersetzen: [321]

*Die* Juden, die – angestiftet von Chrestus – ständig Tumulte verursachten, vertrieb er aus Rom.

Die Vertreibung eines Teils der Juden steht im Widerspruch zu Apg 18:2, wo ausdrücklich von der Ausweisung *aller* Juden gesprochen wird.[322]

Die Stelle aus der Apostelgeschichte, auf die wir S. 128 zurückkommen werden, gilt als weiterer Beleg für das claudische Judenedikt. Während Tacitus darüber ganz schweigt, finden wir bei Cassius Dio[323] einen Bericht, der sich nicht nur hinsichtlich des Datums (41 n. Chr. ) wesentlich von dem des Sueton unterscheidet. Da Cassius Dio nur allgemein von Unterdrückungsmaßnahmen spricht und eine Vertreibung der stadtrömischen Judenschaft ausdrücklich ausschließt, ist es zweifelhaft, ob beide Historiker dasselbe Ereignis meinen.

„Die Juden, deren Zahl sich wieder so vermehrt hatte, dass es auf Grund ihrer Menge schwierig geworden wäre, sie ohne Tumulte aus der Stadt [Rom] auszuweisen, vertrieb er zwar nicht, aber er befahl ihnen, bei ihrer überkommenen Lebensweise zu bleiben und keine Versammlungen mehr abzuhalten."[324]

Außerdem wird auf die von Sueton mitgeteilten Ereignisse noch beim christlichen Historiker Paulus Orosius aus dem 5. Jahrhundert Bezug genommen. Orosius ist auch derjenige, der das Ereignis auf 49. n. Chr. datiert. Die zeitlich unbestimmte Nachricht des Sueton, der das Ereignis allgemein in die Regierungszeit des Claudius verlegt, wurde auf dessen Grundlage chronologisch fixiert:

„Josephus berichtet, dass durch Kaiser Claudius in dessen 9. Regierungsjahr die Juden aus der Stadt verwiesen wurden. Größeren Eindruck macht aber auf mich Sueton, der darüber in folgender Weise berichtet: *Claudius vertrieb die Juden, die angestiftet von Christus einen ständigen Unruheherd bildeten, aus Rom.* Eine Entscheidung darüber ist jedoch nicht möglich, ob er befahl, die Juden deshalb in die Schranken zu weisen und zu unterdrücken, weil sie gegen Christus mit Tumulten vorgingen, oder ob er beabsichtigte, auch zugleich die Christen als Menschen mit einer [dem Judentum] verwandten Religion zu vertreiben."[325]

Befremdlich an diesem Abschnitt ist, dass die von Orosius erwähnte Passage aus einem Josephus-Text in den heutigen Ausgaben nicht (mehr) enthalten ist. Wir haben ein ähnliches Phänomen bereits im Zusammenhang mit einigen Zitaten des Origenes aus Josephus beobachtet, die ebenfalls in den heutigen Ausgaben des Josephus fehlen (siehe S. 23). Wir haben das als Indiz dafür genommen, dass an den Werken dieses Historikers offenbar früh (von christlicher Seite) herummanipuliert wurde, und wir tun das auch hier. Was der Schere des Redaktors zum Opfer fiel, wissen wir nicht, wenngleich sich natürlich nicht ganz ausschließen lässt, dass Orosius sich einfach geirrt hat.[326]

Man könnte sagen: Orosius ist der erste, der eine *christliche Interpretation* der Sueton-Stelle vertritt. Die entscheidende Frage, die Historiker und Theologen bis heute beschäftigt: *Wer ist „Chrestus"?* stellt sich der christliche Historiker nicht. Er setzt als selbstverständlich voraus, dass wir es dabei mit Jesus Christus zu tun haben.

Aber ist dies richtig?

## Die Interpretatio christiana: Chrestus als Jesus Christus

Offenbar nicht, denn Sueton sagt deutlich genug, dass es sich bei dem Urheber des Tumultes in Rom, der den Kaiser zu seinem Vertreibungsedikt veranlasste, um einen *römischen Agitator aus der Regierungszeit des Claudius* handelte. Da die Überlieferung nichts davon weiß, dass Jesus zur Regierungszeit des Kaisers Claudius (41-54 n. Chr. ) in der römischen Hauptstadt als revolutionärer jüdischer Agitator aufgetreten ist,[327] müssen die Vertreter der *Interpretatio christiana* also ein *Missverständnis* des Sueton vorauszusetzen. Howard Clark Kee nimmt an, „dass in diese Gemeinde ein Prediger kam, der den Juden von Christos kündete, d.h.: Jesus zum Messias erklärte."[328] Auch Theißen/Merz glauben, dass „es unter den römischen Juden wegen der christlichen Missionspredigt über den Messias (=Christus) zu Unruhen gekommen" sei, „woraufhin Claudius die Wortführer ausweisen ließ."[329] Ähnlich Bruce, der vermutete, dass „die angesprochene Situation ... offensichtlich Folge der kurz vorher geschehenen Einführung des Christentums in die jüdische Gemeinschaft Roms mit den Streitigkeiten und Auseinandersetzungen, die sie auslöste", war.[330] Für Lampe gar tritt „mit den Ereignissen um das 'Claudiusedikt' ... das stadtrömische Christentum zum ersten Mal an das Licht der Geschichte."[331]

Um die Stelle überhaupt auf Jesus beziehen zu können, ist die Annahme eines doppelten Missverständnisses notwendig: Man muss

(1) annehmen, dass eine Verschreibung von Christus in Chrestus vorliegt[332] – was in der Tat möglich ist, und zwar aufgrund von *Itazismus* (*Eta*, langes e, wird wie *Ita* gesprochen).

Und man muss weiterhin unterstellen, dass Sueton

(2) den unter Tiberius gekreuzigten Messias Jesus fälschlicherweise für den Rädelsführer der Unruhen im Rom der claudischen Zeit gehalten habe bzw. mit ihm in Wahrheit die christliche Predigt gemeint gewesen sei.

Um zu beweisen, dass Suetons Aussagen auf einem doppelten Missverständnis beruhen und sich die Ausweisung in Wahrheit auf jüdische *Christen* bezogen habe, führen die Vertreter *der Interpretatio Christiana* Apg 18:1f als Beleg an,[333] wo von einem Ehepaar namens Aquila und Priscilla die Rede ist; diese waren nach Auskunft der Apostelgeschichte bei der Ankunft des Paulus in Korinth erst vor kurzem

> aus Italien gekommen, weil Kaiser Claudius *allen Juden* (*pantas tous Ioudaious*) geboten hatte, Rom zu verlassen.

Wenn man voraussetzt, dass Aquila und Priscilla bereits *vor* der Vertreibung Christen waren, ließe sich der Abschnitt in der Tat auf eine Ausweisung von stadtrömischen Christen beziehen, die von Sueton mangels besseren Wissens als „Juden" bezeichnet wurden. Da jedoch Aquila Apg 18:2 ausdrücklich als „Jude" vorgestellt wird, ist das kaum möglich. Damit wird die ganze These, mit Chrestos sei in Wahrheit die „durch Christus unter Juden und Judengenossen hervorgerufene Bewegung"[334] gemeint, hinfällig.[335]

Ein Missverständnis des Sueton anzunehmen, wäre wohl überhaupt nur dann zulässig, wenn die Existenz von Christen in Rom aufgrund anderer Quellen definitiv feststünde. Dies aber ist, wie wir gesehen haben, keineswegs der Fall, da sowohl Tacitus wie auch Plinius als Quellengrundlage ausscheiden (zur zweiten Suetonstelle siehe S. 137). Koestermann spricht zu Recht von einer „gewaltsamen Konstruktion".[336]

Wie man sich auch immer zum „Zeugnis" des Sueton stellen mag, die historische Existenz eines Jesus von Nazaret kann dadurch so wenig wie die Existenz einer frühchristlichen Gemeinde in Rom belegt werden. Die Aussage des Sueton, Chrestus sei ein Agitator aus der Regierungszeit des Claudius gewesen, ergibt auch ohne Zugrundelegung einer Kette von Missverständnissen einen guten Sinn.

## Chrestus als Chrestus

In seinem Römerbriefkommentar aus dem Jahre 1859 stellte der Exeget und Historiker Meyer kurz und bündig fest: „Der *Chrestus* des Sueton ist ein Jüdischer Aufwiegler in Rom, der wirklich so hieß. Jede andere Deutung ist aus der Luft gegriffen."[337]

Tatsächlich empfiehlt sich bis heute als einfachste und nächstliegende Lösung des Problems die Annahme, dass Sueton den Sachverhalt *vollkommen korrekt wiedergibt* und die Unruhen in der Regierungszeit des Claudius unter der römischen Judenschaft durch einen Insurgenten mit dem *Namen Chrestos/Chrestus* ausgelöst wurden.[338] *Chrestus* war ein häufiger Name, der vor allem bei römischen Sklaven begegnete.[339] Es ist also sehr gut denkbar, dass es sich bei dem Aufrührer um einen Sklaven gehandelt hat, dem es gelang, die Juden Roms zum Aufruhr anzustacheln. Über den Charakter des Aufstandes erfahren wir bei Sueton leider nichts. Die Gründe dafür könnten angesichts der sozialen, ökonomischen und religiösen Probleme innerhalb der stadtrömischen Judenschaft vielfältig gewesen sein. Angesichts des Schweigens des Sueton lassen sich darüber nur Mutmaßungen anstellen. Dass das Judentum in jeder Hinsicht ein „Ferment der Unruhe" war, steht fest und lässt sich belegen.[340] Für Stephen Benko war Chrestus ein jüdischer Radikaler und Anführer einer zelotenähnlichen Gruppe, die mit Gewalt das Reich Gottes herbeiführen wollte.[341] Dagegen nimmt Louis Feldman an, dass jüdisch-missionarische Aktivitäten unter Nichtjuden die Ursache für die von Chrestus ausgelösten Unruhen gewesen seien.[342]

Gegen die Annahme, „Chrestus" sei ein Agitator mit eben diesem Namen gewesen, ist von Heike Omerzu eingewendet worden, dass „der unbekannte jüdische Aufrührer dieses Namens [sc. Chrestus]" „an keiner anderen Stelle erwähnt wird, obwohl z.B. Josephus durchaus ein Interesse an einem solchen Hinweis gehabt hätte".[343] Im Anschluss an Bruce bemerkt Riesner außerdem, dass Sueton „Chresto impulsore *quodam/aliquo*" („von einem *gewissen* Chrestus aufgehetzt") geschrieben hätte, wenn es sich dabei um eine zu dessen Zeit unbekannte Person gehandelt hätte.[344]

Omerzus Einwand würde in der Konsequenz dazu führen, dass alle Personen, die in den Geschichtsbüchern der antiken Historiker nur ein einziges Mal begegnen, aus der Geschichte gestrichen werden müssten. Das kann ihr Ernst nicht sein. Im Übrigen ist es nicht auszuschließen, dass nicht nur der Tumult, sondern auch dessen Anstifter in der (verlorengegangenen) Josephus-Ausgabe des Orosius Erwähnung gefunden haben (siehe S. 126).

Riesner scheint gar nicht zu bemerken, dass sein Argument auch gegen seine eigene Lösung, d.h. die christliche Interpretation der Stelle, geltend gemacht werden kann. Denn wenn Jesus Christus für den römischen Historiker bereits ein Begriff war, d.h. so bekannt war, dass er auf ein *aliquo/quodam* verzichten zu können glaubte, ist nicht nachzuvollziehen, warum er über diese angeblich bekannte Person, d.h. den Mann aus Nazaret, ausschließlich falsche Angaben macht und noch nicht einmal seinen richtigen Namen kennt.

Wir dürfen also, in sorgfältiger Abwägung der Stärken und Schwächen sowohl der einen wie der anderen Position, annehmen, dass Chrestus kein anderer als Chrestus war und dass der ansonsten unbekannte Aufrührer wenigstens für die stadtrömischen Christen der Zeit des Sueton noch in unliebsamer Erinnerung gewesen ist.[345] Mit einem Argument *ex silentio* hat das nichts zu tun, es ist eine Folgerung, die sich notwendig aus dem Wortlaut des Sueton-Textes ergibt – zumindest für all jene, die es nicht besser zu wissen glauben als der Autor selber.[346]

Ein letzter, häufig erhobener Einwand gegen diese Position lautet, der Name Chrestus komme zwar in den lateinischen Inschriftensammlungen sehr häufig vor, aber – von einer Ausnahme in der weiblichen Form abgesehen – nie bei Juden.[347] Auch Lampe ruft aus: „'Chrestus' ist als Judenname nicht belegt! Das Femininum 'Chreste' begegnet lediglich CIJ 694."[348]

Dies ist nun allerdings in der Tat ein typisches *Argumentum ex silentio*.[349] Nicht nur richtiger, sondern auch aufrichtiger wäre es, wenn diejenigen, die es vertreten, auch noch hinzufügen würden: Nach modernen Schätzungen zählte die stadtrömische Judenschaft im 1. Jh. n. Chr. zwischen 15.000 bis 40.000 Personen.[350] Unter den bisher bekannten mehreren *hundert* inschriftlich bezeugten Personennamen, kam der Name nur in seiner weiblichen Variante *Chreste* vor. Die Namen der übrigen sind uns nicht bekannt. Möglicherweise lernen wir weitere durch zukünftige Quellenfunde oder Ausgrabungen kennen – und möglicherweise ist dann auch der Name Chrestus darunter. Im Übrigen gibt es in vielen Fällen keine methodische Möglichkeit auszuschließen, dass es unter den im Verzeichnis lateinischer Inschriften (CIL) aufgelisteten Trägern des Namens *Chrestus* hier und da auch Juden bzw. Proselyten gegeben haben könnte.[351]

## Chrestus als namentlich unbekannter Messias (Simon Magus?)

Auf andere Weise kann die Stelle bei Sueton erklärt werden, wenn man annimmt, dass die Unruhen in Rom von einer *jüdisch-messianischen* Gruppe ausgingen, die ihren eigenen Messiasprätendenten, ihren eigenen *Christus*, hatte.[352] Dazu wäre man allerdings genötigt, das Missverständnis (1) vorauszusetzen und anzunehmen, Sueton habe den Messiastitel *Christus* mit dem Namen Chrestos verwechselt. Verglichen mit der Annahme eines doppelten Missverständnisses wäre dies immer noch die plausiblere Variante. Wir hätten es in diesem Fall mit einem nicht weiter bekannten Messiasprätendenten zu tun, dessen Messiastitel *Christus* von Sueton durch Hör- oder Lesefehler mit dem verbreiteten Namen *Chrestus* identifiziert wurde.

Gegen diese Auffassung hat sich sehr engagiert die ehemalige akademische Oberrätin für Alte Geschichte an der Universität Göttingen, Helga Botermann, gewandt. In ihrem Buch „Das Judenedikt des Kaisers Claudius" kritisiert sie die These vom „unbekannten Messianisten" und unternimmt gleichzeitig einen großangelegten Rettungsversuch, der seit Jahren schwächelnden und immer stärker unter Beschuss geratenen *Interpretatio christiana* zu neuem Ansehen zu verhelfen. Dass diese dem apologetischen Wunsch entspringen könnte, außerbiblische Zeugnisse für den historischen Jesus zu beschaffen, weist die Oberrätin (ein wenig zu laut) von sich.[353]

Ihr Haupteinwand gegen die Messiastheorie ist die These, dass es in der Regierungszeit des Claudius außer Jesus Christus überhaupt keinen weiteren Messias bzw. Messiasprätendenten gegeben habe, auf den das Chrestus = Christus bezogen werden könne: „Es kann kein Zufall sein, dass wir keinen jüdischen Aufrührer Chrestus, der *assidue* die Hauptstadt in Atem gehalten habe, und dass wir auch keinen Juden, der den Messiastitel beansprucht hat, kennen. Christus ist der einzige berühmte Chrestus des 1. und 2. Jh. n. Chr."[354] Die bündige Schlussfolgerung: „Da sich kein Kandidat für den unbekannten jüdischen Messiasprätendenten Chrestus gefunden hat, sollten wir den Chrestus nehmen, den wir kennen", d.h. Jesus.[355] Und: „Das Claudiusedikt ist das früheste Echo der christlichen Mission."[356]

Botermann glaubt, dass die Formulierung *impulsore Chresto* auf einen Irrtum der römischen Polizei zurückging, die den Benannten aufgrund des judenchristlichen Bekenntnisses, „dass Christus lebt", missverstanden und diesen „in persona" für den Anstifter der Unruhen gehalten habe.[357] Die Diskrepanz zu den später erwähnten *Christiani* erklärt sie damit, dass diese zwar von Sueton erkannt, aber nicht mehr korrigiert worden sei. Die Nachricht stamme vermutlich aus der historiographischen Literatur, die von Sueton exzerpiert und nach seinen bekannten Rubriken geordnet worden sei.

Botermanns Kritik hat ebenso wie ihre eigene „mehrschichtige Hypothese"[358] verständlicherweise vor allem – aber nicht nur – im evangelikalen Lager ihre Wirkung nicht verfehlt und viel Beifall gefunden.[359] Heike Omerzu „erscheint" aufgrund der von Helga Botermann vorgebrachten Argumente „zum gegenwärtigen Kenntnisstand die *Interpretatio Christiana*, also die Deutung von Chrestus auf Jesus Christus, als die wahrscheinlichste".[360] Damit bewegt sie sich schon fast in der Nähe von Momigliano, der –allerdings ohne Unterstützung der Göttinger Oberrätin – noch selbstsicherer behauptete: „Diejenigen, die bestreiten, dass der 'Chrestus' des Sueton Christus ist, müssen die Beweislast dafür tragen: die Identifizierung ist zweifellos viel vernünftiger und darum viel wahrscheinlicher als jede andere Lösung; tatsächlich konnte bisher kein ernsthaftes Argment dagegen vorgebracht werden."[361]

Da sich viele Vertreter der von Botermann kritisierten Theorie oft kaum die Mühe machen, die historische Möglichkeit eines weiteren Messias in der stadtrömischen jüdischen Gemeinde zur Regierungszeit des Claudius zu konkretisieren, ist Botermanns Kritik nicht ganz unberechtigt. Ihre Behauptung, Jesus Christus sei der „einzige berühmte Chrestus des 1. und 2. Jh. n. Chr.", ist allerdings nicht ganz neu. Schon für Keim war „ein anderer 'Chrestus'" als Jesus Christus „in Rom völlig unbekannt".[362] Die Behauptung ist nach mehr als einem Jahrhundert nicht richtiger geworden. Abgesehen davon, dass diese Wertung auf einer anachronistischen Perspektive beruht, weil wir gar nicht wissen, ob es im 1. und 2. Jh. n. Chr. nicht Messiasprätendenten gab, die „berühmter" waren als Jesus – ein Bar Kochba/Koseba war es in jedem Fall –, hat es im Vorfeld des Jüdischen Krieges offenbar eine Reihe von Männern gegeben, die Anspruch auf diesen Titel erhoben. Auch der Verfasser der von den Synoptikern überlieferten *Kleinen Apokalypse* rechnet bekanntlich mit dem Auftreten zukünftiger messianischer Gestalten. Während der Sachverhalt bei Mk 13:6 nur verschämt angedeutet wird (egō eimi, „Ich bin's"), heißt es Mt 24:5:

> Denn es werden viele kommen unter meinem Namen und sagen: *Ich bin der Christus,* und sie werden viele verführen.[363]

Unter den Messiasprätendenten der jüdischen Freiheitsbewegung waren, wie Botermann auch weiß, z.B. Hiskia, Judas der Galiläer, der Sikarier Menahem und Simon ben Giora;[364] auch die von Josephus erwähnten „falschen Propheten" (Ant 18,85ff; 20,97ff, 169ff; Bell 2,259.261) wären hier zu erwähnen. Mit Ausnahme des „Samaritaners" treten alle, d.h. Theudas, der „Ägypter" und die anderen anonymen Propheten, *in der Regierungszeit des Claudius* auf.[365] „Diese Messiasprätendenten", so Vielhauer, „sind Exponenten der Naherwartung der nationalen Eschatologie."[366]

Unsere Unkenntnis über den Charakter der unterschiedlichen messianischen Konzeptionen im Einzelnen sei zugestanden; allerdings berechtigt der Hinweis auf die „Vielfalt divergierender 'messianischer' Konzepte und Figuren"[367] nicht dazu, das Kind mit dem Bade auszuschütten und grundsätzlich zu bestreiten, dass die jüdischen Gemeinden der claudischen Regierungszeit von einer aufgeheizten eschatologischen Erwartungshaltung bestimmt wurden und dass es – analog zu den palästinensischen Juden – auch in Rom Anwärter für den Christustitel gegeben haben wird.

Die Existenz *eines* Messiasprätendenten lässt sich dort definitiv belegen. Es handelt sich um den Samaritaner *Simon Magus*. Dieser war zuerst von Robert Eisler hinter der Notiz Suetons vermutet worden, und auch Ernst Bammel wollte, ihm folgend, eine solche Deutung der Stelle nicht ausschließen. Bammel bemerkt, dass Eislers Theorie durchaus mit dem Auftreten des Simon in Rom während der claudischen Zeit harmoniert.[368] Denn tatsächlich wird sein dortiger Aufenthalt, abgesehen von Just 1Apol 26; 56 oder[369] Eus Hist Eccl 2,13f., noch durch eine Vielzahl weiterer Texte belegt, in denen sein Wettstreit mit dem Apostel Petrus und sein Flugversuch mit anschließendem Himmelssturz in legendarischer Weise geschildert wird.[370] Die Theorie harmoniert nach Bammel überdies mit Simons Selbstbezeichnung in Apg 8:10, wo dieser von der samaritanischen Bevölkerung „Kraft Gottes, die die Große“ gerufen wird, was nach Bammel als Umschreibung seiner messianischen Stellung aufzufassen sei.

Riesner hat Eislers und Bammels Hypothese bestritten und darauf hingewiesen, dass Apg 8:10 nichts von einem Christustitel des Simon weiß. Wenn Riesner sich allerdings auf die Behauptung versteift, es gäbe überhaupt keine Zeugnisse, denen sich dergleichen entnehmen ließe, kennt der Neutestamentler seine Quellen nicht gut genug.[371] Es gibt reichlich Belege dafür, dass Simon den Christustitel beanspruchte, und zwar solche, die an Deutlichkeit nichts zu wünschen übrig lassen. In den pseudoclementinischen Homilien lesen wir über den samaritanischen Simon:

> An unseres, des wahren Christus Statt gibt er sich für den Christus aus (PsClem Hom 2,22).

Auch Act Pt et Pl 39 ist von Simons Anspruch, der Christus zu sein, die Rede:

> Nero fragt: Wer ist Christus? Petrus antwortet: Er ist, was Simon Magus zu sein beansprucht. Act Pt et Pl 63: Petrus sagt: Wenn du, Simon, die Kraft unseres Herrn Jesus Christus siehst, wirst du aufhören zu glauben, Christus zu sein. Act Pt et Pl 1:75: Petrus sagt: … doch ist er nicht Christus, sondern ein Magier und Bösewicht (vgl. noch Act Pt et Pl 1:36: Simon sagt: Ich bin Sohn Gottes und komme vom Himmel).

Auch aus den Acta Petri (= Acta Vercellenses) lässt sich, aufgrund einer rhetorisch gestellten Frage, Simons Anspruch auf den Christustitel noch indirekt erschließen:

> Nach wenigen Tagen aber entstand in der Gemeinde eine große Unruhe, da (einige) sagten, sie hätten wunderbare Dinge durch einen Menschen mit Namen Simon gesehen, und er sei in *Aricia*. Sie fügten hinzu: „Er sagt, er sei die große Kraft Gottes (Apg 8:10) und ohne Gott tue er nichts. *Ist er etwa Christus selbst?"* (ActPetr 4)

Die *Acta Petri* könnten der Theorie Eislers darüber hinaus aber auch noch in einer anderen Hinsicht Auftrieb geben, da Simon hier zweimal mit dem in der Nähe Roms befindlichen *Aricia* in Verbindung gebracht wird. Abgesehen von der eben zitierten Stelle findet sich auch ActPetr 32 ein weiterer Hinweis darauf, diesmal als Ort, an dem der Magier nach dem unglückseligen Sturz sein Leben beschließt:

> Simon aber, (so) ins Unglück gekommen, fand einige, die ihn des Nachts auf einer Tragbahre von Rom nach *Aricia* brachten. Und dort blieb er und wurde zu einem Mann (mit Namen) Kastor gebracht, der aus Rom wegen seiner Zauberei nach Terracina verbannt worden war. Und dort wurde er operiert und (so) fand der Engel des Teufels, Simon, sein Lebensende.

Von besonderem Interesse ist nun, dass nach einer Notiz des Scholiasten zu Juvenal *Aricia* nicht nur die Bettlerstadt, sondern *„Aufenthaltsort der aus Rom vertriebenen Juden"* war![372] Hier hätten wir in der Tat den passenden Link, der die Christus-Simon-Tradition mit der Mitteilung des Sueton über die Vertreibung der Juden aus Rom aufgrund der Agitation eines unbekannten Chrestus=Christus verbindet.

Es mag verführerisch erscheinen, hier weiterzuforschen. Jedoch wollen wir zugunsten unseres eigentlichen Themas davon Abstand nehmen und aufgrund der unsicheren Quellenlage vorerst nicht so weit gehen wie Eisler und der mit ihm sympathisierende Bammel. Deren Kombinationen wären trotz des frappierenden Ineinandergreifens einzelner Puzzlestücke zum gegenwärtigen Zeitpunkt gewiss ebenso halsbrecherisch wie die Identifikation mit Jesus. Immerhin dürfte klar geworden sein, dass Botermanns Kritik auf einer methodischen Engführung beruht. Anwärter für den Messiastitel gab es im Rom der claudischen Regierungszeit durchaus, so dass, wie Solin bereits richtig feststellte, „die inneren Unruhen der römischen Judengemeinde gar nicht die christliche Predigt zur Erklärung benötigen. Die Juden waren stets ein Ferment der Unruhe gewesen; dergleichen hat sich oft wiederholt."[373]

Dass Jesus Christus uns aus der heutigen Sicht als der „einzig berühmte" erscheint, während die Namen seiner damaligen Konkurrenten vom Winde verweht sind, sofern sie nicht einfach aus den Geschichtsbüchern gestrichen wurden, hat seine historischen Gründe. Eine Notwendigkeit, ihn als den „einzig berühmten Chrestus des 1. und 2. Jh. n. Chr." mit dem Chrestus Suetons zu identifizieren, besteht nicht, zumal Botermann nicht wirklich erklären kann, wie sich dessen von Sueton behauptete Präsenz in Rom zur Claudiuszeit mit ihrer Theorie verträgt.

Dieses Kernproblem der Anhänger einer christlichen Interpretation zu lösen, ist auch Riesner nicht gelungen. Er nimmt an, Suetons Behauptung, die von Chrestos aufgehetzten Juden hätten fortwährend Unruhe gestiftet, sei eine *verkürzende Beschreibung* dafür, dass sich die christliche Bewegung von Christus in Palästina nach Rom ausgebreitet und dort Unruhen verursacht habe.[374] Wenn diese Annahme zuträfe, hätte Sueton den Sachverhalt für seine Leser freilich bis zur Unkenntlichkeit verkürzt und wir müssten Riesner dankbar dafür sein, den eigentlichen Sinn dieser Chiffre wieder ans Licht gebracht zu haben... will sagen: Einer derartigen Exegese wird es immer gelingen, die ihr passenden Informationen aus dem Text heraus-, besser, in ihn *hineinzulesen.* Angesichts solcher gequälten Erklärungen möchte man eher schon der Hypothese von Robert Graves und Joschua Podor den Vorzug geben, die in der Sueton-Stelle einst eine Bestätigung dafür fanden, dass Jesus nach seinem Scheintod in Rom lebte und wirkte![375]

Dass Botermanns eigene Hypothese nicht recht zu überzeugen vermag, hängt mit dem unrealistischen Bild zusammen, das sie von der Ermittlungsarbeit der antiken römischen Polizei hat. Wie unbedarft sollen wir uns diese Beamten vorstellen, die gegen einen „Auferstandenen" als Anführer des Aufstandes ermittelten? Da sie sich kaum mit allgemeinen Glaubenssätzen seiner Anhänger hätten abspeisen lassen, sondern gewiss auch nach Personalien und Adresse des Gesuchten geforscht hätten, wäre der Irrtum sicher schnell aufgeklärt worden – und gar nicht erst in die „historiographische Literatur" eingegangen. Das von Botermann gezeichnete Erklärungsmodell ist die Karikatur eines Missverständnisses.

Anders als Botermann, für die Sueton seine Information der „historiographischen Literatur" verdankt (welcher?), da sich nach ihrer Meinung für Sueton bislang keine Archivstudien haben nachweisen lassen, setzt Riesner eben diese voraus. Vermutlich soll auf diese Weise der historische Quellenwert der Sueton-Passage als eines außerchristlichen Jesus-Zeugnisses noch unterstrichen werden. Schon die frühchristliche Apologetik wies bekanntlich gerne auf ominöse kaiserliche Archive als Zeugen für die Zuverlässigkeit der Evangelien hin. Während Justin glaubte, die unter dem Kreuz würfelnden Soldaten seien ebenso wie die Teilung des Gewandes Jesu in den unter Pontius Pilatus angefertigten römischen Akten erwähnt,[376] war Tertullian, wie wir bereits sahen, sogar überzeugt davon, dass selbst die plötzlich hereinbrechende *Dunkelheit* beim Tod des Herrn sich darin aufgezeichnet fände (Apol 21,19; vgl. Thallus, S. 171). Auch Riesner, darin den frühchristlichen Apologeten nicht unähnlich, glaubt an Archive. Im Ergebnis hinkt seine Theorie jedoch auf zwei Seiten. Der Wert des auf ein vermeintlich offizielles Dokument zurückgehenden Jesus-Zeugnisses wird durch die Annahme, Sueton habe alles miss- und Riesner alles besser verstanden, wieder zunichte gemacht.

Für Stefan Krauter ist die „Postulierung eines (zelotischen) Aufrührers Chrestus" deswegen wenig wahrscheinlich, weil „man die Einstellung der stadtrömischen Juden zur römischen Herrschaft und insbesondere zum Princeps wohl als ähnlich einschätzen könne wie die der kleinasiatischen und griechischen Juden, unter denen Paulus verkehrte."[377]

Wenn damit gesagt sein soll, dass es sich bei den stadtrömischen Juden um loyale römische Staatsbürger handelte, ist dieses Argument sicherlich kaum schlagkräftig. Die sich bis zum Jüdischen Krieg hin steigernde und schließlich im Bar Kochba Aufstand kulminierende, messianisch aufgeheizte antirömische Stimmung hat auch die Diasporagemeinden erfasst, wie sich anhand der frühjüdischen apokalyptischen Literatur (z.B. der Sibyllinischen Weissagungen) sicher belegen lässt.

Alles in allem: Aus historischer Sicht besteht keine Veranlassung, den Chrestus des Sueton auf den Stifter des Christentums zu beziehen. Es gibt keinen Grund, es besser wissen zu wollen als Sueton und diesen eines doppelten Missverständnisses zu zeihen. Seine Aussage, der Tumult in Rom sei von einem Agitator namens *Chrestus* ausgegangen, bereitet keinerlei historische Probleme und fügt sich gut in das Bild ein, das wir vom stadtrömischen Judentum der Claudiuszeit haben. Die naheliegendste Erklärung ist immer noch die, „Chrestus Chrestus sein zu lassen" und dabei an eine Person (einen jüdischen Sklaven?) dieses Namens zu denken.

Aber auch gegen die Annahme, dass mit Chrestus ein „unbekannter Messiasprätendent" gemeint sei, erheben sich keine ernstlichen Bedenken, abgesehen vielleicht davon, dass es immer misslich ist, wenn der Historiker einen antiken Autor in einer Sache korrigieren zu können glaubt, von der er ohne ihn gar nichts wüsste. Da es in den jüdischen Gemeinden der Regierungszeit des Claudius nachweislich außerhalb und innerhalb Roms verschiedene Messiasprätendenten, d.h. „Christusse", gab, entbehren die von Botermann gegen die Messiastheorie vorgebrachten Argumente der Grundlage.

Man sieht, dass die nichtchristliche Interpretation der Sueton-Passage ein viel einfacheres, ungezwungeneres und plausibleres historisches Bild ergibt als die christliche, da es nicht nötig ist, Zuflucht bei der problematischen Annahme eines doppelten Missverständnisses zu suchen.

Momigliano, der, wie wir sahen, den Spieß umzudrehen versucht und den Vertretern einer nichtchristlichen Interpretation die Beweislast aufnötigen möchte, irrt sich sehr: Die Beweislast liegt bei ihm und den übrigen Anhängern der *Interpretatio christiana,* die einmal erklären sollten, warum sie ihre gewundenden Kombinationen den historisch einfacheren Lösungen vorziehen. Es ist wohl nicht ganz auszuschließen, dass sich trotz gegenteiliger Beteuerungen in einigen Fällen apologetische Motive mit „sensationslüsterner Kombinationsfreudigkeit" verbunden haben.[378] Merkwürdig ist in jedem Fall die große Leidenschaft, mit der mitunter an der Identität von Jesus Christus und Chrestus festgehalten wird. Nach A. N. Wilson „haben nur völlig abnormale Gelehrte (*the most perverse scholars*) bezweifelt, dass 'Chrestus' [Jesus] Christus ist."[379] Hier muss sogar van Voorst einlenken. [380]

Der Leser mag darin abermals eine Bestätigung für die eingangs geäußerte Feststellung sehen: Wer sich auf dem Felde der außerchristlichen Jesuszeugnisse tummelt, betritt vermintes Gelände.

## Todesstrafen für Superstitio?

Der zweite hier zu besprechende Suetontext ist ein *Christenzeugnis* und kein Christuszeugnis. In seiner Nero-Biographie nimmt Sueton 16,2 noch einmal in einem knappen Satz auf die Christenverfolgung zur Zeit des Kaisers Nero Bezug. Obwohl wir den Satz bereits im Tacitus-Kaptitel anführten (S. 50), sei er an dieser Stelle noch einmal im Zusammenhang zitiert:

> „Viele alte strenge Strafbestimmungen und Verbote wurden unter ihm wieder in Kraft gesetzt und ebenso auch neue eingeführt. So legte man dem Luxus Schranken auf, beschränkte die öffentlichen Festessen, die bisher in vollständigen Mahlzeiten bestanden hatten, auf bestimmte Portionen und erließ ferner ein Verbot, in den Schenken gekochte Speisen zu verkaufen. Nur Hülsenfrüchte und Gemüse waren ausgenommen, während früher alle möglichen Gerichte daselbst feilgehalten wurden. *Mit Todesstrafen wurde gegen die Christen vorgegangen, eine Sekte, die sich einem neuen gemeingefährlichen Aberglauben ergeben hatte* (*afflicti suppliciis Christiani, genus hominum superstitionis novae ac maleficae*). Verboten wurden die

> Belustigungen der Rennfahrer, die das altverbriefte Recht genossen, sich zu gewissen Zeiten in der Stadt herumzutreiben und unter der Maske des Scherzes allerlei Betrügereien und Diebesstreiche auszuführen. Die Parteianhänger der Pantomimen sowie diese selbst wurden aus der Hauptstadt ausgewiesen. Gegen Urkundenfälschung …"[381]

Da sich die Stelle nicht für die historische Existenz Jesu von Nazaret, sondern allenfalls für die Existenz einer stadtrömischen christlichen Gemeinde zur neronischen Zeit anführen lässt, wird sie bei manchen Exegeten wie z.B. Theißen/Merz nur am Rande erwähnt.

Für sie wäre es sicherlich auch besser, wenn es die Stelle Suet. Nero 16,2 nicht gäbe. Denn wenn sie wirklich von Sueton stammte, entstünden weitere Probleme. Abgesehen von der Frage, warum Sueton die Christen nun als *Christiani* statt als *Chrestiani* bezeichnet, wie aufgrund des *Chrestus* zu erwarten gewesen wäre, müsste vor allem erklärt werden, warum er in seiner Claudiusvita von *jüdischen* Anhängern des Chrestus sprach, während in seiner Nero-Vita von *Christiani*, also Christen, die Rede ist. Die Begründung, Sueton habe die Christen noch nicht als eigene Gruppe gekannt und darum den Juden zugeordnet, wäre damit hinfällig, denn nun müsste gefragt werden, warum er nicht von Anfang an den korrekten Begriff ins Spiel gebracht und von einer Ausweisung der *Christen* in der claudischen Regierungszeit gesprochen hätte.[382] Dass es sich dabei um Vergesslichkeit oder Schludrigkeit bei der Überarbeitung seines Werkes gehandelt haben soll, wie einige Vertreter der *Interpretatio Christiana* behaupten, ist wenig glaubhaft und wohl eher eine Verlegenheitsauskunft.[383]

Nun ist die Lage für die Verteidiger einer christlichen Interpretation der Stelle ohnehin so schlecht, dass es ihre Position nicht wesentlich verbessert, wenn hier festgestellt wird: Die oben zitierte Passage hat in der Tat nicht im ursprünglichen Sueton-Text gestanden. Es handelt sich dabei um eine *christliche Interpolation*. Hinweise darauf geben wieder einmal die fehlende Bezeugung bei frühchristlichen Schriftstellern, die Stellung im Zusammenhang sowie sprachliche und inhaltliche Probleme.

Während die Passage über die Unruhen unter den Juden von Orosius ausdrücklich bezeugt wird, fehlt von Suet. Nero 16,2 in der christlichen Überlieferung jede Spur. Abgesehen davon, dass man vor allem bei *Orosius*, der gut mit seinem Sueton vertraut ist, ein Eingehen darauf erwarten müsste, ist auch das vollständige Schweigen der Apologeten und christlichen Schriftsteller aus den ersten drei Jahrhunderten befremdlich. Denn während die Chrestus-Passage von den christlichen Autoren *vor* Orosius vermutlich noch auf *jüdische Vorkommnisse* bezogen und aus diesem Grund nirgendwo zitiert wurde, besaß man hier einen von einem heidnischen Autor attestierten Beleg für die Existenz der frühen Christengemeinde in Rom und ihre Martyrien. Gerade Tertullian, der Sueton kennt und zitiert,[384] hätte sich diese Stelle sicherlich kaum entgehen lassen – wenn er sie in seiner Sueton-Ausgabe vorgefunden hätte.

Auch die Stellung im *Zusammenhang* spricht nicht unbedingt für eine ursprüngliche Verankerung der Passage im Text.[385] Die Stelle über die Verfolgung der Christen steht, – wie Hort einst trocken bewerkte – „zwischen Anordnungen darüber, was in den Kochgeschäften hätte verkauft werden können, und solchen über Einschränkungen bei der Vergabe der Erlaubnis für Wagenlenker und für das Auftreten von Clowns“ (vgl. auch S. 49).[386] Wegen der besonderen Arbeitsweise des Sueton, d.h. seines „Zettelkastenprinzips“, wird man auf diese Beobachtung allerdings keinen allzu großen Wert legen dürfen.

Ausschlaggebend für unser Urteil ist letztlich die *Sprache*, die uns auch diesmal wieder den wichtigsten Hinweis für das Vorhandensein einer Interpolation liefert. Der Ausdruck *afflicti suppliciis Christiani* – wörtlich: „die Christen wurden von (Todes-)strafen heimgesucht“ – ist nicht nur bei Sueton, sondern auch bei den übrigen nichtchristlichen antiken Schriftstellern nirgendwo belegt; er findet sich ausschließlich bei späteren *christlichen Autoren.* Wenn klassische römische Autoren von dem zum Tode Verurteilten sprechen, gebrauchen sie gerne den Ausdruck *supplicio/suppliciis ad(f)fectus.*[387] Die Wendung *suppliciis afflictus* ist unbekannt.

Auch Sueton drückt den Sachverhalt anders aus. Wenn von Augustus gesagt werden soll, dass, so oft er eine Stadt betrat, niemals ein Todesurteil vollzogen wurde, so heißt es: „supplicium sumeretur“ (Aug. 57,2 ); auch „capitali animadversione puniit” (Aug. 24,2). Von Caligula wird erzählt, dass er der Folterung und Hinrichtung der zum Tode Verurteilten mit großem Interesse beiwohnte: et animadversionibus poenisque *ad supplicium datorum* cupidissime interesset (Cal. 11,1). Der zum Tode Verurteilte heißt Suet. Nero 10,2 ein „capite damnatus.“

Alles in allem, der Ausdruck *afflicti suppliciis* ist bei Sueton *Hapaxlegomenon*, er kommt bei ihm nur *einmal*, bei anderen nichtchristlichen antiken Autoren gar nicht vor.

Dagegen wird der Ausdruck bei christlichen Autoren von Hieronymus[388] über Aelredus Rivallensis[389] bis hin zu den Verfassern der im *Corpus Orationum* enthaltenen Gebetesammlung[390] reichlich verwendet; das *afflict* suppliciis/supplicio* begegnet hier in verschiedenen Varianten. Dabei ist der Gebrauch in der Bedeutung von „mit Martern/Foltern heimgesucht werden“ der vorherrschende:

> Von der Märtyrerin Junilla heißt es, dass sie vor ihrem gemeinsamen Tod mit der Hl. Leonilla von der Menge ergriffen, an den Haaren aufgehängt wurde und viele Qualen erlitt : „Ionilla ..., et post comprehensa a turbis, a capillis suspensa ac multis *afflicta suppliciis* ... “[391] Der von Eusebius (Hist Eccl 3,32) nach Hegesipp überlieferte Märtyrer-Tod des Bischofs Symeon wird in der lateinischen Version der im 9. Jh. verfassten *Chronica* des *Freculphus Lexovensis* (Caput XI.) so wiedergegeben: Nachdem Symeon von Häretikern angeklagt worden war, wurde er wegen seines christlichen Glaubens viele Tage auf verschiedene Weise gemartert: „et multis *suppliciis afflictatus* per multos dies.“[392] Desgleichen Haymo Halberstatensis in seiner *Historiae sacrae epitome* : „...per dies aliquot *afflictus suppliciis...*”[393] Vom Hl. Leodegarius wird gesagt, er habe viel Unrecht und verschiedene Martern für die Wahrheit erlitten: „...quem variis injuriis *et diversis suppliciis pro veritate afflictum.* ”[394] Ebenso der um 1000 von den Polen ermordete Brun von Querfurt, von dem es in dem Chronicon Wirziburgense heißt, er sei „a Prucis multis *suppliciis afflictus*“, bevor er getötet wurde.[395]

Die Liste ließe sich weiter fortsetzen. Sie kann zeigen, dass „afflict* suppliciis“ später vor allem in *martyrologischen Zusammenhängen* begegnet. Auch die Stelle bei Sueton wäre wohl besser wiedergegeben, wenn man diesen martyrologischen Bezug berücksichtigte und in der Übersetzung anklingen ließe. In jedem Fall stammt der hier verwendete Ausdruck *afflicti suppliciis* kaum aus der Feder eines heidnischen Schriftstellers, sondern aus der eines christlichen Interpolators. Sein originäres Umfeld sind die *christlichen Martyrologien.*

Ein *inhaltliches* Problem bereitet der Begriff *superstitio*, nimmt man ihn, wie einige Exegeten dies tun, als Begründung für die Verfolgung und Hinrichtung der *Christiani*. Der Begriff begegnete bereits bei Tacitus und Plinius. Allerdings hat er dort keine zentrale Stellung. Die Sueton-Stelle lässt dagegen den Eindruck entstehen, als seien die *Christiani* aufgrund von *superstitio*, d.h. von „Aberglauben“, strafrechtlich verurteilt und mit dem Tode bestraft worden. Doch reichte der Vorwurf als Rechtsgrund für die Verhängung der Kapitalstrafe überhaupt aus? Während manche Historiker und Theologen wie z.B. Janssen dies bejahen und in der *superstitio* ein nach römischem Recht todeswürdiges Verbrechen sehen,[396] gibt es andere Exegeten wie z.B. Vittinghoff[397], die dies, wohl zu Recht, bestreiten. Neudorfer vermeidet eine allzu klare Aussage und stellt, die Echtheit des TT und der „Christenbriefe“ bei Plinius voraussetzend, fest:

> „Bemerkenswert an diesen Beurteilungen ist, dass der den Christen vorgeworfene Aberglaube kein Delikt war, das sich im strafrechtlichen Sinn präzise fassen ließ. Schon bei Plinius ist das Ringen spürbar, wie dem Phänomen des christlichen Glaubens formaljuristisch angemessen zu begegnen sei. Diese Unsicherheit findet sich auch bei Tacitus und Sueton, die sich in der moralischen und politischen Verwerflichkeit des neuen Glaubens ebenso einig sind wie im Blick auf die Gefährlichkeit der hier verkündeten Anschauungen und die zu ergreifenden restriktiven Maßnahmen."[398]

Auch wenn man zugesteht, dass der lateinische Begriff *superstitio* umfassendere Bedeutung hatte als unser Wort „Aberglaube",[399] lässt sich nicht belegen, dass dieser in der neronischen Zeit strafrechtliche Relevanz hatte und zur Verhängung der römischen Kapitalstrafe legitimierte. Daran ändert auch der Hinweis auf den vom römischen Historiker Livius[400] berichteten sogenannten *Bacchanalienskandal*, also die Unterdrückung des griechischen bzw. kleinasiatischen Bacchus-Kultes im republikanischen Rom 186 v. Chr., nichts. Auch nicht der Hinweis auf die in der Claudius-Vita von Sueton erwähnte Verfolgung des Druiden-Kultes durch den Kaiser, da Sueton nichts über Begründung und Verfolgungsmaß mitteilt.[401] Von Todesstrafen ist jedenfalls nicht die Rede. Und da sich Claudius um eine Förderung der Eleusinischen Mysterienreligion und deren Verpflanzung von Attika nach Rom bemühte, ist es sehr unwahrscheinlich, dass die *superstitio* in der claudischen oder neronischen Zeit irgendeinen strafrechtlichen Sinn besaß. Auch der Hinweis auf das *Institutum Neronium* hilft nicht weiter. Dieses hat sich, wie wir sahen, als Phantom erwiesen. Die Vertreter einer solchen Hypothese sind inzwischen auf dem Rückzug.

Es bleibt dabei: Wenn der Autor der Interpolation nahelegt, dass die Christen in Rom aufgrund von *superstitio* zu Folter und Tod verurteilt wurden, so zeigt dies, dass die von ihm mitgeteilte Nachricht nicht historisch sein kann und dass hier ein späterer christlicher Verfasser schreibt, der sich über die juristische Möglichkeit oder Unmöglichkeit der von ihm aufgestellten Behauptung nicht bekümmerte.

Wann die Interpolation erfolgte, ist schwer zu sagen. Orosius scheint sie noch nicht zu kennen. Da die frühesten Sueton-Handschriften aus dem 9. Jahrhundert stammen (Codex Memianus),[402] wird das Interpolat zwischen dem 5. und 9. Jahrhundert entstanden sein. Möglicherweise handelt es sich bei dem Verfasser um denselben, der das TT eingefügt hat (wegen des Begriffs *superstitio*); möglicherweise um keinen anderen als um *Sulpicius Severus* selber.

## Sueton, Tacitus und Plinius

Wie erwähnt, ist das TT auf der Grundlage der Chronik des Sulpicius entstanden. Darauf deuten inhaltliche und sprachliche Eigenheiten, Ausdrücke wie z.B. *humanum genus* (statt des taciteischen *genus humanum*), *exitiabilis superstitio* (wie Sulp Sev Chron 2,46) und der Hinweis auf die *multitudo ingens.* Die Absicht des Interpolators war es, auf diese Weise eine christlich überarbeitete und verbesserte Auflage der Annalen des Tacitus zu schaffen und die in den alten Handschriften noch nicht enthaltene Überlieferung vom Rombrand mit derjenigen der anschließenden Christenverfolgung, die sich in der Zwischenzeit herausgebildet hatte, zu verbinden.

*In der gleichen Absicht* scheint auch das Werk Suetons christlich überarbeitet worden zu sein. Auch hier vermisste man offenbar eine entsprechende Nachricht über die angeblich zur Zeit des Nero geschehene Christenverfolgung. Sie wurde dann im knappen Chronikstil in der Vita des Nero nachgetragen.

Auf einen Zusammenhang mit dem Interpolator des Tacitus deutet das Stichwort *superstitito* (bei Tacitus und Sulpicius: *exitiabilis superstitio),* das später auch noch vom Verfasser der beiden „Christenbriefe" bei Plinius aufgegriffen werden sollte. Da keine weiteren Angaben über den Hintergrund der Verfolgung gemacht werden, konnte der falsche Eindruck entstehen, als habe der Vorwurf der *superstitio* zur neronischen Zeit als strafrechtliche Begründung für die Verhängung von Todesurteilen gedient, was jedoch äußerst unwahrscheinlich ist.

Außerdem war die Stelle für die Einfügung vom Interpolator nicht besonders glücklich gewählt, da der Abstand zu der von Sueton am Anfang des Kapitels mitgeteilten Nachricht vom Wiederaufbau des abgebrannten Rom zu groß und der Zusammenhang aufgrund der Aufzählung von Strafbestimmungen, die nichts mit dem Brand zu tun haben, nicht mehr erkennbar ist.

# 5. Mara bar Serapion: der „weise König“

## Das „Mara bar Serapion-Project“

Im Jahre 1843 gelangte eine Handschrift aus einem syrischen Kloster in der Wüste von Nitria über den dortigen Erzdiakon Tattam in den Besitz des British Museum, wo sie unter der Nummer 14658 der „Additional Mauscripts“ registriert wurde (BM Add. 14658). Die in syrischer Sprache abgefassten 188 Seiten stammten aus dem 6./7. nachchristlichen Jahrhundert und enthielten neben philosophischen und pädagogischen Werken aus dem Griechischen (Menander, Isocrates, Aristoteles, Porphyrius) auch christliche Schriften, darunter das bei Eusebius (Hist Eccl 4,30) erwähnte „Buch der Gesetze der Länder“ des Gnostikers Bardesan (154-222 n. Chr.) und eine Apologie des Melito von Sardes († 180 n. Chr. ).[403] An vorletzter Stelle des Konvoluts stand ein Text, der zunächst kaum Beachtung fand, der Brief eines sonst nicht weiter bekannten *Mara bar Serapion* an seinen Sohn.

Die Handschrift erregte die Aufmerksamkeit des renommierten britischen Orientalisten *William Cureton,* der die größeren Werke daraus übersetzte, kommentierte und im Jahre 1855 unter dem Titel „Spicilegium Syriacum“, also „Syrische Nachlese“, erstmals veröffentlichte. 1897 wurde der Brief von Friedrich Schulthess ins Deutsche übersetzt und ebenfalls mit einem Kommentar versehen.

Ein gutes Jahrzehnt nach der Veröffentlichung des Briefes in Deutschland wurde die *Christusmythe* von Arthur Drews veröffentlicht (1909). Damit war der Streit um die historische Bezeugung Jesu voll entbrannt. Gleichwohl hat der Brief, der nach Theißen/Merz „das wohl älteste pagane

Zeugnis über Jesus"[404] enthält, in dieser Auseinandersetzung merkwürdigerweise noch keine Rolle gespielt. Die Gegner der „Christusmythe" waren damals noch gar nicht auf die Idee gekommen, den Brief als Historizitätsbeweis zu benutzen, und zwar vermutlich deswegen, weil ihnen eine exakte historische Einordnung nicht möglich erschien.

Offenbar ist der Brief erstmals von Robert Eisler als „Jesuszeugnis" entdeckt worden. Um den Weg für seinen eigenen Jesus, einen *militanten jüdischen Messianisten*, freizumachen, wendet sich Eisler in seinem 1929 erschienenen Buch „Iesous basileus ou basileusas" auch gegen die Bestreiter der Historizität Jesu. Dagegen führt er außer den schon bekannten klassischen Jesuszeugen noch den Brief des Mara bar Serapion und das Zeugnis des Thallus an. Die ironische Pointe: Obwohl sich Eisler mit seinen eigenen Thesen bei den Theologen augenblicklich in Misskredit brachte und sich 1927 die Veröffentlichung eines Aufsatzes in der renommierten *Zeitschrift für neutestamentliche Wissenschaft* (ZNW) sogar gerichtlich erstreiten musste,[405] ließen sie sich *diese* Anregung gerne gefallen. Jedenfalls ist die Zahl der außerchristlichen Kronzeugen für die Existenz Christi dank Eisler seitdem um zwei weitere angewachsen. Ob zumal konservative Theologen ihm das wohl zu danken wissen?

Wie auch immer, der Brief des Mara bar Serapion ist inzwischen im Kanon der außerchristlichen Zeugnisse angekommen und findet sich von Bruce über Theißen/Merz bis zu van Voorst in den meisten Sammlungen nichtchristlicher Jesus-Quellen, wo ihm mal mehr, mal weniger Wert beigemessen wird. Während van Voorst die Ausbeute im Hinblick auf den historischen Jesus eher für gering hält[406] und Bruce es bei einem bloßen Referat belässt,[407] ist der Brief für Annette Merz (wie sie schon in dem von ihr verfassten Abschnitt über Mara bar Serapion im Jesusbuch von Gerd Theißen erkennen ließ) offenbar von so großer Bedeutung, dass sie zusammen mit dem Syrologen David Rensberger und dem Fachmann für antike Philosophie Teun Tieleman an der Universität Utrecht ein *„Mara bar Serapion Project"* initiierte.[408] Vom 10. bis 12. Dezember 2009 fand in Utrecht ein Symposium statt, zu dem internationale Experten eingeladen wurden, darunter Ilaria Ramelli aus Mailand, Petr Pokorny aus Prag und Pieter W. van der Horst (der einen interessanten Vergleich zwischen dem Trostbuch des Boethius und dem Brief des Mara bar Serapion anstellte). Aus dem Symposion ist ein Buch hervorgegangen, das im Sommer 2011 unter dem Titel „Letter to His Son" erscheinen soll[409] Da es zum Zeitpunkt der Abfassung dieser Zeilen noch nicht erhältlich war, konnte es leider nicht berücksichtigt werden. Man darf auf die Ergebnisse gespannt sein, auch wenn die auf der Webseite geäußerte These der Projektteilnehmer, der Brief enthalte „das älteste erhaltene Jesuszeugnis aus heidnischer Quelle“, nichts Gutes erwarten lässt.

Im Zentrum des von Merz herausgegebenen Buches soll eine seit langem überfällige Neu-Edition und Neu-Übersetzung des Briefes stehen. Im Folgenden muss sich der Leser noch mit der alten (orthographisch an die heutige Sprache angepassten) Übersetzung von Schulthess begnügen. Da diese bisher nur schwer zugänglich war und die meisten Autoren sich zumeist mit dem Zitat jener knappen Passage begnügten, die sich nach ihrer Meinung auf Christus bezog, mag man darin immerhin einen kleinen Fortschritt sehen. Eine Beurteilung der Stelle ohne Berücksichtigung des Gesamtkontexts ist, wie wir sehen werden, kaum möglich. Die entscheidende Passage, mit dem „frühesten erhaltenen Jesuszeugnis“ wird im Folgenden *kursiv* von dem übrigen Text abgesetzt.

## Brief Mara bar Serapions an seinen Sohn

**[Spicileg. p. 43.]**

**(1)** Ich] Mara bar Sarapion meinem Sohne Sarapion Gruß! Da mir dein Lehrer und Erzieher einen Brief schrieb und mir darlegte, dass du sehr eifrig lernest für einen jungen Menschen, pries ich Gott, dass du junger Bursche ohne Führer mit guter Gesinnung begonnen hast. Und mir persönlich gereichte es zum Troste, dass ich über dich jungen Menschen vernahm, wie verständig und gewissenhaft du seiest, wie es sich nicht bald bei Vielen findet.

**(2)** Deswegen nun schrieb ich dir diese Erinnerung, was ich in der Welt erforscht habe; denn ich habe die Lebensweise der Menschen erforscht und mich mit Lernen abgegeben... Bestrebe dich daher, mein Sohn, in den Dingen, die freien Menschen geziemen, in literarischer Gedankenarbeit, und der Weisheit nachzujagen; und so suche gefestigt zu werden in dem, womit du begonnen hast, und sei meiner Vorschriften eifrig eingedenk als ein ruhiger und zuchtliebender Mensch. Und wenn es dir auch sehr bitter vorkommt, indem du es erfährst, so wird es dir bald sehr wohltun; es ist mir ja auch so gegangen. Wenn ein Mensch sich von seiner Familie trennt und seinen Habitus zu bewahren imstande ist und in Gerechtigkeit tut, was ihm ziemt, so heißt dieser auserwählte Mensch Gnadengeschenk Gottes, und einer, mit dessen Freiheit nichts anderes verglichen werden kann. Denn die Menschen, die Zucht annehmen, suchen frei zu werden vom Kampf des

Lebens; die, die zur Weisheit greifen, schweben in der Hoffnung, gerecht zu sein; die in der Wahrheit stehen, zeigen den Vorsatz ihrer Güte; die sich mit der Philosophie abgeben, sehen, wie sie von den Nöten der Welt loskommen könnten. Du aber, mein Sohn, verhalte dich diesen Dingen gegenüber weise, wie ein weiser Mann, der einen reinen Lebenswandel zu führen sich bestrebt. Möge dich nicht der Besitz irre machen, nach welchem viele hungern, und möge nicht dein Sinn sich der Begierde nach Besitztümern zuwenden, einem Dinge, das nicht Bestand hat. Denn weder wenn sie mit Betrug erworben sind, sind sie beständig, noch bleiben sie, wenn [sie] rechtmäßig [erworben sind]. Und alle diese Dinge, die du auf der Welt siehst… **[p. 44]** wie ein Traum haben sie sich aufzulösen; denn sie sind das Auf und Ab der Zeiten. Und der eitle Ruhm, der das Leben der Menschen ausmacht,... Glaubst du nicht, dass von den Dingen, die uns Freude bereiten, im Augenblick uns Schaden entsteht? Besonders die Geburt geliebter Kinder, denn die schadet uns in beiden Beziehungen: bei guten nämlich quält uns die Liebe zu ihnen und lassen wir uns von ihren Gewohnheiten hinreißen; bei ungeratenen aber mühen wir uns an ihrer Widerspenstigkeit ab und ärgern uns krank ob ihrer Verdorbenheit.

**(3)** Du hast ja gehört, es habe unsere Gefährten, als sie aus Samosata wegzogen, betrübt, sie haben sich gleichsam über das Schicksal beklagt und so gesprochen: So sind wir nun von unsern Angehörigen abgeschieden und können nicht in unsere Stadt zurück und unsere Angehörigen sehen und mit Lobpreisung unsere Götter empfangen. Mit Recht hieß jener Tag Tag des Seufzens, weil alle gleicherweise ein schwerer Kummer drückte. Unter Tränen gedachten sie ihrer Väter und unter Seufzen ihrer Mütter; sie trugen Leid um ihre Brüder, Kummer um die Bräute, die sie verlassen mussten. Und als wir von ihren früheren Genossen vernahmen, dass sie auf dem Wege nach Seleucia seien, machten wir uns verstohlen auf den Weg zu ihnen und vermischten unser Unglück mit dem ihrigen. Da war unser Schmerz mächtig stark, und mit Recht beweinten wir sehr unsern Untergang, während Nebel unser Seufzen umschlossen hielt und unser Unglück größer war als ein Berg. Denn keiner von uns konnte seinen Schmerz unterdrücken, weil sich die Liebe zum Leben zugleich mit dem Leiden Sterbender geltend machte: und pfadlos trieb uns unser Missgeschick umher. Denn wir sahen unsere Brüder und Söhne als Gefangene und gedachten unserer toten Genossen, die in fremder Erde liegen. Und jeder von uns fürchtete auch für sich selber, es möchte sich zu seinem Unglück noch ein neues gesellen, oder dem vorhergehenden Unglück möchte ein anderes nachfolgen. Was hatten die Gefangenen für Nutzen davon, dass sie sich so gebärdeten?

**(4)** Du aber, mein Lieber, lass es dich nicht anfechten, dass du allein von einem Orte zum andern getrieben wurdest. Dazu werden ja die Menschen geboren, dass sie die Wechselfälle des Schicksals erdulden. Vielmehr bedenke das, dass für die Weisen jeder Ort ist wie der andere, und dass sich für die Guten in jeder Stadt viele Väter und Mütter finden. Und sonst nimm von dir selber die Probe, wie viele Männer dich, ohne dich zu kennen, wie ihre Kinder lieben, und viele Frauen dich wie ihre Geliebten empfangen. Hast du als Fremdling nicht Glück gehabt? Deine Liebe, lieber Sohn – haben nicht viele Menschen dich gesucht? Was sollen wir nun noch sagen über **[p. 45]** die Verirrung, die in der Welt wohnt und sie mit schwerer Strafe züchtigt? Durch ihre Stürme werden wir geschüttelt wie ein Rohr vom Winde. Ich staune über die vielen, die ihre Kinder aussetzen, und wundere mich über andere, die fremde Kinder adoptieren. Es gibt solche, die mit Mühe Reichtümer erwerben, und wiederum wundere ich mich über andere, die fremden Besitz erben. So versteh denn und sieh, dass wir den Weg der Verirrung wandeln.

**(5)** Sag uns an, Weisester der Menschen: auf was für einen Besitz kann sich der Mensch verlassen? oder von welchen Dingen reden als von bleibenden? Von vielem Reichtum? – der wird entrissen; von Festungen? – die werden ausgeplündert; von Städten? – die werden verwüstet; von Größe? – die wird erniedrigt; von Herrlichkeit? – die wird vernichtet; von Schönheit? – die welkt; von Gesetzen? – die werden abgeschafft; von Armut? – die wird verachtet; von Kindern? – die sterben; von Freunden? – die werden untreu; von Ehren? – Neid geht ihnen voran. So mag sich denn einer seines Reiches freuen wie Darius, oder seines Glücks, wie Polykrates, oder seiner Tapferkeit, wie Achilleus, oder seines Weibes, wie Agamemnon, oder seines Sohnes, wie Priamus, oder seiner Geschicklichkeit, wie Archimedes, oder seiner Weisheit, wie Sokrates, oder seiner Lehre, wie Pythagoras, oder seiner Erleuchtung, wie Palamedes, – das Leben der Menschen, mein Sohn geht aus der Welt, nur ihr Lob und ihre Gaben bleiben in Ewigkeit.

**(6)** Du aber, mein lieber Sohn, wähle dir etwas, was nicht veraltet, denn die, die so tun, heißen bescheiden und geliebt und Freunde des guten Namens. Stellt sich dir aber etwas Böses in den Weg, dann tadle nicht die Menschen und zürne nicht Gott und grolle nicht deinem Schicksal. Wenn du in dieser Gesinnung verharrst, so ist es keine geringe Gabe, die du von Gott empfangen hast, eine, die weder des Reichtums bedarf, noch Armut kennt; denn furchtlos wirst du dein Leben führen mit Freude; die Furcht ist nämlich ein entschuldigender Umstand, der bereitet ist nicht um der Weisen willen, sondern um derer willen, die außerhalb des Gesetzes wandeln. Denn nie wird einer von seiner Weisheit getrennt wie von seinem Besitze. Strebe mehr nach Wissenschaft als nach Reichtum, denn je mehr Reichtum **[p. 46],** desto mehr Übel. Ich habe es ja selber gesehen: Entsprechend dem Wachsen der Güter stellen sich auch mehr Nöte ein und da, wo großer Luxus herrscht, häufen sich auch die Schmerzen, und wo viele Reichtümer sind, da sind viele bittere Qualen. Wenn du daher [diese meine Lehren] beherzigen und eifrig bewahren willst, so hört Gott nicht auf, dir zu helfen, und die Menschen, dich zu lieben. Was du erwerben kannst, genüge dir; kannst du aber ohne Besitz leben, so wirst du glücklich heißen; denn niemand kann dich beneiden. Auch dessen sei eingedenk: Nichts stört dein Leben so sehr als der Besitz. Keiner heißt nach seinem Tode [mehr] Herr seines Besitzes. Denn durch die Begierde nach ihm lassen sich die schwachen Menschen in Gefangenschaft führen, ohne einzusehen, dass der Mensch gleich einem Fremdling in seinem Besitze wohnt, und sind voll Furcht, weil er ihnen nicht sicher ist; denn sie haben das ihrige verlassen und begehren fremdes.

**(7)** Was sollen wir noch weiter sagen, wenn die Weisen gewalttätig behandelt werden von Tyrannen, und ihre Weisheit von den Verleumdern in Bande gelegt wird, und sie in ihrer Erleuchtung verächtlich behandelt werden, ohne dass sie sich verteidigen können. *Denn was hatten die Athener für einen Nutzen davon, dass sie Sokrates töteten, was ihnen [ja] mit Hungersnot und Pest vergolten wurde? oder die Samier von der Verbrennung des Phythagoras, da ihr ganzes Land in einem Augenblick vom Sand verschüttet wurde? oder die Juden von der Hinrichtung ihres weisen Königs, da ihnen von jener Zeit an das Reich weggenommen war? Denn gerechtermaßen nahm Gott Rache für jene drei Weisen: die Athener starben Hungers, die Samier wurden vom Meere bedeckt, die Juden umgebracht und aus ihrem Reiche vertrieben, leben allenthalben in der Zerstreuung. Sokrates ist nicht tot: wegen Platon, noch Pythagoras: wegen der Herastatue, noch der weise König: wegen der neuen Gesetze, die er gegeben hat.* Ich aber, mein Sohn, habe erforscht, in welch verkommenem Zustand die Menschen sind, und habe mich gewundert, dass sie von den Übeln, die sie rings umgeben, nicht verschüttet worden sind. Selbst Unglücksfälle genügten ihnen nicht, noch Schmerzen, Krankheit, Tod, Armut; sondern wie wilde Tiere feindeten sie sich gegenseitig an, wer dem andern das größte Übel zufügen könnte. Denn sie überschritten die Grenze des Wahren und übertraten alle guten Gesetze, weil sie an ihrer Lust hingen. Denn wie kann der Mensch, so lange er seinen Lüsten nachgeht, gebührend tun, was ihm ziemt? Und sie anerkennen kein Maß und strecken ihre Hand wenig nach dem Wahren und **[p. 47]** Guten aus, sondern führen ihren Lebenswandel wie Taube und Blinde. Die Gottlosen aber freuen sich, die Gerechten werden gequält. Der, der hat, leugnets, und der nicht hat, kämpft um zu erwerben; die Armen begehren, die Reichen verheimlichen, und ein jeder lacht über den andern; die Trunkenen sind verblüfft, und ... bereuen. Einige weinen, andere singen; diese lachen, jene sind von Sorge ergriffen. Sie haben an dem Schlimmen ihre Freude, und den, der die Wahrheit sagt, verwerfen sie. So mag sich denn einer wundern ... , da sie nicht auf eine Weise leben; darum bekümmern sie sich. Und ein jeder von ihnen schaut, wann er im Kriege Siegesruhm erwerbe, aber die Tapfern sehen nicht, in wie viele schimpfliche Begierden einer in der Welt verstrickt wird. Möchte doch diejenigen ein wenig Sinnesänderung treffen, die durch ihre Kraft siegen, aber von der Habsucht überwältigt werden. Ich habe ja die Menschen geprüft, und die Erfahrung gemacht, dass sie es auf das eine abgesehen haben: reichen Besitz. Deshalb haben sie auch keinen festen Grundsatz, sondern durch ihre schwankenden Gedanken wird einer jäh in Betrübnis gestürzt, um von ihr verschlungen zu werden; und sie sehen nicht, denn sie haben sich an die Habsucht gehängt, das größte Laster der Verdorbenen.

**(8)** Ich aber lege dir das, was mir in den Sinn gekommen ist dir zu schreiben, nicht bloß zum Lesen vor, sondern damit es wirklich ausgeführt werde. Auch ich weiß nämlich, dass, wenn du diese Lebensart prüfst, sie dir Freude machen wird und du frei sein wirst von schlimmer Aufregung [Affekten]; denn wegen des Besitzes von Reichtümern müssen wir dulden. Tue darum die Traurigkeit von dir, Liebster der Menschen, etwas, was niemals Nutzen bringt, und verschließe dich der Sorge, die nichts hilft. Denn wir haben kein Mittel und keine Rettung, außer Hochherzigkeit, um die Übel zu überwinden und die Nöte zu ertragen, die wir allezeit vom Schicksal empfangen: denn auf diese muss man sehn, nicht auf das, was voll ist von Freude und schönem Namen. Ergib dich der Weisheit, dem Quell alles Guten und dem Schatze, der nie versiegt; dort kannst du dein Haupt niederlegen und ruhen, denn sie wird dir Vater und Mutter und eine gute Geleiterin durchs Leben sein. Führe allen Umgang mit Geduld und Ausdauer: Eigenschaften, die die schwachen Menschen dazu befähigen, die Misshandlungen zu tragen; denn auf diese Weise besitzen sie Kraft genug, um Hunger zu überwinden **[p. 48]** und Durst auszuhalten und jede Misshandlung zu mildern und in Mühsal und Trennung sogar zu scherzen. Hierauf sei bedacht, so wirst du ein ruhiges Leben führen und mir ein Trost sein, indem man dich „Schmuck seiner Eltern“ nennt. Früher nämlich, als unsere Stadt in Blüte stand, konntest du vernehmen, dass von allen Männern hässliche Reden ausgestoßen wurden. Wir aber bekannten schon damals, dass sie [die Stadt] voll und ganz der Liebe würdig sei, und dass wir von ihrer Größe Ruhm geerntet haben. Aber das Schicksal hinderte die Vollendung dessen, was in unserm Sinne vollführt war.

**(9)** Und selbst hier im Gefängnis bekennen wir Gott, dass wir die Liebe vieler genossen haben, denn wir machen uns zur Aufgabe, in Weisheit und Freudigkeit zu verharren. Wenn uns aber jemand gewalttätig behandelt, so stellt dieser sich selbst das Zeugnis aus, dass er ferne ist von allem Guten, und er wird Schmach und Schande empfangen von seiner schimpflichen und gemeinen Absicht. Denn wir geben zu, dass uns durch ein Reich kein Schaden entsteht. Wenn uns aber die Römer in unsere Heimat zurückkehren lassen, so handeln sie recht und billig als gebildete Leute und werden gut und gerecht genannt werden, mit dem ruhigen Lande, wo sie wohnen. Denn sie werden dadurch ihre Größe zeigen, dass sie uns freilassen. Wir werden gehorsame Untertanen des Reiches sein, das uns das Schicksal gegeben hat. Sie sollen uns nicht behandeln wie Tyrannen die Sklaven. Und wenn beschlossen ist, dass etwas geschehe, so können wir nichts Größeres empfangen, als einen ruhigen Tod, der uns aufbewahrt ist. Du aber, mein kleiner Sohn, wenn du diese Dinge ernstlich erkennen willst, unterdrücke in erster Linie die Lust, und setze ein Maß [und] führe das, worin du stehst, zu Ende…, dass du nicht zürnest, und statt zu zürnen, gehorche gutwillig… und mit weisem Sinn will ich den Weg, den ich [zu vollenden] schuldig bin, vollenden und mich ohne Schmerz befreien von dem schlimmen Verderben der Welt; denn ich bete die Auflösung zu empfangen. Wenn aber einer betrübt oder besorgt ist…

**(10)** Den Mara bar Sarapion fragte einmal einer seiner Freunde, der mit ihm im Gefängnis war: „Bei deinem Leben, Mara, sag’ mir doch, was hast du Lächerliches, dass du lachst?“ Mara antwortete ihm: „Ich lache über das Geschick [besser: die Zeit], das [die] mir, ohne dass ich ihm [ihr] geborgt habe, Böses heimzahlt.“

Zu Ende ist der Brief des Mara bar Sarapion.

## Christus als „weiser König“

Seit je konzentrierte sich das Hauptaugenmerk der Exegeten des Textes auf die Reihe der *exempla*, d.h. auf jene Beispiele, anhand derer der Verfasser zeigen will, dass die wahre Weisheit niemals stirbt, selbst wenn sie durch Gewalt von Tyrannen unterdrückt und durch den Tod von weisen Männern beseitigt wurde (7). Diese Beispiele sind: Sokrates, Pythagoras und „der weise König.“

Da der letztere nicht namentlich genannt wird, ist die entscheidende Frage die nach seiner *Identität.*

Wohl die Mehrheit der Theologen vertritt auch hier eine „Interpretatio Christiana“, d.h. ist der Meinung, der „weise König“ müsse mit Jesus identifiziert werden. Annette Merz führt verschiedene Argumente dafür an: Sie weist darauf hin, dass Jesus auch in christlichen Quellen als *König* bezeichnet wird, wobei sie an die Geburtsüberlieferung (Mt 2:1ff: die Weisen suchen den neugeborenen Judenkönig) wie auch an die Passionsüberlieferung (Einzug in Jerusalem und Verhörszene) sowie den Kreuzestitulus (INRI = „Jesus von Nazaret, *König der Juden*“) erinnert. Ferner weist sie auf neutestamentliche Stellen (z.B. 1Thess 2:15 und Apg 4:10) hin, in denen *die Juden* (und nicht die Römer) für den Tod Jesu verantwortlich gemacht werden. Schließlich macht sie darauf aufmerksam, dass die Niederlage der Juden im Krieg gegen die Römer nach verbreiteter christlicher Deutung als Strafe für die Kreuzigung Jesu zu verstehen sei (Mt 22:7; 27:25).

Zwar wird der Wert des Textes als eines unabhängigen Zeugnisses durch den Nachweis der Abhängigkeit von christlichen Quellen erheblich gemindert, doch kommt in ihm nach Merz auch eine deutliche *„Außenperspektive“* zum Ausdruck: so z.B. wenn Jesus nur „als einer von drei Weisen, ein hervorgehobener Mensch unter anderen“ erscheint oder wenn seine Auferstehung unerwähnt bleibt. Dass der Verfasser kein Christ, sondern syrischer Stoiker sei, werde z.B. auch daran deutlich, dass er einmal ganz unbefangen von „unseren Göttern“ spreche. [410]

Man braucht kein „Feind Christi“ zu sein,[411] um gegen die Identifizierung des „weisen Königs“ mit Christus verschiedene Bedenken zu erheben und auf die z.T. gravierenden Unterschiede zwischen dem „weisen König“ und dem neutestamentlichen Christus hinzuweisen:

Der Text spricht davon, dass die *Juden* ihren „weisen König“ hingerichtet hätten – nach der Passionsgeschichte soll Jesus aber nicht von den Juden, sondern von den *Römern* hingerichtet worden sein. Die von Merz zitierten Passagen, 1 Thess 2:15 und Apg 4:10, haben eine antijüdische Tendenz und stehen in christlich-polemischem Zusammenhang.

Gegen eine Identifizierung könnte weiter sprechen, dass der Tod des „weisen Königs“ für den Verfasser offenbar in einem engen zeitlichen Zusammenhang mit den Geschehnissen von Krieg und Vertreibung steht, die als göttliches Strafgericht für die Ermordung des Königs aufgefasst werden. Sollte Jesus mit dem „weisen König“ gemeint sein, könnte dabei nur der Jüdische Krieg in den Jahren 66-70 n. Chr. (bzw. 74) als Hintergrund in Frage kommen. Doch wie konnte der Verfasser angesichts des relativ großen Zeitraums zwischen dem Jahr der Kreuzigung (ca. 30) und dem erst ca. 40 Jahre später beendeten Jüdischen Krieg sagen, dass das Königreich der Juden „bald darauf,“ d.h. bald nach dem Tod des „Königs“, ein Ende hatte?

Es gab andere „Könige,“ d.h. Messiasprätendenten, auf die diese Beschreibung besser zuträfe, darunter z.B. den Sohn des Judas von Galiläa und Führer der Sikarier *Menahem*, der gleich nach Kriegsbeginn, d.h. 66, nach der Einnahme Jerusalems und seiner Erhebung zum *König,* von den eigenen Landsleuten umgebracht wurde (Jos Bell 2, 443ff.). Da Jesus nicht von den Juden, sondern von den *Römern* gekreuzigt wurde, wäre die Parallele *Menahem – weiser König* sogar noch passender. Schließlich wird auch der Tod des Menahem in der späteren Überlieferung in den Zusammenhang mit der Zerstörung des „Heiligtums“, d.h. des Tempels, gebracht. In einem rabbinischen Text lesen wir, dass das Heiligtum um „seinetwegen (d.h. wegen Menahem) zerstört ist, aber auch seinetwegen erbaut werden wird“.[412]

Wer die Passage aus dem Brief des Mara bar Serapion genau liest, wird möglicherweise aber auch gar keine der genannten Identifikationen gelten lassen wollen, da die historischen Umstände, die der Brief andeutet, nur mit Mühe in die Zeit unmittelbar vor den Jüdischen Krieg passen. Denn weder war Judäa zu diesem Zeitpunkt ein unabhängiges Königreich, das erst durch die Niederlage gegen die Römer seine Souveränität verloren hätte – die hatte es schon lange vorher durch Pompeius (63 v.Chr.) eingebüßt – noch besaß es einen souveränen „König“. Jeder Bezug auf Jesus oder andere Messiasprätendenten des 1. Jahrhunderts setzt voraus, dass der Begriff „König“ im *uneigentlichen* Sinn gemeint ist. Als letzter König des Nordreichs gilt *Hoschea,* der 9 Jahre bis zum Fall des Nordreiches im Jahre 722 vor Christus regierte. Das Königtum des Südreichs Judäa war mit der Zerstörung des ersten Tempels im Jahre 586 vor Christus beendet; dessen letzter König hieß *Zedekia* (597-586). Danach begann für Israel politisch gesehen die „königlose“ Zeit. Bei Herodes und seiner Dynastie handelte es sich um ein von Rom eingesetztes, von den Juden nie wirklich anerkanntes Vasallenkönigtum.

Da der „weise König“ in Zusammenhang mit Sokrates und Pythagoras, d.h. mit Personen aus dem 5./6. vorchristlichen Jahrhundert, genannt wird, könnte der Autor des Briefes theoretisch auch einen *echten jüdischen Kö-*

*nig aus viel früherer Zeit* im Sinn gehabt haben, zumal auch hier nach der Eroberung Judäas durch Nebukadnezar II. im Jahre 586 v. Chr. Vertreibung und Exil folgten. Auch an einen König des Nordreichs könnte gedacht werden. Millar 1994, S. 461, zieht den „weisen“ König Salomon in Erwägung. Von dem wird zwar nirgendwo überliefert, dass er von seinen Landsleuten umgebracht wurde, doch das könnte auch mit der allgemeinen Ungenauigkeit des Verfassers in historischen Dingen zu tun haben.

Wie auch immer, Möglichkeiten der Identifizierung des „weisen Königs“ mit anderen Personen aus der jüdischen Geschichte, mal mehr, mal weniger plausible, gäbe es in Anbetracht der Unklarheit der historischen Aussagen des Briefes durchaus. *Gleichwohl erscheint die Identifizierung mit Jesus letztlich immer noch als die wahrscheinlichste.* Vermutlich wird man die Unterschiede nicht auf die Goldwaage legen dürfen. Dem Verfasser des Briefes unterlaufen auch an anderen Stellen gravierende historische Irrtümer. So verwechselt er z.B. den Philosophen Pythagoras mit dem Bildhauer desselben Namens. Er spricht davon, dieser sei von den Bewohnern von Samos verbrannt worden, obwohl davon nichts weiter bekannt ist.[413] Seine Behauptung, Samos sei vom Sand verschüttet worden, beruht auf einem Wortspiel und nicht auf historischen Nachrichten (näher ausgeführt im Abschnitt: *Der Brief des Mara bar Serapion – kein Jesuszeugnis*). Weiterhin behauptet er, dass die Athener nach der Verurteilung des Sokrates von einer Hungersnot heimgesucht wurden, obwohl auch davon nichts überliefert ist.

Dies alles zeigt, dass wir auch bei seinen Aussagen über den „weisen König“ mit einer gewissen „Unschärferelation“ rechnen müssen. Ganz zweifelsfrei lässt sich der weise König weder mit den übrigen Messiasprätendenten oder jüdischen Königen noch mit Jesus identifizieren. Allerdings hat die Identifizierung mit Jesus in der Tat die größere Wahrscheinlichkeit.

Denn es ist auch zu bedenken, dass sich der Brief des Mara bar Serapion in einem Handschriftenkonvolut mit anderen christlichen Texten aus dem 2. Jahrhundert befindet, darunter ein Werk des Melito von Sardes. Das muss nicht, *könnte* aber ein Indiz auf zeitliche und geistige Verwandtschaft sein. Die von dem Verfasser des Briefes vertretene antijüdische Polemik findet sich in verschärfter Form auch bei dem Bischof von Sardes. In seiner berühmt-berüchtigten Passa-Predigt malt er die Schuld der Juden in grellen Farben aus:

> „Hört es, alle Geschlechter der Völker, und seht es: Ein nie dagewesener Mord geschah in Jerusalem … Wer wurde ermordet? Und wer ist der Mörder? ... der, der das All festgemacht hat, ist am Holz festgenagelt worden!

> Der Herr wurde beschimpft, Gott ist getötet, der *König Israels ist durch Israels Rechte beseitigt worden!*"(94.98: vgl. Cureton 1855, S. 55)

Auch für Melito ist die Vertreibung der Juden und ihre gegenwärtige Zerstreuung ein göttliches Strafgericht für den Mord am „König Israels":

> „Warum dies, o Israel? Du erzittertest nicht vor dem Herrn. Du fürchtetest nicht den Herrn. Du klagtest nicht um den Herrn, trotzdem klagtest Du um deinen Erstgeborenen. Du zerrissest nicht deine Kleider bei der Kreuzigung des Herrn, dennoch zerrissest du deine Kleider für die Deinigen, die gemordet wurden. Du ließest den Herrn im Stich, du wurdest nicht bei ihm gefunden. *Du schmettertest den Herrn zu Boden; auch du wurdest zu Boden geschmettert, du liegst tot"* (99; vgl. Cureton 1855, S. 55).

Die Stelle über den „weisen König" nimmt Vorstellungen auf, die ab dem 2. Jahrhundert im Christentum weit verbreitet waren: Der Gedanke, dass Christus Gesetzgeber und Stifter eines *neuen Gesetzes* gewesen sei, begegnet auch im Barnabasbrief, einem Schreiben aus dem 2. Jahrhundert:

> „Gott hat die Opfer abgeschafft, damit das neue Gesetz unseres Herrn Jesus Christus, das kein Zwangsjoch ist, nicht ein Opfer habe, das Menschenwerk ist" (Barn 2,6).

Auch zu den vermutlich ebenfalls aus dem 2. Jahrhundert *stammenden Interpolationen in den Testamenten der 12 Patriarchen* besteht eine enge inhaltliche Verwandtschaft:

Im Testament des Levi wird von einem „*König* aus Juda" gesprochen (8), der ein neues Priestertum schaffen wird; „ich erfuhr", so der Autor, dass „ihr" (gemeint sind die Israeliten) „einen Mann, der das *Gesetz* in der Kraft des Höchsten *erneuert*, einen Verführer nennen und zuletzt, wie ihr meint, ihn töten werdet, ohne seine Auferstehung zu kennen, indem ihr das unschuldige Blut auf eure Häupter kommen lasst."

Dies alles zeigt: Die Identifizierung des „weisen Königs" mit Jesus ist – trotz aller Probleme – in Anbetracht der zahlreichen Parallelen und Entsprechungen in der christlichen Literatur ab dem 2. Jahrhundert immer noch die naheliegendste.

Eigenartig ist natürlich, dass zwar die Namen des Sokrates und des Bildhauers Pythagoras genannt werden, nicht aber der Name des „weisen Königs". Wenn es sich dabei tatsächlich um Christus gehandelt haben sollte, wäre zu fragen, warum der Verfasser dessen Namen nicht nennt. Einige Interpreten sahen die mögliche Ursache in einer Situation *der Verfolgung*, die es dem Verfasser nahelegte, sein Bekenntnis zu Christus zu unterdrücken.

Hier stellt sich die Frage nach der *Entstehungszeit* des Textes, die vor allem auch für die Beurteilung seines Zeugenwertes wichtig ist. Handelt es sich tatsächlich um ein Schreiben aus dem 1. Jahrhundert, wie Merz und andere behaupten? Falls nicht, sollte die Schrift sicherlich kaum in der Liste der „Kronzeugen“ für einen historischen Jesus aufgeführt werden. Außerdem dürfte man wohl nicht von einem „unabhängigen“ Zeugnis sprechen, da sich im Brief, wie wir bereits gesehen haben, offenbar christliche Einflüsse beobachten lassen.

## Datierung

Nach Merz ist die im Brief erwähnte Flucht antirömisch gesinnter Bürger der Stadt Samosata nach Seleukia identisch „mit der von Josephus Bell 7,219-243 berichteten Absetzung und Vertreibung des Königs Antiochus IV. von Kommagene (Hauptstadt Samosata) durch die Römer im Jahr 73“.[414] Diese Auffassung wird auch heute noch von vielen Theologen und Historikern favorisiert und fand auch auf dem Symposion des „Mara bar Serapions Projekts“ im Dezember 2009 etliche Befürworter.[415] Annette Merz will diese Auffassung in ihrem Buch weiter untermauern. Man darf darauf gespannt sein und nur hoffen, dass hier nicht der Versuch gemacht wird, ein tot geborenes Kind künstlich zu beleben. Denn dass es Merz oder anderen Vertretern einer Frühdatierung des Briefes gelingen wird, die entscheidenden historischen Mängel ihrer These auszubügeln, ist kaum zu erwarten. Nach wie vor ist eine Platzierung des Briefes unmittelbar nach dem Jüdischen Krieg mit gravierenden historischen Problemen verbunden, woran auch einzelne neue Einsichten im Hinblick auf Sprache, Stil und Inhalt des Briefes nichts werden ändern können.

Der Haupteinwand: Ein Satz wie der, die Juden seien „umgebracht und aus ihrem Reiche vertrieben“ worden und lebten „allenthalben in der Zerstreuung“, ist in der historischen Situation unmittelbar nach 70 noch nicht denkbar. Zwar bemühen sich die Evangelien im Allgemeinen und das MtEv im Besonderen zu zeigen, dass „die Katastrophe des Judentums im Jahre 70 n. Chr. Strafe für die Hinrichtung Jesu“ war.[416] Aber von Zerstreuung und Vertreibung des jüdischen Volkes als Strafgericht Gottes sagt auch Matthäus nichts. Einem Satz wie dem folgenden begegnen wir vielmehr erst ab Justin in der Mitte des 2. Jahrhunderts:

> „Gott, der die Zukunft vorherweiß, wusste, dass euer Volk es einmal verdient, aus Jerusalem vertrieben zu werden und dass niemand dahin zurück-

kehrt." (Dial 92,2; vgl. Just 1Apol 47; Just Dial 16,2; 25,5; 40,2; 117,5); vgl. (Schäfer 1981, S. 81ff.).[417]

Merz selber räumt (wenngleich nur in einer Fußnote) diese „Schwierigkeit" ein und gibt zu bedenken, dass den Juden „erst nach dem Bar-Kochba-Krieg (132-135) ... das Betreten von Jerusalem verboten" wurde.[418] Allerdings versucht sie das Problem durch die reichlich willkürliche Annahme zu beseitigen, es habe schon 66-70 so viele Deportationen gegeben, „dass man den Eindruck haben konnte, die Juden seien aus ihrem Reich vertrieben worden". Jedoch sind Vertreibung und Deportationen (von Kriegsgefangenen) oder gar Emigration – beides hat es nach dem ersten Jüdischen Krieg in der Tat gegeben – ganz verschiedene Dinge, und es geht natürlich nicht an, sie miteinander zu vermischen.

Im Übrigen ist darauf hinzuweisen, dass das Judentum in Palästina bald nach 70 wieder mit der Aufbauarbeit begann. Während der Sanhedrin sich in Jamnia (Jawne) konstituierte („Synode von Jamnia"), entstand zeitgleich eine jüdische Gelehrtenschule unter der Führung von Jochanan ben Sakkai. Die Wunden des Krieges waren, soweit wir wissen, bald wieder verheilt, und aus einer solchen Position der wiedergewonnenen Stärke heraus konnte es dann zur letzten großen Auseinandersetzung mit den Römern im *Bar Kochba-Krieg* kommen, diesmal allerdings mit vernichtenden Folgen.

Erst unter Hadrian, nach der endgültigen Niederlage 135 n. Chr., wurden Juden in großen Scharen aus ihrer Heimat, die nun nicht mehr „Judäa", sondern „Syria Palaestina" hieß, vertrieben. Erst jetzt wurde ihnen der Zutritt nach Jerusalem verboten; die Mauern der Stadt wurden geschleift, Jerusalem, als römische Kolonie unter Hadrian neu besiedelt und auf den Namen „Aelia Capitolina" getauft. Erst jetzt war das endgültige Ende der Existenz der jüdischen Nation allgemein sichtbar. Erst jetzt konnte ein Satz über das Schicksal der Juden, wie er im Brief des Mara bar Serapion steht, geschrieben werden.

Es bleibt dabei: Vertreibung und Zerstreuung des jüdischen Volkes waren Ergebnisse des Bar-Kochba-Krieges 135 n. Chr. und nicht des ersten Jüdischen Krieges. Ein Autor im Jahre 72 bzw. 73 konnte unmöglich schon vom „Verlust des Reiches" sprechen.[419]

Weitere Bedenken ergeben sich aus der fehlenden Übereinstimmung der im Brief angedeuteten historischen Situation mit der bei Josephus dargestellten. Während z.B. in dem Brief jegliche Hinweise auf die Einnahme Samosatas durch die römische Armee fehlen, weiß Josephus nichts von der Eroberung Seleucias, obwohl es sich dabei in diesem Zusammenhang gewiss um eine sehr erwähnenswerte Tatsache gehandelt hätte.[420] Auch muss unklar bleiben, warum in diesem Fall bei der Eroberung Samosatas nur ein Teil und nicht die *ganze* männliche Einwohnerschaft weggeführt worden sein soll.[421]

Aufgrund all dieser Schwierigkeiten wurde von Schulthess, Cureton, Kettenhofen, van Voorst und anderen eine zweite Möglichkeit favorisiert. Sie nahmen an, dass der Brief im Zusammenhang mit *dem Römisch-parthischen Krieg 161-166 n. Chr.* entstand, von dem Cassius Dio und einige andere Quellen berichten. Der Haupteinwand ist jedoch auch hier, dass in den Quellen nirgendwo von einem *Kampf um Samosata* die Rede ist, so dass die an sich sehr ansprechende Lösung letztlich spekulativ bleiben muss. Auch Franz Altheims Vorschlag, den Brief in die Zeit *des sassanidisch-römischen Krieges (253-260 v.Chr.)* zu platzieren, muss an der schlechten Quellenbasis scheitern und bleibt hypothetisch.[422]

Alles in allem: Obwohl die meisten Lösungen besser sind als die Annahme, das Schreiben sei unmittelbar nach dem ersten Jüdischen Krieg entstanden, sind sie alle unbefriedigend. So bleibt wohl nur festzustellen: „Leider findet die Flucht nach Seleucia und die Verhaftung der Einwohner von Samosata, die im Brief beschrieben wird, in keinem dieser drei Konflikte Bestätigung.“[423]

Aber dürfen wir überhaupt davon ausgehen, dass die im Brief mitgeteilten Daten auf historischen Tatsachen beruhen? Oder mit anderen Worten: Dürfen wir davon ausgehen, dass wir es mit einem *wirklichen Brief* zu tun zu haben? Für Schulthess stand dies noch zweifellos fest. Er sprach von einer Schrift „rein privater Natur“ und begründet dies damit:

> „Sie teilt alle die Merkmale, die den alltäglichen Briefen oft anhaften, den Mangel einer Disposition, daher mehrfaches Zurückkommen auf denselben Gegenstand, auch wohl gelegentlich Unkorrektheit, selbst scheinbare Widersprüche einzelner Aussagen unter einander. Die Zugehörigkeit der Adresse, wonach ein Mara bar Sarapion an seinen Sohn Sarapion schreibt, ist nicht anzuzweifeln. Für die Öffentlichkeit war das Schreiben gewiss nicht bestimmt, schon deshalb nicht, weil es nur aus einer einzigen, der darin angedeuteten Situation heraus zu begreifen ist. Der Vater spricht, wie er wohl weiß, vielleicht sein letztes Wort zu seinem Kinde; daher das willkürliche Aneinanderreihen der wichtigsten sich ihm aufdrängenden Ermahnungen und Warnungen. So wenig deutlich die historischen Umstände, denen der Brief entsprang, aus diesem selbst hervorgehn, so rätselhaft wäre es, wie ein anderer, für das Publikum und die Nachwelt schreibender Verfasser zu dieser Einkleidung gelangt sein sollte – zum mindesten hatte er sie dann deutlicher gezeichnet“ (S. 375).

Auch Merz bezeichnet die Schrift als „Privatbrief".[424]

Doch auch an dieser Überzeugung ist neuerdings mit guten Gründen gerüttelt worden.

## Der Brief als christliche Fälschung

Auf dem V. *Symposium Syriacum* vom 28. bis 31. August 1988 in Leuven schockierte die Amerikanerin Kathleen McVey die Teilnehmer mit der Botschaft, dass es sich bei dem sogenannten Brief des Mara bar Serapion in Wahrheit um ein christlich pseudepigraphisches Schreiben aus dem 4. Jahrhundert handelt. Die Professorin, die heute in Princeton lehrt, hatte einen „frischen Blick" auf die alte Handschrift geworfen und dabei festgestellt, dass die im Brief vorausgesetzt Situation in keine der drei vorgeschlagenen historischen Szenarien hineinpasst und insgesamt einen fiktiven Eindruck macht.

Zumal in der negativen Einstellung zur Kindesaussetzung auf der einen, der positiven Haltung zur Adoption von Kindern auf der anderen Seite (p. 45, „Ich staune über die vielen, die ihre Kinder aussetzen, und wundere mich über andere, die fremde Kinder adoptieren") erkennt sie die geistige Nähe des Verfassers zur christlich apologetischen Literatur, in der Abtreibung und Kindesaussetzung ebenfalls bekämpft werden und Kinder eine hohe Wertschätzung erfahren.[425] Auch der Gedanke, dass Christus Bringer eines „neuen Gesetzes" gewesen sei, stammt, wie McVey zu Recht behauptet, aus der christlichen Apologetik seit dem 2. Jahrhundert.

Charakteristisch für die apologetische Tendenz des Schreibens sei schließlich auch der Gebrauch des Gedankens der göttlichen Bestrafung der Juden aufgrund des „Gottesmordes" (der bei einem paganen Verfasser in der Tat der Erklärung bedürfte).

McVeys Ergebnis: Bei dem Verfasser handelt es sich um einen christlichen Apologeten im Gewande eines heidnischen Intellektuellen, der heidnisches Vokabular und heidnische Anschauungen zur Legitimation der christlichen Wahrheit und christlich moralischer Ansprüche benutzt. Der Name Christi sei ganz bewusst verschwiegen, dafür sei vom „weisen König" gesprochen worden, weil der Eindruck erweckt werden sollte, als hätten auch Heiden voll Bewunderung auf den Stifter des Christentums geblickt. So sollte der Leser (durch ein scheinbar unabhängiges Zeugnis) von der göttlichen Autorität des christlichen Lehrers überzeugt werden.

Für McVey weisen alle Indizien auf eine Entstehung des Schreibens im 4. Jahrhundert. Nicht nur das Motiv *der göttlichen Bestrafung* für den Mord am weisen König = Christus sei in dieser Zeit sehr verbreitet gewesen, sondern auch die aus dem Brief sprechende große Bewunderung für Sokrates und vor allem Pythagoras könne vor diesem Hintergrund erklärt werden.

Bei dem Verfasser scheint es sich um einen neuplatonisch geprägten Christen gehandelt zu haben. Wäre er Neu-Pythagoreer, hätte er sein Vorbild kaum mit dem gleichnamigen Bildhauer verwechselt. Wäre er ein Stoiker, hätte er das Haupt der stoischen Schule Zeno sicherlich nicht vergessen.

Schließlich erwägt McVey die Frage, ob es sich bei dem Brief nicht überhaupt um eine schlichte Rhetorikübung gehandelt haben könnte („rhetorical exercise“).[426]

## Der Brief als rhetorische „Chrie-Übung“

Dieser Gedanke wurde 2006 von Catherine M. Chin in einem Aufsatz über die „Rhetorische Praxis der Chrie-Komposition bei Mara bar Serapion“ (*Rhetorical Practice in the Chreia Elaboration of Mara bar Serapion*) aufgegriffen und weiter vertieft.[427] Ausgangspunkt ist für Chin eine einfache formale Beobachtung, die trotz ihrer Augenfälligkeit merkwürdigerweise von den übrigen Exegeten ganz übersehen worden war[428] und den zentralen Schlüssel zum Verständnis des Textes bilden könnte.

Dabei geht es um den kurzen Schlussabschnitt des „Briefes,“ in dem der Autor seltsamerweise von der ersten Person in die dritte wechselt und einen Dialog zwischen Mara bar Serapion und einem seiner Freunde im Gefängnis wiedergibt:

> „‘Bei deinem Leben, Mara, sag’ mir doch, was hast du Lächerliches, dass du lachst?’ Mara antwortete ihm: ‘Ich lache über die Zeit, die mir, ohne dass ich ihr geborgt habe, Böses heimzahlt.’“

Für all diejenigen, die die Auffassung vertreten, wir hätten es mit einem privaten Schreiben zu tun, liegt hier ein Problem. Sieht so der Abschluss eines wirklichen Briefes aus? Wohl kaum.

Bei diesem Schlussteil handelt es sich der literarischen Form nach, wie Chin in ihrem Aufsatz feststellt, um eine *Chrie (chreia,* gr. für *Nützliches)*, d.h. die Schilderung eines pointierten Geschehnisses, häufig mit einer bekannten Persönlichkeit verbunden, die in einer kurze Spruchweisheit, einer praktischen Lebensregel oder einer moralischen Maxime ausklingt.

Die Chrie ist eine in der Antike weit verbreitete literarische Gattung, die häufig auch in den Evangelien begegnet (Neutestamentler sprechen allerdings zumeist von *Apophthegma,* mitunter auch von *Paradigma* oder *Gnome*). Nach der Schilderung einer kurzen Eingangssituation folgt eine Antwort Jesu, ein Kommentar oder eine Handlung (als Antwort auf die eingangs gestellte Frage). Ein typisches Apophthegma ist beispielsweise Lk 9:57-58:

> „Und als sie auf dem Wege waren, sprach einer zu ihm: 'Ich will dir folgen, wohin du gehst.' Und Jesus sprach zu ihm: 'Die Füchse haben Gruben, und die Vögel unter dem Himmel haben Nester; aber der Menschensohn hat nichts, wo er sein Haupt hinlege.'"

Als rhetorische Figur war die Chrie in der Antike sehr beliebt. Das Besondere ist in diesem Fall, dass sie an den Brief angehängt wurde und der Autor des Briefes übergangslos von der Ichform in die dritte Person wechselt. Dies deute, so Chin, darauf hin, dass wir es bei dem Text mit einer „Chrie-Übung" zu tun hätten, wie sie im antiken Rhetorikunterricht gang und gäbe war.

Chin zeigt, dass die Abfassung von prosopopoetischen Briefen (d.h. die Abfassung von Briefen unter fremdem Namen) im antiken Rhetorikunterricht zur Ausbildung der Schüler gehörte und als Übung in den Schulen antiker Rhetoriklehrer wie Theon (1. Jh. n. Chr. ) oder Libanius (314- ca. 393 n. Chr. ) gepflegt wurde. Die Aufgabe bestand darin, aus einer vorgegebenen Chrie nach einem bestimmten Schema, das variieren konnte, einen Text anzufertigen.

Auch der „Brief des Mara bar Serapion" ist nach Chin offenbar ein solcher, aufgrund einer „Chrie-Übung" entstandener Text, wie die angehängte Chrie noch zeigen kann. Offenbar hat der Verfasser die kurze Anekdote zum Ausgangspunkt genommen, um daraus die verschiedenen Themen des vorangehenden „Briefes" zu entwickeln. Das durch die Chrie gestellte Hauptthema ist Mara bar Serapions philosophischer Gleichmut, der durch sein Lachen zum Ausdruck kommt. Weitere Elemente sind: die Gegenwart der Freunde, der Gefängnisaufenthalt, die Nöte der Zeit und die Idee des Besitzes, die durch das Motiv vom Borgen und Heimzahlen ausgedrückt wird.

Der Aufbau des Briefes erfolgte vermutlich nach dem folgenden Schema:

(1) Laudatio (*encomium*); Cureton 43.1–5[429]

(2) Paränese (*paraenesis*); 43.5–44.6
(3) Paraphrase (*paraphrase/historicization*); 44.6–20
(4) Philosophischer Diskurs (*philosophical rationale*); 44.20–45.5
(5) Gegenargument (*argument from the opposite*); 45.6–17
(6) Weitere Paränese (*further paraenesis*); 45.18–46.9
(7) Zeugnis aus der Antike, Exempla (*testimony of the ancients/exempla*); 46.10–47.16
(8) Weitere Paränese (*further paraenesis*); 47.16–48.7
(9) Epilog (*epilogue*) ; 48.7–23
(10) gefolgt von Chrie (*chreia*); 48.24–26

Nachdem von Chin detailliert gezeigt wurde, dass der „Brief” dem gängigen Muster einer „Chrie-Übung” entsprach, kann auch die Frage nach dem historischen Kontext gelöst werden, denn:

> „Wenn der Text in diesen rhetorischen Kontext gestellt wird, wird der unklare historische Hintergrund im Hinblick auf die Datierung und den ‘religiösen Charakter’ des Textes verständlicher: Wenn der Autor des Dokuments nicht wirklich Mara bar Serapion ist, sondern ein späterer Schreiber, der eine prosopopoetische Übung in dessen Namen verfasste, erscheinen die vagen historischen Details des Briefes und die philosophischen Allgemeinplätze eher als Stoff schulischen ‘Allgemeinwissens’ denn als Ausdruck individueller Erfahrung oder Glaubens.“[430]

Es ist nur zu bedauern, dass Catherine M. Chin und Kathleen McVey nicht als Referentinnen auf dem Symposium in Utrecht anwesend waren. Gerne wäre man dabei gewesen, um sich von den beiden amerikanischen Wissenschaftlerinnen weitere erhellende Einsichten zum „Brief des Mara bar Serapion“ mitteilen zu lassen.

Übrigens wird die „Chrie-Übung“ auch noch im modernen Rhetorikunterricht verwendet, so z.B. im „Trainingsbuch Rhetorik“ von Tim-Christian Bartsch. Die „Chrie-Übung“ basiert nach Bartsch „auf einem klaren Schema, an dem die Erzählung entwickelt und in eine Redeform gekleidet werden kann. Dabei kann auch ein einfaches Zitat als Vorlage dienen.“[431] Dieses Schema weicht bei Bartsch von dem obigen ein wenig ab und sieht so aus:

„1. Lobende Vorstellung des Autors

2. Nennung des Zitates oder des denkwürdigen Geschehnisses

3. Aufzeigen eines Grundes, warum die Bemerkung oder die Geschehnisse denkwürdig sind

4. Deutung des Beispiels bei Umkehrung der Aussage

5. Darstellung eines Vergleichs

6. Nennung eines weiteren Beispiels für die Hauptaussage der Chrie

7. Untermauerung der dargestellten Meinung durch die Aussage einer anderen Persönlichkeit

8. Kurze Zusammenfassung.“

Als Beispiel für eine Chrie dient ein Ausspruch Ustinovs:

„Von Sir Peter Ustinov stammt folgende Vermutung: Die letzte Stimme, die man hört, bevor die Welt explodiert, wird die Stimme eines Experten sein, der sagt. ‘Das ist technisch unmöglich.’“

Die Lösung, die im Folgenden zur Veranschaulichung für den Leser und zum besseren Verständnis ganz zitiert werden soll, könnte nach Bartsch folgendermaßen aussehen:

„**1. Lob:** Sir Peter Ustinov, einer der bekanntesten und beliebtesten internationalen Schauspieler und Autoren der letzten Jahrzehnte, stach durch seinen Wortwitz und Scharfsinn zu aktuellen politischen und sozialen Gegebenheiten immer wieder hervor.

**2. Zitat:** Seine Einstellung zum Thema ‘Experten’ macht er dadurch deutlich, dass er für den Zeitpunkt der Explosion der Welt prophezeit, dass das Letzte, was man hören wird, die Stimme eines Experten ist, der dieses als für technisch unmöglich erklärt.

**3. Begründung:** Diese Vermutung ist sehr treffend, da es zu nahezu jedem Phänomen mindestens zwei Experten und drei Meinungen gibt und sogenannte Experten oft so selbstbewusst auftreten und sich auch von den offensichtlichsten Beweisen nicht von ihrer Meinung abbringen lassen.

**4. Gegenteil:** Einerseits ist diese Vielfalt der Auffassungen wissenschaftlich begrüßenswert, sie erscheint den meisten jedoch als Zeichen dafür, dass es mehr um die Selbstbestätigung und das Rechthaben von Wissenschaftlern geht, als um einen möglichen Dienst für die Menschen.

**5. Vergleich:** So ist auch eine beharrliche kriegerische Auseinandersetzung zwischen zwei Staaten, bei denen es letztlich im Wesentlichen um die Rechthaberei der Staatsoberhäupter geht, keineswegs gut für das Volk, zu dessen Wohle die Staatsmänner eigentlich handeln sollten.

**6. Beispiel:** Bewahrheitet hat sich dieses Beispiel auch an dem Untergang der Titanic, die von Experten für unsinkbar erklärt worden ist und doch unzweifelhaft auf dem Grunde des Atlantiks ihr Ende gefunden hat.

**7. Untermauerung:** Auch Laurence Johnston Peter (1919-90), ein bekannter amerikanischer Managementberater [,] verlautbarte: ‘Rate dreimal hintereinander richtig und du wirst den Ruf eines Experten haben.’ Auch er hegt also an der Wahrheit und Verlässlichkeit der Aussagen von Experten gewisse Zweifel.

**8. Zusammenfassung** Ustinovs Ausspruch sollte uns also vor Augen führen, dass die Meinung von Experten und die Realität oft sehr weit voneinander entfernt sein können und es im Zweifel eben keine genau von Experten bewiesenen Sachen gibt; sie beweisen sich oft erst, wenn sie geschehen.“[432]

Deutschlehrer (an humanistischen Gymnasien) lieben es bisweilen, ihren Schülern als Hilfestellung für einen „Chrie-Aufsatz“ folgenden nützlichen Merksatz mit auf den Weg zu geben: *Quis, quid, cur, contra, simil(e), exemplaria, testes?* („Ursprung, Umschreibung, Gründe, Gegenteil, Vergleich, Beispiel und Zeugnis.“)

# Der Brief des Mara bar Serapion – kein Jesuszeugnis

Obwohl anerkannt werden muss, dass der „weise König“ im Sinne des Verfassers vermutlich mit Jesus Christus identisch ist, handelt es sich mit Sicherheit nicht um „das wohl älteste pagane Zeugnis über Jesus“, wie Annette Merz und mit ihr zahlreiche christliche Apologeten behaupten.

Dagegen spricht:

1. dass eine *Datierung* unmittelbar im Anschluss an den ersten Jüdischen Krieg aus historischen Gründen nicht möglich ist;

2. dass es sich bei dem Text gar nicht um einen echten Brief handelt, sondern, wie neuere amerikanische Untersuchungen gezeigt haben, um *literarische Fiktion* bzw. um eine rhetorische Übung auf der Grundlage der angehängten Chrie;

3. dass verschiedene Indizien an dem vermeintlichen *nichtchristlichen* Charakter des Schreibens zweifeln lassen.

Der letzte Punkt wurde bereits verschiedentlich gestreift, soll aber hier noch einmal etwas ausführlicher erläutert werden:

Nur oberflächlich gesehen handelt es sich beim Brief des Mara bar Serapion um ein paganes Zeugnis. Nähere Betrachtung zeigt, dass hier offenbar ein *Christ* im Gewand eines Heiden schreibt:

(a) Merz und andere weisen darauf hin, dass der Verfasser „unbefangen“ von „unseren Göttern“ redet. Dies ist aber nur ein einziges Mal der Fall, an *sieben* (!) anderen Stellen spricht der Verfasser stattdessen von „Gott“. Es wäre daher voreilig, wollte man von dem einmal vorkommenden Ausdruck auf einen etwaigen paganen Hintergrund des Autors schließen. Vielmehr erweckt die unterschiedliche Ausdrucksweise den Eindruck, als sei die Formulierung „unsere Götter“ nur gebraucht worden, um einen paganen Hintergrund des Autoren zu *suggerieren*. Daran, dass dies nicht konsequent durchgehalten wurde, kann man erkennen, dass die Einfügung nicht in täuschender Absicht, sondern eher spielerisch geschah – dem etüdenhaften Charakter eines „Schulaufsatzes“ entsprechend.

(b) p. 43 enthält noch einen Satz, der in der Übersetzung von Schulthess weggelassen und wegen der Schwierigkeit der Übersetzung in die Fußnote verbannt wurde; er lautet:

> „Und alles das habe ich aus der griechischen Lehre geschöpft, als es unterging zu der Zeit, da das Leben geboren wurde.“

Schulthess ist „geneigt“, „den Ausdruck ‘Leben’ auf das Christentum zu beziehen“, was er aber wegen des fehlenden Zusammenhangs, d.h. wohl wegen der vermeintlich pagenen Ausrichtung des Schreibens, unterlässt. Doch wäre es, wenn man den Brief als eine literarische Stilübung, eine Art „Schulaufsatz“ also, betrachtet (und nicht als authentisches Privatschreiben wie Schulthess oder Merz), keineswegs unmöglich, dass der Autor mit dieser Anspielung für einen Moment die Aufgabenstellung aus den Augen verlor und unbekümmert sein christliches Selbstverständnis zum Ausdruck brachte.

(c) Der Verfasser verfügt offenbar über eine Kenntnis der jüdisch-christlichen Sibyllen-Literatur. Das macht die Art des Strafgerichts, das den Samiern wegen der Verbrennung ihres Pythagoras zuteil geworden sein soll, deutlich. Samos soll, wie es heißt, „in einem Augenblick vom Sand verschüttet“ worden sein. Irgendeinen historischen Beleg für die Feststellung gibt es nicht, wohl aber einige prophetische Sprüche aus den Sibyllenbüchern, in denen der Insel eben dieses Schicksal angedroht wird:

> Sib 3,363 „Auch wird Samos zu Sand und Delos wird ungekannt liegen,…“- Sib 4,91 „Und ganz Samos wird der Sand unter Dünen verhüllen“ – Sib 8,166 „Und zu Sand wird Samos …“

Die Pointe dieser eigenartigen Strafandrohung ist in der deutschen Übersetzung nicht ohne Weiteres verständlich, wohl aber wenn man das griechische Original mit seinem Wortspiel von *Samos* und *ammos* (Sand) betrachtet (ähnliche Wortspiele mit *Dēlos – adēlos, Rōmē – rumē;* Sib 3,363; 8,165). Wir haben es hier mit einer klassischen *Paronomasie* zu tun.[433]

Die Gerichtsweissagung über Samos ist also offenbar daraus entwickelt und somit fest in der prophetischen Literatur, in der solche Wortspiele üblich waren, verankert. *Nur aus ihr* kann der Verfasser unseres Briefes seine Information über das versandete Samos erhalten haben.

Wie McVey gezeigt hat, enthält der „Brief“ außerdem eine Reihe von Passagen, die auf einen Einfluss der christlich apologetischen Literatur hinweisen.

Schließlich könnte der Verfasser auch von der alttestamentlichen Weisheitsliteratur beeinflusst worden sein. Das Vater-Sohn- Schema (Vater belehrt Sohn) ist dort ebenfalls sehr verbreitet.[434] Die Stilisierung des Vaters zum Weltweisen, der die Welt „erforscht“ hat (43,1; 46,1), erinnert an Kohelet (Koh 1:13; 7:25; 9:1; 12:9); ebenso die Klage über die Nichtigkeit der Welt und das Lob der Weisheit als beständiges Gut. [435]

Die Grundkonstellation des Schreibens – der im Gefängnis sitzende Verfasser predigt wider Todesangst und weltliche Begierden und fordert zur Gelassenheit und Freude auf – könnte der Verfasser auch im neutestamentlichen *Philemonbrief* kennengelernt haben; vgl. die Chrie mit dem sich freuenden Mara bar Serapion und das paulinische: „Freuet euch in dem Herrn allewege, und abermals sage ich: Freuet euch!“ (Phil 4:4, vgl. 2:18; 3:1)

Alles in allem: Der Briefe des Mara bar Serapion kann wegen seiner Entstehung gegen Ende des 2. Jahrhunderts oder später nicht als Beleg für die Existenz des historischen Jesus gelten. Er ist literarische Fiktion und enthält überdies zu viele christliche Elemente, um als unabhängiges Zeugnis gelten zu können. Sein Wert im Hinblick auf die Bezeugung eines historischen Jesus ist gleich Null.

Dass er als „Zierde“ der antiken syrischen Literatur ein wertvolles historisches Dokument darstellt, steht auf einem ganz anderen Blatt.

# 6. Thallus: ein Hinweis auf die Passionsgeschichte?

## Thallus – ein Historiker des 1. Jahrhunderts?

Bereits im vergangenen Abschnitt stellten wir fest, dass das Zeugnis des *Thallus* ebenso wie das des Mara bar Serapion offenbar erstmals von Robert Eisler in die Diskussion eingebracht wurde und davor noch keine Rolle spielte. Vermutlich wäre der Text nie in die Liste der „Kronzeugen" aufgenommen worden, wenn die allgemeine Armut an außerchristlichen Belegen nicht derart groß gewesen wäre.

Das „Jesus-Zeugnis" des Thallus ist ein Textfragment aus einer dreibändigen Geschichte der östlichen Mittelmeerländer, die mit dem Trojanischen Krieg beginnt. Das Werk ist wie so viele andere antike Schriften verloren gegangen. Von ihm sind aber einige Fragmente erhalten geblieben, darunter eine Textpassage, die bei dem christlichen Chronographen *Julius Africanus* zitiert wird (ca. 160 bis ca. 240). Allerdings ist auch diese Schrift inzwischen nicht mehr vorhanden. Nur ein Fragment ist erhalten, das in der Chronik des byzantinischen Mönchs *Georgius Synkellos* aus dem 8. Jahrhundert überliefert ist. Der Abschnitt aus Thallus stammt also sozusagen nur aus „dritter Hand".

Für die christlichen Schriftsteller ist Thallus auch sonst kein Unbekannter. Tertullian erwähnt das Geschichtswerk eines Thallus, „worin der Krieg des Belus und der des Saturnus, der Könige der Assyrier und der Titanen, mit Jupiter berichtet wird" (Apol 19). Auch Eusebius, Laktanz, Minucius Felix, Theophil und andere kennen einen Historiker mit diesem Namen.[436] In seiner Fragmentesammlung griechischer Historiker hatte allerdings schon Jacoby davor gewarnt, die Bedeutung des Thallus zu überschätzen oder ihn gar mit dem Titel des „gefeiertsten der heidnischen chronographen der kaiserzeit“ zu versehen, vielmehr gelte: „mann und buch sind für uns gleich schattenhaft“.[437]

Das sollte vor allem von jenen Theologen bedacht werde, die das Zeugnis dieses Historikers selbstgewiss zum frühesten Beleg für Jesus aus der Mitte des 2. Jahrhunderts machen möchten.[438] Dass Thallus, wie van Voorst behauptet, sein Werk um 55 n. Chr. verfasst haben soll, ist angesichts der allgemeinen Dunkelheit, die Leben und Werk dieses Historikers umgeben, eine waghalsige Hypothese. Gestützt wird die frühe Datierung durch die Annahme, dass der Historiker Thallus mit dem freigelassenen Samaritaner des Tiberius (14-37) identisch sei, der in den *Altertümern* des Josephus erwähnt wird; in der deutschen Übersetzung von Heinrich Clementz lesen wir:

> „Es befand sich aber damals *ein gewisser Samaritaner Thallus*, ein Freigelassener des Caesars am Hofe. Von diesem lieh Agrippa sich eine Million Sesterzen, bezahlte der Antonia seine Schuld und verwendete den Rest dazu, Aufwendungen behufs Erlangung der Gunst des Gajus zu machen, so dass er in dessen Ansehen gewaltig stieg“ (Ant 18,167).

Die *Kombination mit Josephus* ist aber aus verschiedenen Gründen äußerst fragwürdig. Zum einen sagt Josephus nichts davon, dass es sich bei dem von ihm erwähnten Thallus um einen Schriftsteller oder Verfasser historischer Werke handelt; zum andern war der Name in der damaligen Zeit so weit verbreitet, dass eine eindeutige Identifizierung allein aufgrund des Namens vollkommen unmöglich ist. Entscheidend aber ist, dass in dem überlieferten Josephus-Text gar nicht von Thallus = „Thallos“, sondern von „allos“ die Rede ist. Das ursprüngliche „allos“ wurde erst im Jahre 1720 von dem Gelehrten Hudson durch Hinzufügung eines *theta* (Th) in „Thallos“ verändert, weil er der Meinung war, dass der überlieferte Text keinen Sinn ergebe und, zumal vor dem Hintergrund, dass ein Thallus als Freigelassener des Kaisers inschriftlich bezeugt wird, „verbessert“ werden müsse.[439] Mit anderen Worten, der Link vom Historiker Thallus zum Freigelassenen des Josephus kann überhaupt nur mit Hilfe einer Gelehrten-Konjektur hergestellt werden! Dünner kann der Faden, an dem die Identifizierung der beiden „Thallus“ (und damit die Datierung des Textes im 1. Jahrhundert) hängt, kaum sein.

Im Übrigen ist die Konjektur an dieser Stelle ganz überflüssig, da das „allos“ auch dann einen Sinn ergibt, wenn man es nicht mit „ein anderer (Samaritaner)“ übersetzt, was in der Tat problematisch wäre, da zuvor kein Samaritaner erwähnt wurde. Wie Horace Rigg überzeugend gezeigt hat, könnte der Name „Hallos" gemeint sein, der als Name eines Freigelassenen des Tiberius ebenfalls bezeugt ist. Zu einer solchen Identifizierung bedarf es keiner Konjektur, da es für den Hauchlaut H im Griechischen bekanntlich keinen speziellen Buchstaben gibt.[440]

Damit ist aber auch das stärkste Argument für eine Datierung des Thallus im 1. Jahrhundert hinfällig. Die zumeist christlichen Schriftsteller, die sich auf ihn beziehen, geben im Übrigen keine Hinweise, die eine nähere chronologische Bestimmung erlaubten. Und dass Thallus deswegen ein Schriftsteller des 1. nachchristlichen Jahrhunderts gewesen sein müsse, weil sein Geschichtswerk bis zur Mitte des 1. Jahrhunderts reichte, ist natürlich auch kein ernstzunehmendes Argument. Denn zum einen würde dies keineswegs ausschließen, dass der Verfasser nicht auch im 2. Jahrhundert gelebt und gewirkt haben könnte – auch die Chronologie des Eusebius bricht 30 Jahre vor der Abfassungszeit ab, die *Annalen* des Tacitus enden ungefähr ein halbes Jahrhundert vor ihrer vermutlichen Abfassungszeit um 115. Zum andern beruht die Behauptung, dass das Werk des Thallus den Zeitraum „vom Fall Trojas bis ungefähr 50 n. Chr."[441] dargestellt haben soll, wieder einmal auf einer Konjektur. Die armenische Version der Chronik des Eusebius sagt etwas anderes. Dort heißt es, dass das „kurze Kompendium" des Thallus den Zeitraum vom Trojanischen Krieg bis zur 167. Olympiade umfasste, also die Zeit bis 112-109 *v. Chr.*![442] Vor der Wahl stehend, entweder anzunehmen, dass von einem anderen Werk des Thallus die Rede ist oder aber, dass ein Abschreibfehler vorliegt, haben sich die meisten Wissenschaftler für das letztere entschieden und lesen statt 167 Olympiade = 207. Olympiade (49-52 v. Chr.) oder 217. Olympiade (89-92 n. Chr. ). Auch hier gelangen van Voorst und andere nur aufgrund luftiger Hypothesen zu dem gewünschten Ergebnis. [443]

Einen zuverlässigen Anhaltspunkt für die Annahme, Thallus habe im 1. Jahrhundert gelebt, gibt es also nicht, so dass auch die Feststellung, das von ihm überlieferte Fragment sei das früheste Jesuszeugnis, eine ganz unbewiesene Behauptung bleiben muss.

## Der von Synkellos zitierte Thallus-Text des Julius Africanus

Im Zusammenhang mit der Passionsgeschichte spricht Julius Africanus (also nicht Thallus!) nach Synkellos von der übernatürlichen *Dunkelheit*, die Christi Kreuzigung begleitet haben soll (*skotos*, vgl. Mk 15:33; Mt

27:45; Lk 23:44). Er geht dabei in seinem 3. Buch auf eine von Thallus erwähnte *Sonnenfinsternis* ein, bei der es sich nach seiner Meinung um die von den Evangelisten erwähnte „Dunkelheit" handelte. Africanus kritisiert den Historiker wegen der Bezeichnung „Sonnenfinsternis", da Jesus bei Vollmond gekreuzigt wurde und aus diesem Grunde keine Sonnenfinsternis möglich war.

> „Eine furchtbare Dunkelheit (skotos) fiel über die ganze Welt, durch ein Erdbeben zerrissen die Felsen, und viele Orte in Judäa und der restlichen Welt wurden zerstört. Diese Dunkelheit nennt Thallus im dritten Buch der Historien eine Sonnenfinsternis. Wie mir scheint, gegen vernünftige Einsicht. Denn die Hebräer feiern das Passa am 14. Mond, was dem Erlöser geschah, geschah einen Tag vor dem Passa. Die Sonnenfinsternis aber geschieht, wenn der Mond unter der Sonne vorbeigeht. Das ist unmöglich zu einer anderen Zeit als in dem Zeitraum zwischen dem ersten Tag des Neumonds und dem letzten Tag des abnehmenden Monds, wenn sie in Konjunktion sind. Wie kann man glauben, dass eine Sonnenfinsternis stattfindet, wenn der Mond in Opposition zur Sonne steht? So sei es. Möge das Geschehene die Menge betören und möge das wundervolle Zeichen von der Welt aufgrund einer optischen Täuschung als Sonnenfinsternis betrachtet werden. *Phlegon berichtet, dass während der Regierungszeit des Tiberius bei vollem Mond eine vollkommene Sonnenfinsternis stattfand, von der 6. bis zur 9. Stunde: offenbar dieselbe (wie die oben genannte).* Aber was haben Sonnenfinsternisse zu tun mit Erdbeben, zerbrechenden Felsen, Auferstehung der Toten und der Bewegung des Kosmos?" [444]

## Ein Jesuszeuge?

Theißen/Merz, Bruce und andere Exegeten glauben nun, „dass Thallus den christlichen Bericht von der Kreuzigung Christi kannte und sich in seinem Werk darauf bezog.[445]

Doch scheint die Zuversicht nicht recht begründet, da der Text gar nicht erkennen lässt, ob die von Thallus berichtete „Sonnenfinsternis" überhaupt etwas mit der Kreuzigung Christi zu tun hatte. Vermutlich sprach Thallus nur von einer Sonnenfinsternis im 15. Regierungsjahr des Tiberius, d.h. im Jahre 29, was dann durch *Julius Africanus* mit dem Tod Jesu in Verbindung gebracht wurde.

Dagegen hat Maurice Goguel folgendermaßen argumentiert: Wenn Thallus nur von einer Sonnenfinsternis im Jahre 29 *ohne Bezug auf den Tod Jesu* gesprochen hätte, hätte Africanus keinen Grund zur Kritik gehabt; er hätte ihm keinen Irrtum vorgeworfen, sondern die Stelle bei Thallus lediglich als Beweis für die Richtigkeit der christlichen Überlieferung gewertet.[446]

Eine sehr subtile Überlegung, gegen die allerdings auf eine Passage aus der Apologie des Tertullian hingewiesen werden kann. Auch Tertullian erwähnt die Dunkelheit beim Tode Jesu (21,19). Wieder einmal verweist er zum Beweis auf ominöse Archive (vgl. S. 100):

> „In demselben Augenblick verschwand das Tageslicht, obwohl die Sonne Mittagshöhe zeigte. Das hielten die, welche nicht wussten, dass auch dies in Betreff Christi vorhergesagt war, natürlich für eine bloße Sonnenfinsternis (deliquium). Und doch findet sich auch dieser Zwischenfall im Weltall in euren geheimen Archiven berichtet."

Vermutlich denkt Tertullian, der Thallus kennt (Apol 10,7; 19,1), an ihn, wenn er von jenen spricht, die das Verschwinden des Tageslichts als „bloße Sonnenfinsternis" erklärten.[447] Anders als Africanus sagt Tertullian aber nicht, dass die natürliche Erklärung des Vorgangs gegen die von den Christen favorisierte übernatürliche Deutung gerichtet war. Vielmehr wussten deren Vertreter nach Tertullian noch gar nicht, „dass auch dies in Betreff Christi vorhergesagt war" (qui id quoque super Christo praedicatum *non scierunt*). Die Tatsache, dass sich Tertullian der Kritik an den Vertretern einer natürlichen Deutung enthält, deutet also darauf hin, dass die Polemik des Africanus erst auf ein von ihm selber verschuldetes Missverständnis seiner Quelle zurückgeht.

Auch Annette Merz räumt ein, es sei nicht „zweifelsfrei zu beweisen", „dass Thallus die Kreuzigung erwähnt hat." Warum am Ende aus der „Vermutung" ein *außerchristlicher Beleg* geworden ist und Thallus gleichwohl als Zeuge dafür herhalten muss, dass sich in der zweiten Hälfte des ersten Jahrhunderts ein nichtchristlicher Historiker dazu herausgeforderte fühlte, „‚falsche' historische Angaben zu widerlegen", bleibt ihr theologisches Geheimnis.[448]

Historisch-kritische Exegeten wie Merz und Theißen sollten sich überdies fragen, wie es möglich ist, dass ein rein *literarisches Motiv* aus antiken Wundererzählungen wie das der plötzlich hereinrechenden Dunkelheit beim Tode Jesu, das sie selbst ohne Zögern als „mythologisch" bezeichnen würden,[449] überhaupt *historisch* bezeugt werden kann. Naturwunder dieser Art begegnen bekanntlich auch in anderen antiken Erzählungen vom Tode großer Persönlichkeiten.[450]

Craig Evans räumt denn auch ein, dass die Stelle bei Thallus keine – wie immer auch zu erklärende – Finsternis beim Tode Jesu bezeugen könne, sondern nur die *frühe Überlieferung,* dass es beim Tode Jesu eine Finsternis gegeben habe. Wir hätten es bei Thallus nur mit einem Augenzeugen außerhalb der christlichen Kreuzigungstradition zu tun.[451] Doch ist es, wie wir gesehen haben, sehr fraglich ob Thallus tatsächlich ein „*early* witness", d.h. „ein Augenzeuge" und Historiker *des 1. Jahrhunderts*, war. Ebenso fraglich ist es, ob er – selbst vorausgesetzt, es läge wirklich ein Anspielung auf die Kreuzigung Jesu vor – überhaupt als Zeuge betrachtet werden dürfte, da die von ihm mitgeteilte Tradition nur aus christlichen Kreisen stammen könnte, also gar kein *unabhängiges Zeugnis* wäre.[452]

Alles in allem: Ein Fragment, das uns nur aus „dritter Hand" überliefert wurde, von dem man den ursprünglichen Zusammenhang nicht kennt, dessen Verfasser unbekannt ist und von dem niemand weiß, wann und wo er gelebt hat – um nur dies zu sagen – zeigt nur eines: wie schlecht es um den historischen Wert der außerchristlichen Jesus-Zeugnisse im Allgemeinen bestellt ist.

## Phlegon von Tralleis

Gleich im Anschluss an den oben zitierten Abschnitt aus der Chronik des Synkellos wird noch ein weiterer antiker „Zeuge" für die Sonnenfinsternis in der Zeit des Tiberius zitiert (kursiv gekennzeichnet): der „Buntschriftsteller" *Phlegon von Tralleis*, ein Freigelassener und Hofbeamter des Kaisers Hadrian aus dem 2. Jahrhundert († nach 137 n. Chr.), der vor allem durch eine Sammlung antiker Geistergeschichten bekannt geworden ist, von denen sich Goethe für seine „Braut von Korinth" inspirieren ließ.

Zu der Stelle gibt es eine ebenfalls von Synkellos überlieferte Parallele in der Chronologie des Eusebius mit dem folgenden Wortlaut:

> „Es schreibt darüber auch Phlegon, der Kenner der Olympiaden, im 13. Buch Folgendes: Im 4. Jahr der 202. Olympiade ereignete sich die größte Sonnenfinsternis im Vergleich zu den früheren. Auch wurde es Nacht um die sechste Stunde des Tages, so daß die Sterne am Himmel sichtbar wurden. Und ein großes Erdbeben ereignete sich in Bithynien, ein großer Teil von Nicäa wurde zerstört."[453]

Einen weiteren Hinweis auf Phlegon und seinen Bericht über die Sonnenfinsternis finden wir schließlich noch bei Origenes (Cels 2,33):

> „Von der Verfinsterung der Sonne unter dem Kaiser Tiberius, unter dessen Regierung Jesus bekanntlich gekreuzigt wurde, und den großen Erdbeben

zu jener Zeit berichtet auch Phlegon, wenn ich nicht irre, im dreizehnten oder vierzehnten Buche seiner Chronik"; vgl. Orig Cels 2,59.[454]

Martin Hengel ist unsicher, was die Erwähnung der Kreuzigung Christi in dem Zeugnis des *Thallus* betrifft. Doch soll nach seiner Meinung „zumindest" *Phlegon* „auf den Zusammenhang mit der Finsternis in der Passionsgeschichte hingewiesen haben", so dass wir hier eines der „frühesten Anzeichen für die Wahrnehmung einer Evangelienschrift durch einen heidnischen Autor aus der Zeit dieses Kaisers [Mark Aurel]" vorliegen hätten.[455]

Ob Phlegon tatsächlich einer der ersten „nichtchristlichen Leser der Evangelien" war, ist allerdings zweifelhaft. Das von Synkellos überlieferte Zitat des Africanus erweckt, wie schon Martin Routh bemerkte, den Verdacht, *interpoliert* zu sein. Abgesehen davon, dass die für Satzanfänge typischen Partikel wie *men, de, oun* fehlen, wird der soeben noch verworfene Gedanke, es habe bei dem Tode Jesu eine Sonnenfinsternis stattgefunden, noch einmal wiederholt, und zwar völlig kritiklos. Wird das Phlegon-Zitat aus dem Kontext entfernt, ergibt sich ein schlüssiger Zusammenhang zwischen der rhetorischen Frage „Aber was haben Sonnenfinsternisse zu tun mit Erdbeben, zerbrechenden Felsen, usw." mit der vorhergehenden, auf Thallus bezogenen Kritik der Sonnenfinsternis. Routh vermutete, dass der Kommentar eines christlichen Kopisten in den Text aufgenommen wurde, was bei antiken Manuskripten in der Tat häufig der Fall war. Darauf deutet auch die angehängte, sprachlich unbeholfene Identifizierung der beiden von Thallus und Phlegon erwähnten Sonnenfinsternisse: *„offenbar dieselbe (wie die oben genannte)"*.[456]

Vermutlich wurde der ursprüngliche Wortlaut des Phlegon-Zitats ein wenig verändert. Dies geht vor allem aus einem Vergleich mit dem oben zitierten Abschnitt aus der Chronologie des Eusebius hervor, in dem die Parallelen mit den Evangelien weniger stark hervortreten: Während es bei Eusebius nur heißt, es sei um die 6. Stunde Nacht geworden, dauert die Finsternis bei Julius Africanus ganz wie in den Evangelien „von der 6. bis zur 9. Stunde" (Mt 27:45; Mk 15:33; Lk 23:44). Bei Eusebius ist die Sonnenfinsternis nicht näher lokalisiert, die Nachricht über die Erdbeben in Bithynien und Nizäa spricht dafür, dass der Autor auch die Sonnenfinsternis in dieser Gegend ansiedelte. Wichtig ist außerdem, dass Phlegon bei Africanus behauptet, die Sonnenfinsternis habe *bei Vollmond* stattgefunden, wodurch das Wunderbare der ganzen Angelegenheit noch gesteigert wird.

Wohl zu Recht vermutet Alexander Demandt, dass die Notiz des Phlegon bei Africanus dem Bericht der Synoptiker *angepasst* worden ist, indem die Sonnenfinsternis, wie dort, auf die 6. bis 9. Stunde gedehnt wurde:

> „Das Motiv der Angleichung ist durchsichtig: es ging Africanus darum, das biblische Zeugnis in apologetischer Absicht durch den unverdächtigen Freigelassenen Hadrians zu unterbauen. Die späteren Autoren tradieren diese Version, sie betonen einerseits die Tatsache, daß es bei Christi Tod eine Sonnenfinsternis gegeben habe, und andererseits, daß sie gegen die Naturgesetze bei Vollmond und wolkenlosem Himmel eingetreten sei.“[457]

Auch die Steigerung des Wunderhaften bei Africanus deutet darauf hin, dass das von ihm überlieferte Zitat bereits christlich „überformt“ wurde.

Dies alles zeigt exemplarisch: Ein Text, der ursprünglich noch keinen christlichen Bezug enthielt, wurde christlich überarbeitet und, sei es durch Missverständnis, sei es vorsätzlich, mit der christlichen „Geschichtsdarstellung“ verlinkt bzw. ihr angeglichen. Wie Richard Carrier bemerkt, könnte Ähnliches auch mit dem „Zeugnis“ des Thallus geschehen sein. [458]

Obwohl die von Eusebius zitierte Passage aus Phlegon sicher ursprünglicher ist als das Africanus-Zitat, ist damit noch nicht gesagt, dass Eusebius sie korrekt überliefert hat. Besonders die von Eusebius mitgeteilten Zeitangaben erwecken den Verdacht, christlich redigiert worden zu sein.

Aufgrund heutiger astronomischer Rückrechnungen hat man festgestellt, dass die von Phlegon berichtete Sonnenfinsternis sehr wahrscheinlich am *24. November 29 n. Chr.* stattfand. Hierbei handelt es sich also nicht, wie es bei Eusebius heißt, um das 4. Jahr der 202. Olympiade (d.h. das Jahr 32 n. Chr. ), sondern um das erste. Dazu, dass Phlegon die Sonnenfinsternis am 24.11.29 meinte, würde passen, dass er Bithynien und Nizäa erwähnt, wo die Sonnenfinsternis in der Tat eine totale war. In Palästina soll sie wahrnehmbar gewesen sein, nicht aber zur völligen Verfinsterung geführt haben.

Dies bedeutet, dass wir die falsche Zeitangabe im Phlegon-Zitat des Eusebius sehr wahrscheinlich der Tendenz des christlichen Chronisten zu verdanken haben, die Nachricht des antiken Schriftstellers mit der christlichen Tradition und dem Evangelienbericht zu harmonisieren. Die Erwähnung *der 6. Stunde* könnte durch die Evangelien beeinflusst worden sein (siehe oben), während die Verlegung des Zeitpunkts der Finsternis von der 1. auf die *4. Olympiade (das Jahr 32 n. Chr. )* offensichtlich der Darstellung des Evangelisten Johannes geschuldet ist, welche die Kirchenväter dazu zwang, „eine dreijährige Frist anzunehmen und den Tod Jesu auf das Jahr 32 zu verlegen“.[459] Auch Alexander Demandt vermutet, dass das Datum der Sonnenfinsternis später „verformt“ wurde, um sie besser auf das Datum der Kreuzigung beziehen zu können. Die Betonung des Wunderhaften, die wir bei Africanus beobachteten, gehört ebenfalls zu den für die Überlieferungsgeschichte solcher Ereignisse typischen Verformungs- und Steigerungstendenzen.[460]

Es ist also anzunehmen, dass Phlegon eine am 24.11.29 n. Chr. sich ereignende Sonnenfinsternis korrekt beschrieben hat und dass die späteren Kirchenväter dessen Angaben durch geringfügige Änderungen zu einem Beweis für die historische Wahrheit der christlichen Überlieferung machten.

Dass Phlegon umgekehrt die Evangelien „eingesehen“ habe, wie Hengel meint, ist äußerst unwahrscheinlich. Vermutlich wären seine Ausführungen über den Bezug der Sonnenfinsternis auf den Tod Jesu dann wesentlich deutlicher ausgefallen.

Nicht Phlegon hat die Sonnenfinsternis am 24.11.29 n. Chr. mit derjenigen beim Tode Jesu identifiziert, sondern die Kirchenväter, immer auf der Suche nach heidnischer Bestätigung und Legitimation ihrer christlichen Botschaft, haben dessen Ausführungen zur Sonnenfinsternis mit ein paar geringfügigen Korrekturen den Evangelienberichten angepasst.

Ob und inwieweit Phlegon überhaupt Kenntnis vom Christentum genommen hat, bleibt unklar. Zum Beweis wird zumeist auf Origenes verwiesen, der in seiner Schrift gegen Celsus folgendes behauptet:

> „Phlegon jedoch hat in dem dreizehnten oder vierzehnten Buche seiner Chronik, wenn ich mich nicht irre, bei Christus auch die Kenntnis einiger zukünftigen Dinge zugestanden; spricht er auch hier infolge einer Verwechslung von Petrus statt von Jesus, so legt er doch dafür Zeugnis ab, dass alles eintraf, was und wie er es vorausgesagt hatte“ (Cels 2,14).

Sehr seltsam ist, dass Phlegon Jesus mit Petrus verwechselt und Petrus, nicht Christus, prophetische Gabe zugestanden haben soll. Ob das auf die Lektüre der Evangelien zurückgehen kann, ist fraglich. Man müsste bei dem antiken Chronologen schon ein sehr hohes Maß an Zerstreutheit voraussetzen, wenn man ihm die Verwechslung zutrauen wollte. Eine andere Erklärung könnte darin liegen, dass nicht Phlegon, sondern *Origenes* etwas verwechselt hat. Möglicherweise sprach Phlegon gar nicht von Petrus, sondern von *Simon*. Bei diesem Simon brauchte es sich dann keineswegs um Simon *Petrus* gehandelt zu haben, wie Origenes annimmt, sondern damit könnte keine geringerer als der in apokryphen Sagen und Legenden herumgeisternde *Simon Magus* gemeint sein. Denn auch dieser Simon gilt, z.B. in der pseudoclementinischen Literatur,[461] als Prophet, wenngleich als falscher, wenigstens aus christlicher Sicht, die Phlegon ja keineswegs geteilt zu haben braucht.

Aber das nur am Rande. Entscheidend ist, dass Phlegon kaum als „erster nichtchristlicher Leser der Evangelien" bezeichnet werden kann. Es waren vielmehr die späteren Kirchenväter, die ihn aufgrund ihrer Lektüre heidnischer Autoren nach entsprechenden kleinen Korrekturen zum „Zeugen" der christlichen Wahrheit machten. Doch selbst wenn Phlegon die Evangelien gelesen hätte: ein *unabhängiger* Zeuge für die Richtigkeit der neutestamentlichen Passions-Überlieferung, für den manche evangelikale Christen ihn halten, wäre er nicht.

# 7. Das Schweigen nichtchristlicher Quellen

Um einen Eindruck von der desolaten Situation zu bekommen, in der sich die Verteidiger eines historischen Jesus befinden, wenn sie sich auf außerchristliche Zeugnisse berufen, genügt es nicht, sich mit den sechs klassischen Kronzeugen auseinandergesetzt zu haben. Zusätzlich soll auch noch ein kurzer Blick auf jene antiken Schriftsteller geworfen werden, die dem Zugriff christlicher Interpolatoren entgingen und sich über das Christentum des 1. Jahrhunderts und dessen Stifter in völliges Schweigen hüllen. Da es kaum möglich ist, sie in Gänze aufzuführen, mag eine Auswahl der wichtigsten genügen. [462]

Als Zeitgenossen Jesu erwähnt Theißen in diesem Zusammenhang zuerst den jüdischen Religionsphilosophen *Philo von Alexandria* (um 15/10 v. Chr.; † nach 40 n. Chr. ). Theißen bemerkt, dass dieser Pilatus erwähnt, aber „über Jesus verlautet nichts“.[463] Da wir es bei Philo mit einem universal interessierten Gelehrten zu tun haben, sollte immerhin bemerkt werden, dass dieser an den Lehren seines Landsmannes – hätte er sie gekannt – sicherlich ebenso regen Anteil genommen hätte wie an denen des Apostels Paulus, von dem er ebenfalls schweigt.

Dass *Justus von Tiberias*, ein aus der nur wenige Kilometer entfernten Nachbarstadt Jesu stammender, in der zweiten Hälfte des 1. Jahrhunderts lebender und wirkender Historiker, über Jesus schweigt, hätte auch Theißen nachdenklich machen können. Leider ist dessen Werk heute nicht mehr erhalten. Aber aus einem Referat des christlichen Patriarchen Photius aus Konstantinopel (9. Jahrhundert) wissen wir, was darin *nicht* stand: „Er erwähnt weder die Ankunft Christi, noch seine Taten, noch die von ihm vollbrachten Wunder.“[464]

Theißen hätte außer diesen beiden noch eine Reihe anderer Persönlichkeiten aus dem 1. und 2. Jahrhundert erwähnen können. Auch die folgenden

Schriftsteller aus dem 1. und 2. Jahrhundert kennen weder einen Christus noch eine christliche Gemeinde:

- der römische Universalgelehrte Plinius der Ältere († 25. August 79);
- der griechische Philosoph und Schriftsteller Plutarch († um 125);
- der griechische Schriftsteller und Geograph Pausanias († um 180 n. Chr. );
- die römischen Schriftsteller und Satiriker Martial († zwischen 102 n. Chr. und 104 n. Chr. );
- Juvenal († 127/138?);
- Aulus Persius Flaccus (†62 n. Chr. );
- Titus Petronius († 66 n. Chr. );
- Marcus Annaeus Lucanus († 65 n. Chr. );
- der römische Geschichtsschreiber Florus († um 140);
- der römischen Philosoph Lucius Annaeus Cornutus († um 70 n. Chr.);
- der kynisch-stoische Philosoph Epiktet († 135 n. Chr. );
- der römische Philosoph Seneca († 65 n. Chr. );
- der Schriftsteller Lucius Apuleius († um 170 n. Chr. );
- der römische Rhetoriklehrer Quintilian († um 96 n. Chr. ).

Die Liste ließe sich noch weiter fortsetzen, doch scheint es geraten, sich an dieser Stelle auf die wichtigsten Nicht-Zeugen zu beschränken. Schon die kleine, über Theißens Liste hinausgehende Auswahl könnte zu denken geben. Auch wenn Theißen in diesem Zusammenhang anführt, dass „antike Quellen ... über viele Personen, an deren Geschichtlichkeit nicht gezweifelt werden kann“,[465] schweigen, macht es doch einen Unterschied, *über wen* sie schweigen. Die Wirkung, die Jesus als „Wandercharismatiker“ während seiner kurzen Tätigkeit in Galiläa und Jerusalem entfaltete, muss ja, auch nach Meinung von Theißen und Merz, so überwältigend gewesen sein, dass Zeitgenossen sie schwerlich übersehen konnten. In den Evangelien ist fortwährend von der „großen Volksmenge“ die Rede, die Jesus während seiner Tätigkeit begleitet und Zeuge seiner Wunder und Heilungen ist, deren Ruhm im ganzen galiläischen Land (Mk 1:28) und darüber hinaus erscholl (Mt 4:24). Theißen rechnet mit „Wundergeschichten ... außerhalb der Jesusanhänger“[466] und mit „volkstümlicher Verschiebung und Anreicherung“[467] der Wundergeschichten, geht also davon aus, dass sich eine spezielle Tradition der Jesusüberlieferung *in der Bevölkerung* gebildet hatte. Statt sich über das eingeschobene, aber für echt gehaltene *Testimonium Flavianum* zu freuen – „bis zu Josephus war die Kunde von Jesu Wundern gedrungen!“[468] – sollten sich Theißen und Merz lieber darüber wundern, warum ein Späterer es für erforderlich hielt, dem allgemeinen

Schweigen der antiken Zeitgenossen mit einem durchsichtigen Interpolat abzuhelfen.

Besonders schwer wiegt neben dem von Theißen erwähnten Historiker Justus und dem alexandrinischen Religionsphilosophen das Schweigen *Plutarchs*. Der vielseitige Schriftsteller und Kosmopolit, der auf verschiedenen Reisen nach Alexandria, Kleinasien und Rom den ganzen Mittelmeerraum kennenlernte, hinterließ ein imponierendes Gesamtwerk, in dem kaum ein Thema ausgespart bleibt: Außer seinen bekannten Parallelbiographien über griechische und römische Staatsmänner schrieb er über philosophische und ethische, kulturgeschichtliche, alltagsgeschichtliche, naturwissenschaftliche sowie religiöse und religionsgeschichtliche Gegenstände – der Name des Mannes aus Nazaret begegnet ebenso wenig wie derjenige der Christen.

Nicht weniger stark fällt das Schweigen des römischen Philosophen *Seneca* ins Gewicht, zumal die geistige Nähe Senecas zum Christentum immer schon bemerkt wurde.[469] Augustin stellt fest, dass Seneca „der Christen, die schon damals den Juden äußerst verhasst waren, weder in günstigem noch in ungünstigem Sinne zu gedenken wagte".[470]

Auch der Stoiker *Epiktet* steht in enger geistiger Verbindung zum frühen Christentum. Das ist in unterschiedlicher Weise und Bewertung von dem Theologen Theodor Zahn,[471], Adolf Friedrich Bonhöffer,[472], dem Engländer Douglas Sharp[473] und dem Niederländer G.A. van den Bergh van Eysinga[474] festgestellt worden. Während Zahn jedoch einen Einfluss des Neuen Testaments auf Epiktet für wahrscheinlich hielt, dachte van den Bergh van Eysinga eher umgekehrt an einen Einfluss des Epiktet auf das Neue Testament. Wenn Zahn im Recht wäre, ließe sich schwer erklären, warum Epiktet über Jesus und die Christen gänzlich geschwiegen hätte. Hätte van den Bergh van Eysinga recht, wäre zu fragen, warum die Evangelisten Jesus Sätze in den Mund legen konnten, die eine intensive Epiktet-Lektüre voraussetzten. Eine Mittelgruppe von Wissenschaftlern versuchte und versucht die Ähnlichkeit beider aus der gleichen *Zeitstimmung* heraus zu erklären[475] – und macht es sich damit möglicherweise ein wenig zu leicht. In jedem Fall sind unter den von Epiktet erwähnten „Galiläern" keine Christen zu verstehen, sondern Juden wie bei Justin (Just Dial 80,4).[476]

Auch in der Gegenwart gibt es Theologen wie z.B. Burton L. Mack[477] und Dominik Crossan,[478] die die geistige Verwandtschaft von frühem Christentum, Kynismus und Epiktet beobachten. Ihre Beobachtungen sind teilweise sehr erhellend, auch wenn eingewendet wurde, dass ihr Jesus mehr „kalifornisches als galiläisches Lokalkolorit" besitze.[479] Theißen, der dies behauptet, plädiert bekanntlich für einen rein jüdischen Jesus, der freilich seinerseits nicht ganz frei von „Lokalkolorit" ist – dem der deutschen Nachkriegszeit.

Auch eine Reihe von römischen Schriftstellern und Satirikern aus dem Umfeld des Nero-Kreises sollte nicht unerwähnt bleiben. Zumal beim galligen Moralisten *Juvenal*, der in seinen Satiren ein delikates Sittengemälde der römischen Hauptstadt um die Wende vom ersten zum zweiten Jahrhundert mit ihrem bunten Treiben (in den verschiedenen religiösen Zirkeln)[480] zeichnet, wäre irgendwo ein Hinweis auf die frühe Christengemeinde bzw. den von ihr verehrten Jesus Christus zu erwarten gewesen.

In seinem Roman „Verwandlungen", besser bekannt unter dem Titel „Der Goldene Esel", schildert *Apuleius* die Begegnung seines Helden Lucius mit den Priestern der Syrischen Göttin und seine Einweihung in die Mysterien der Isis und des Osiris. Spuren einer Begegnung mit den Christen seiner Zeit lassen sich nirgendwo erkennen.

Sichere Zeugnisse über das Christentum des 2. Jahrhunderts finden sich erst ab der Mitte des 2. Jahrhundert in *Lukians* „Leben des Peregrinus Proteus", bei *Marc Aurel* in den „Selbstbetrachtungen" und bei *Celsus*. Die historische Existenz eines Jesus von Nazaret lässt sich damit freilich nicht belegen.

Dafür, dass antike Quellen häufig über Personen schweigen, an deren Historizität angeblich nicht gezweifelt werden kann, nennt Theißen Beispiele:

- Johannes den Täufer, der nur von Josephus (Ant 18, 116-119) und in den Texten der mandäischen Taufsekte genannt wird; [481]
- den Apostel Paulus, der „durch authentische Briefe bezeugt" ist;
- den „Lehrer der Gerechtigkeit" von Qumran;
- Rabbi Hillel, der nicht bei Josephus erwähnt wird, sowie
- Bar Kochba, der im Werk des Cassius Dio fehlt.

Der Hinweis auf den „Lehrer der Gerechtigkeit" vermag am wenigsten zu überzeugen, da es sich dabei um den Leiter einer in der Einsamkeit der Wüste am Toten Meer lebenden Gemeinschaft handelt, die offenbar nur wenig Außenkontakte unterhielt. Über Rabbi Hillel und Bar Kochba sind wir durch genügend andere antike Quellen informiert, so dass m.W. noch niemand auf den Gedanken gekommen ist, deren Existenz in Frage zu stellen. Darüber ob die vorhandenen Quellen die Existenz eines Paulus oder Johannes bezeugen können, gibt es unterschiedliche Auffassungen. Als Beleg für Theißens These taugen die beiden sicherlich kaum.[482]

Bleibt nur noch anzumerken, dass es auch um die *archäologische Evidenz* äußerst schlecht bestellt ist. Neueste Forschungen zeigen, dass kein einziges sicheres archäologisches Zeugnis für die Existenz eines Christentums im 1. Jahrhundert ausfindig gemacht werden kann. Für Graydon F. Snyder tritt der christliche Glaube als kulturhistorisches Phänomen erst um 180 n. Chr. in den Blick des Archäologen.[483] Auch der Hinweis auf römische Katakomben und Katakombenkunst, mit dem man früher gerne zu argumentieren pflegte, ist inzwischen nicht mehr möglich. Für Larry W. Hurtado gilt: „Sofern die in Hierapolis entdeckte Aberkios-Inschrift[484] richtig um 200 datiert wird, ist sie vermutlich die älteste identifizierbare christliche Inschrift. Auch wenn in älteren Publikationen zum Beweis einer frühen christlichen Kunst noch zuversichtlich auf Katakomben und Katakombenkunst des 2. Jahrhunderts hingewiesen wird, so wird heute unter Spezialisten allgemein anerkannt, dass sie vermutlich in das dritte Jahrhundert zu datieren sind."[485]

Der niederländische Archäologe Leonard V. Rutgers von der Universität Utrecht konnte 2005 zwar zeigen, dass Teile der jüdischen Katakomben unter der Villa Torlonia im Norden Roms bereits im Jahr 50 vor Christus angelegt wurden. Für die Existenz christlicher Katakomben vor dem 3. Jahrhundert ließen sich dagegen keine Indizien finden. Rutgers fragt: „Wie ist es zu erklären, dass über 2 Jahrhunderte (bis ungefähr 180 n. Chr.) bis in das 3. Jahrhundert hinein, abgesehen von den literarischen, keine Zeugnisse für das Christentum als einem abgegrenzten soziologisch-religiösen Phänomen gibt, so dass die ersten beiden Jahrhunderte der Entwicklung und des Wachstums 'im Dunkeln begraben liegen, verdeckt von Fiktion und Deklamation'."[486]

Rutgers hätte die „literarischen Zeugnisse", sofern es sich dabei um nicht-christliche handelt, ruhig in seine Negativ-Bilanz mit hineinnehmen können. Abgesehen davon ist seine Frage natürlich berechtigt. Sie wäre an Theologen wie Theißen, van Voorst u.a. weiterzugeben, die sich in Fragen archäologischer Evidenz bisher sehr zurückgehalten haben. Die von Theißen im Anschluss an die Franziskaner–Archäologen Loffreda und Corbo mit vielen „möglicherweise" und Fragezeichen geäußerten Vermutungen über ein vermeintliches „Haus des Petrus"[487] beruhen auf windigen Spekulationen. Derlei „Entdeckungen" haben Bedeutung nur insofern, als sie nicht unwesentlich zur Belebung und Förderung der Tourismusbranche im „Heiligen Land" beitragen.

# Fazit und Ausblick

## Die außerchristlichen Zeugen und der Zweifel an der Historizität Jesu

Obwohl in seinem Buch kaum eine außerchristliche Quelle außer Acht gelassen wurde, die einen Bezug zum historischen Jesus hat, bemerkt Bruce, dass die Ausbeute im Ganzen ausgesprochen mager ist. Wohl um falschen Konsequenzen, die daraus gezogen werden könnten, vorzubeugen, hängt er seiner Untersuchung einen Epilog an, in dem er seinen Lesern versichert, dass er mit seinen Ausführungen „absolut nichts" habe „beweisen" wollen. Irgendwelche Schlüsse betreffs der Historizität Jesu hätten ihm ferngelegen.

Es verdient Respekt, dass der Christ Bruce nichts beschönigt und offenbar über das Resultat der Arbeit des Wissenschaftlers Bruce so erschrocken ist, dass er ein Wort der Erklärung für angebracht hält und vor einer, in seinen Augen, missbräuchlichen Verwertung seines Untersuchungsergebnisses warnen zu müssen glaubt. Vermutlich denkt Bruce dabei an antichristliche Polemik. Ihr hält er entgegen, dass der Beweis der Historizität bzw. Nicht-Historizität Jesu niemals allein auf der Grundlage der von ihm zusammengetragenen Quellenbasis erfolgen kann, sondern immer auch das neutestamentliche Zeugnis zu berücksichtigen habe.[488]

Auch wir kamen bei der Suche nach dem historischen Jesu in den nichtchristlichen antiken Quellen des 1. und des beginnenden 2. Jahrhunderts zu einem negativen Resultat. Mit ihrer Hilfe kann *weder die historische Gestalt Jesu von Nazaret noch die Existenz eines frühen Christentums im 1. Jahrhundert bewiesen werden.* Über Bruce hinaus gelangte unsere Befragung der sechs „Kronzeugen" zu dem Ergebnis, dass diese in historischer und theologischer Hinsicht nicht nur relativ unergiebig sind, sondern dass es sich dabei in der Mehrzahl sogar um spätere *christliche Einfügungen* handelt.

Die Zeugnisse des Josephus über Jakobus, „den Bruder Jesu des sogenannten Christus“ und über Jesus Christus (TF) stammen aus späterer Zeit. Die schwache äußere Bezeugung und die inneren Widersprüche lassen kein anderes Urteil zu. Sprache und Stil weisen auf den Kirchengeschichtsschreiber *Eusebius* als Verfasser. Im Falle des TF sind die aus der „Kirchengeschichte“ stammenden Passagen vermutlich in die handschriftliche Überlieferung eingedrungen; die ältesten der drei erhaltenen Handschriften der *Jüdischen Altertümer* stammen aus dem 11. Jahrhundert, sie alle gehen, wie oben schon erwähnt, auf *ein und dieselbe Handschriftenfamilie* zurück. Auch die anderen Interpolationen werden mit der im Rahmen der konstantinischen Wende zusammenhängenden und mit ihr einsetzenden grundlegenden Revision und Neukonzeption des christlichen Geschichtsbildes zu tun haben. Es ist davon auszugehen, dass der kaiserliche Chronist und konstantinische Hoftheologe Eusebius und ein Stab von Mitarbeitern in diesem Zusammenhang eine entscheidende Rolle gespielt haben. Solche Mutmaßung hat nichts mit „Verschwörungstheorie“ zu tun, sondern berücksichtigt die Gepflogenheiten christlicher Kopisten in der Antike und dem einfachen Grundsatz, dass Sieger Geschichte schreiben.

So wenig wie das TF aus der Feder des Josephus, stammt das TT aus der des Tacitus. Auch hier sprechen innere und äußere Argumente gegen die Echtheit. Die christliche Interpolation scheint auf der Basis der Kirchengeschichte des Sulpicius Severus entstanden zu sein und kann daher frühestens in das 5. Jahrhundert datiert werden, d.h. in eine Zeit, in der die Tradition der neronischen Christenverfolgung erstmals mit derjenigen des Rombrandes zusammenfloss.

Auch das Zeugnis des Plinius, das vielen Theologen als unantastbar galt, erwies sich als christliche Fälschung, diesmal jedoch eingebunden in den größeren Kontext der Fälschung des 10. Buches seiner Briefe, das über Jahrhunderte unbekannt war und erstmals um die Wende zum 15. Jahrhundert an das Licht der Öffentlichkeit gelangte.

Schließlich fanden wir auch bei Sueton, außer einer fälschlich als Jesuszeugnis interpretierten kurzen Bemerkung über einen Aufrührer der claudischen Zeit namens Chrestus (Claud. 25,4), eine kurze Passage, die sich durch ihre an christliche Martyrien angelehnte Sprache als Interpolat verriet.

Der „Brief“ des Mara bar Serapion ist vermutlich eine rhetorische Stilübung. Es handelt sich um einen mit vielen Unwägbarkeiten und Unsicherheiten belasteten, historisch schwer einzuordnenden, relativ späten Text, der christlich beeinflusst ist und darum keineswegs ein „unabhängiges“ Zeugnis darstellt. Das in historischer Hinsicht noch dürftigere „Zeugnis“ des Thallus würde vermutlich gar nicht von Theologen ins Spiel gebracht worden sein, wenn sie nicht selber den empfindlichen Mangel an außerchristlichen Quellen schmerzlich empfänden.

Die von Theologen präsentierten nichtchristlichen Jesuszeugnisse sind also im höchstem Maße der christlichen Manipulation verdächtig. Historisch betrachtet sind sie Beispiele für die seit dem 2./3. Jahrhundert um sich greifende Tendenz, dem Inhalt des christlichen Glauben eine konkrete historische Gestalt zu geben.

Der Prozess der *Vergeschichtlichung* scheint sich auf zwei unterschiedliche Weisen vollzogen zu haben. Während es auf der einen Seite christliche „Historiker“ wie den/die Verfasser des Lukasevangeliums und der Apostelgeschichte gab, worin (unter Benutzung des Josephus) der Versuch gemacht wird, die christliche Erzählung mit Elementen der Säkulargeschichte auszustaffieren – oder wie man auch sagen könnte: christliches *Metaversum* mit antikem *Histoversum* zu verlinken –, gab es umgekehrt immer wieder Bestrebungen, die christliche Erzählung in säkulare Zeugnisse einzutragen – also säkulares Histoversum und christliches Metaversum miteinander zu verknüpfen. Die Historisierung des christlichen Verkündigungsinhalts geschah nicht nur innerhalb der christlichen Literatur selber, sondern bezog sich mehr und mehr auch auf nichtchristliche Texte, die mit Hilfe von Interpolationen zu Zeugen für die Authentizität der Evangelien und der Wahrheit des christlichen Glaubens gemacht wurden.

Küng hat richtig erkannt, dass das Erfolgsprinzip des Christentums in seiner *geschichtlichen Begründung* bestand. Die argumentative Kraft geschichtlicher Fakten ist auch und gerade bei der missionarischen Verbreitung des Glaubens nicht zu unterschätzen, selbst wenn sich später herausstellen sollte, dass es sich dabei nur um eine *scheinbare* Faktizität handelte und die Tatsachen historisch nicht stimmten. Einer Religion, die auf historische Fakten baute, musste die Zukunft gehören. Das haben auch die Kirche und ihre Vertreter früh erkannt.

In den Erinnerungen an seine Tibet-Mission hat *Pater Huc* die Faszination, die von einfachen geschichtlichen Erzählungen ausgeht, und den Vorteil, den sie gegenüber einer bloß dogmatischen Verkündigung verschaffen, unübertroffen auf den Punkt gebracht:

> „Wir hatten uns für eine Art der Unterweisung entschieden, die gänzlich historisch war, da es uns darum ging, alles zu verbannen, was nach Disput und Geist der Auseinandersetzung aussah; Eigennamen und sehr genaue Daten machten ihnen [den Eingeborenen] mehr Eindruck als die scharfsinnigsten Überlegungen. Wenn sie die Namen von Jesus, Pontius Pilatus und Jerusalem genau kannten und das Datum der viertausend Jahre nach der Erschaffung der Welt, zweifelten sie nicht mehr am Mysterium der Erlösung und der Botschaft des Evangeliums; im übrigen haben wir nie festgestellt, dass ihnen die Mysterien oder die Wunder die geringsten Schwierigkeiten bereitet hätten. Wir sind davon überzeugt, dass wir nur durch den Weg der Unterweisung und nicht durch die Methode der Kontroverse am wirksamsten an der Belehrung der Ungläubigen arbeiten können."[489]

Vermutlich haben sich die Erfahrungen, die urchristliche Missionare bei ihrer Verkündigungsarbeit mit den antiken Menschen machten, nicht von denen des guten Tibetmissionars unterschieden.

Die letzten Abschnitte, die Rede von einem christlichen „*Metaversum*" zumal, könnten bei dem Leser den Eindruck erweckt haben, als würde der Negativbefund im Hinblick auf die außerchristliche Bezeugung des frühen Christentums und ihres Stifters dazu verwendet, die vollständige Ungeschichtlichkeit der christlichen Anfänge, wie sie uns durch die kirchliche Tradition überliefert ist, zu behaupten. So weit wollen wir hier aber nicht gehen. Eine solche voreilige Schlussfolgerung wäre methodisch nicht zulässig und soll an dieser Stelle auch nicht gezogen werden. In der Tat wäre es vermessen zu meinen, die Frage der Historizität Jesu könne bereits auf dem Feld der außerchristlichen Bezeugung entschieden werden. Auch wenn Bruce die historische Bedeutung der christlichen Quellen sicherlich stark überschätzt, hat er recht, wenn er darauf hinweist, dass der Beweis der Historizität bzw. Nichthistorizität Jesu außer den außerchristlichen Quellen auch die christlichen, d.h. die *neutestamentlichen* Zeugnisse, zu berücksichtigen hat. Weder kann die Historizität Jesu allein aufgrund der nichtchristlichen Zeugnisse bewiesen noch kann sie mit ihnen definitiv widerlegt werden.

Und doch ist es notwendig, immer wieder ausdrücklich darauf hinzuweisen, dass die zentrale Gestalt einer Religion, die wie keine andere den Anspruch erhebt, auf historisch verifizierbaren Ereignissen zu gründen, deren Glaube von einigen Theologen mit exklusivem Stolz als „wesentlich geschichtlicher Glaube"[490] (Küng) definiert wird, in der Geschichte ihrer Zeit offenbar so wenig Spuren hinterlassen hat, dass nicht ein einziges nichtchristliches Zeugnis genannt werden kann, das ihre Existenz sicher belegt.

Der Hinweis ist nötig, weil die große Zuversicht, mit der Theologen bis heute die geschichtliche Existenz eines Menschen Jesus von Nazaret behaupten und jeden Zweifel verächtlich beiseiteschieben, angesichts der frappierenden historischen Negativbilanz nicht ganz verständlich ist. Statt apodiktischer Behauptungen wie: „Der Zweifel, ob Jesus wirklich existiert hat, [ist] unbegründet und keines Wortes der Widerlegung wert" (Bultmann)[491] oder: „Jesus von Nazaret ist kein Mythos: seine Geschichte lässt sich lozieren"[492] – die häufig noch mit einer Abwertung der nicht auf Geschichte, sondern Mythos gründenden Religionen verbunden sind –, wünschte man sich größere historische Bescheidenheit.

An sich ist der Zweifel an dem *dass* der Existenz eines Mannes Jesus von Nazaret angesichts der spärlich fließenden außerbiblischen Quellen naheliegend. Niemand mit gesundem Verstand würde ihn unterdrücken, wenn er nicht durch kirchliche Tradition und Sozialisation oder den „kritischen Konsens" daran gehindert würde. Was sollen wir von einem Menschen halten, der außer in den Schriften seiner Anhänger nirgendwo auftaucht und über dessen Herkunft, Geburts- und Todesjahr bzw. -tag selbst dort Uneinigkeit besteht? Natürlich zweifeln wir! Kein theologisch-kategorischer Imperativ wird uns das ausreden können.

Der Unterschied zwischen einem Jesus, von dem ich nur das historische *dass* weiß, und einem, von dem ich noch nicht einmal *das* weiß, ist – wie jeder anerkennen muss – nur sehr gering. Eben deswegen wundert man sich über die Sicherheit, mit der auch die kritischen Vertreter unter den Theologen bis heute an der historischen Existenz Jesu festhalten – aber auch darüber, mit welcher Schärfe sie umgekehrt jeden Zweifel daran als „unseriös" denunzieren.

Das heißt: im Grunde wundert man sich eigentlich nicht, ist doch die übergroße Empfindlichkeit nur Indiz dafür, dass man sich in seiner eigenen Haut offenbar nicht ganz wohlfühlt. Solange Bultmann am bloßen *dass* des Gekommenseins festhielt, bewies er, dass auch er die allgemein geltende theologische Geschäftsgrundlage akzeptierte; er hielt sich damit zugleich den Rücken frei für den kleinen Radikalismus hier und da. Hätte er sich zum großen Radikalismus bekannt und auch noch das *dass* preisgegeben, hätte er die Geschäftsgrundlage verlassen und es wäre ihm schlecht bekommen. Möglicherweise wäre es ihm ebenso ergangen wie seinem großen Kollegen Bruno Bauer, der sich zu weit aus dem Fenster herausgelehnt hatte und von seinem Lehramt suspendiert wurde, um seinen Lebensunterhalt fortan als Rixdorfer Grünkramhändler zu fristen.

Es wäre naiv zu glauben, dass theologische Forschung jemals „unabhängig“ sein könnte. Bis zu einem gewissen Grad und innerhalb eines gewissen Rahmens mag dies vielleicht der Fall sein. Letztlich aber bleiben ihre Vertreter immer an das Bekenntnis, an die Lehrpläne für die Ausbildung geistlichen Nachwuchses und an die naiven Erwartungen der Gemeinden gebunden. Allen amtlich beschäftigten Theologen ist mehr oder weniger bewusst, dass ihnen die Freiheit der radikalen Infragestellung, die zu jeder echten Wissenschaft gehört, letztlich verwehrt ist. Vielleicht ist dies auch der Grund für die übergroße Gereiztheit, aber auch sture Ignoranz, mit der sie gewöhnlich auf Thesen reagieren, für die sie sich niemals werden erwärmen dürfen, selbst wenn wissenschaftliche Vernunft und historischer Sachverstand dies gebieten.

Die Reduktion des historischen Jesus auf ein historisches *dass* markiert vermutlich die äußerste Grenze, bis zu der die Theologie gehen kann. Den Schritt vom christologischen Agnostizismus hin zum *christologischen Nihilismus* wird die „offizielle Theologie“ und deren Vertreter in den Kirchen und auf den akademischen Lehrstühlen niemals vollziehen, selbst wenn sich die These der Ungeschichtlichkeit Jesu als das historisch plausibelste Modell zur Erklärung und zum Verständnis der frühen christlichen Geschichte empfehlen sollte.

## Historische Negativresultate und christlicher Glaube

Der Verfasser des in evangelikalen Kreisen gerne gelesenen und oft zitierten Buches *The historical Jesus. A continuing quest*, Charles C. Anderson, bemerkt:

> „Es kann gar nicht genug hervorgehoben werden, dass das Christentum eine historische Religion ist, so eng an die Geschichte gebunden, dass sie, wenn die historische Glaubwürdigkeit ihrer Quellen erschüttert würde, augenblicklich auch das Recht verlöre, Glauben von uns zu fordern.“[493]

Es ist bedauerlich, dass Anderson nicht mehr zur christlichen Religion zu sagen hat, so dass sich deren ganze Bedeutung und Autorität auf ihre vermeintliche „Geschichtlichkeit“ reduziert – was andererseits heißt, dass sie im Falle ihrer „Ungeschichtlichkeit“ fallengelassen werden müsste wie eine heiße Kartoffel. Immerhin könnte dies die Vehemenz erklären, mit der sich Anderson und Seinesgleichen bei der Verteidigung aussichtsloser historischer Positionen ins Zeug legen: Für sie alle geht es bei der Diskussion über außerchristliche Zeugnisse, die Glaubwürdigkeit der christlichen

Überlieferung usw. nicht um rein historische Fragen, sondern um Sein oder Nichtsein ihres Glaubens.

Aber die Angst vor negativen historischen Resultaten, die daraus spricht, ist unbegründet. Der Fortschritt unseres historischen Wissens kann unserer religiösen „Verfasstheit" nichts anhaben. Wenn der Glaube an der Geschichte irre wird, liegt dies nicht an den Historikern, die ihm seine vermeintliche Grundlage entziehen, sondern daran, dass die Grundlage, auf der er zu gründen meinte, die *Geschichte*, sich niemals als tragfähig erweisen kann.

Glaube ist kein Fürwahrhalten historischer Tatbestände. In der Religion kann es nicht um Faktizität, sondern nur um existentielle Wahrheiten gehen. Beispiel: Das Bild des Gekreuzigten berührt uns nicht deswegen, weil es im historischen Sinne wahr wäre, sondern weil es im *existentiellen* Sinn wahr ist: als Symbol des (auch im Leid unsichtbar getragenen) menschlichen Daseins. Die „Wahrheit" dieses Bildes hängt nicht davon ab, ob die Ereignisse um 30 tatsächlich als historische stattgefunden haben – so wenig die Wahrheit von Goethes „Faust" davon abhängt, dass es Faust als historische Person gegeben hat oder die des Gleichnisses vom Verlorenen Sohn davon, ob diese Geschichte tatsächlich „passiert" ist. Entscheidend ist, dass das, was im Bild des barmherzigen Vaters gleichnishaft dargestellt wird, auch heute noch „im Glauben" erfahren werden kann. Nur eine „symbolische", „poetische" (Novalis), „allegorische" (Clemens, Origenes), „archetypische" (C.G. Jung, Drewermann) Betrachtungsweise vermag die „Gleichzeitigkeit" zwischen Bibeltext und Gegenwart herzustellen und den „garstigen Graben" der Geschichte zu überbrücken. Was die Geschichte trennt, verbindet die Poesie.

Die Forderung, die biblischen Bilder müssten von uns auch als historisches Faktum „geglaubt" werden, führt am Ende nur dazu, dass ein *Zwischenglaube* eingeschaltet wird, der mit dem eigentlichen, d.h. dem existentiellen Inhalt des Glaubens, nichts zu tun hat und sogar dazu angetan ist, diesen, weil historisch umstritten, kollabieren zu lassen, d.h. Unglauben zu erzeugen und Vertrauen zu unterbinden. Das Insistieren der Kirchen darauf, sich der vermeintlichen Historizität der von ihr verkündigten Botschaft zu unterwerfen, kann schlimmstenfalls sogar die Annahme der darin enthaltenen existentiellen Wahrheiten verhindern.

Die Frage, wie ein auf der Symbolkraft von Bildern und Ideen basierender Glaube *ohne historischen Jesus* überhaupt „funktionieren" kann, ist im Grunde schon lange beantwortet: Die Geschichte der christlichen Mystik mit ihrer Abkehr von allen äußeren und äußerlichen „Heilsgewissheiten" und der damit verbundenen Kritik am Dogma der Amtskirche war und ist der beste Beweis dafür, dass ein Christentum ohne historischen Jesus nicht erst erfunden werden muss, weil es dies immer schon gegeben hat. Die spekulative Mystik eines Meister Eckehart bedurfte weder historischer „Heilstatsachen" noch eines „historischen Jesus". Die in den Evangelien berichteten „heilsgeschichtlichen" Ereignisse sind für den mittelalterlichen Theologen keine historischen, sondern „mystische Tatsachen", d.h. rein subjektive und als solche, wie Gerhard Wehr sehr richtig sagt, „zwar nicht weniger einzigartig, aber … nicht länger ein einmaliges Widerfahrnis eines bestimmten historischen Menschen… Diese mystische Tatsache … soll sich vielmehr je und je ereignen, und zwar völlig unabhängig von Zeit und Raum."[494] Die inwendige „Gottesgeburt" war für Eckehart wichtiger als die Menschwerdung Gottes, was ja nichts anderes heißt, als dass die Bedeutung der letzteren sich darin erschöpfte, einen äußeren (Erkenntnis-) Anstoß für einen subjektiven Prozess zu geben. Die Frage, ob dieser Anstoß aufgrund einer einmaligen historischen Tatsache oder aufgrund einer mythischen Erzählung erfolgte, stellte sich für Eckehart und seine Zeitgenossen nicht, weil es eine solche Alternative im Rahmen ihres damaligen Weltverständnisses noch gar nicht gab. Selbst wenn Eckeharts Theologie den „historischen Jesus" in unserem heutigen Sinne nicht völlig ausschlösse, so wäre er zumindest völlig belanglos und von keiner größeren Bedeutung als die Person einer rein mythologischen Erzählung.

Als christliche Seitenströmung war die mystische zu allen Zeiten des Christentums unter verschiedenen Namen, als „Gnosis", „Pietismus", „Idealismus" usw., gegenwärtig. Obwohl sie meistens im Widerspruch zum offiziellen Kirchenchristentum stand, oft blutig verfolgt oder gewaltsam zurückgedrängt wurde, war sie immer die eigentliche spirituelle Quelle des Christentums. Erst seit den letzten beiden Jahrhunderten scheint der mystische Strom verebbt, wozu die Entdeckung des „historischen Jesus", der die Theologen nun schon seit ca. 200 Jahren im Bann hält, nicht unmaßgeblich beigetragen hat.

So eigenartig dies klingen mag: Zeiten, in denen das Historische und „Positive", vor allem in Form eines „historischen Jesus," Hochkonjunktur hatten, waren und sind immer auch Zeiten spirituellen Niedergangs. Das gilt schon für Harnacks dürftige liberale Leben-Jesu-Theologie. Auch der heutige Sozialarbeiter und *Street-worker* aus Nazaret scheint in geistlicher und existentieller Hinsicht weniger inspirierend als der Kosmokrator, mystische Seelenhirte und Herr über Leben und Tod, dem sich Generationen von Christen vor der Entdeckung des „historischen Jesus" anvertrauten.

Allein schon aus religiösen Gründen wäre es also dringend geboten, sich vom „geschichtlichen Glauben“ eines Küng, Crossan, Theißen usw. zu verabschieden, um hinter der historischen Staffage der Evangelien wieder die Welt der religiösen Bilder und Symbole zu entdecken, wie dies Eugen Drewermann mit seinem Werk seit langem eindrucksvoll demonstriert. Nur an einem Punkt ist auch Drewermann bisher noch inkonsequent: in seinem Festhalten am historischen Jesus. Denn muss man nicht fragen, warum in den Evangelien, in denen nach Drewermann durchweg alles „archetypisches Seelenbild“ ist, ausgerechnet die Hauptperson noch in der Historie gesucht werden soll? Die hier behandelten außerchristlichen Zeugnisse über Jesus dürfen für die Behauptung seiner geschichtlichen Existenz aus der Sicht des Historikers jedenfalls nicht in Anspruch genommen werden.

Die Inkarnation des Logos ist ein großartiger religiöser Gedanke; als ein isoliertes historisches Faktum gedacht, geschehen in den Jahren 1-30, wird er zu einem intellektuell unzumutbaren Monstrum. Anstatt diese Monstrosität weiter zu pflegen, täten die Kirchen und ihrer Vertreter nicht nur gut daran, ihre auf den historischen Jesus fixierte Theologie zu korrigieren, sondern endlich auch einem *konsequent* geschichtlichen Denken Einlass in Theologie und Verkündigung zu gewähren. Dies wäre gewiss wichtiger, als jedem modischen Schnickschnack die Kirchentüren zu öffnen.

Doch das alles nur „by the way“ und zur Beruhigung all derer, die dem Verfasser aufgrund der von ihm favorisierten historisch negativen Resultate gerne eine negative Einstellung zum christlichen Glauben unterstellen möchten.

# Abkürzungen

ALTES TESTAMENT

| | |
|---|---|
| Spr | Das Buch der Sprichwörter (= Die Sprüche Salomos) |
| Koh | Das Buch Kohelet (Pred = Der Prediger ) |
| Sir | Das Buch Jesus Sirach |

NEUES TESTAMENT

| | |
|---|---|
| Mt | Matthäusevangelium |
| Mk | Markusevangelium |
| Lk | Lukasevangelium |
| Joh | Johannesevangelium |
| Apg | Apostelgeschichte |
| Röm | Römerbrief |
| Eph | Epheserbrief |
| Phil | Philipperbrief |
| Kol | Kolosserbrief |
| 1 Thess | 1. Thessalonicherbrief |
| Phlm | Philemonbrief |
| Hebr | Hebräerbrief |
| Jak | Jakobusbrief |
| 1 Petr | 1. Petrusbrief |

APOSTOLISCHE VÄTER

| | |
|---|---|
| 1Clem | 1. Clemensbrief |
| Barn | Barnabasbrief |
| Did | Didache |
| Diog | Diognetbrief |

KIRCHENVÄTER, APOKRYPHEN, ALLGEMEINES

| | |
|---|---|
| ActPetr | Acta Petri , Petrusakten |
| Act Pt et Pl | Acta Petri et Pauli, Petrus- und Paulusakten |

| | | |
|---|---|---|
| Asc Jes | | Ascensio Jesajae |
| Athenag | | Athenagoras |
| | Suppl | Supplicatio |
| Augustinus | | Aurelius Augustinus |
| | Conf | Confessiones |
| | CivD | De Civitate Dei, Vom Gottesstaat |
| BKV | | Bibliothek der Kirchenväter |
| Eus | | Eusebius von Caesarea |
| | Hist Eccl | Historia Ecclesiastica, Kirchengeschichte |
| Firm Mat | | Julius Firmicus Maternus |
| | Err Prof Rel | De Errore Profanarum Religionum |
| Jos | | Flavius Josephus |
| | Ant | Antiquitates, Altertümer |
| | Bell | Bellum Judaicum, Jüdischer Krieg |
| | Vit | Vita |
| Just | | Justinus Martyr |
| | 1Apol | 1. Apologie |
| | Dial | Dialog mit dem Juden Trypho |
| Mart Cypr | | Martyrium des Cyprian |
| Mart Pl | | Martyrium des Paulus |
| Orig | | Origenes |
| | Cels | Contra Celsum, Gegen Celsus |
| Pass Sct Scilit | | Passio Sanctorum Scilitanorum |
| Pass Perp et Fel | | Passio Perpetuae et Felicitatis |
| Plin | | C. Plinius Caecilius Secundus (d.J.) |
| | ep | Epistulae |
| | paneg | Panegyricus |
| Plin | | C. Plinius Secundus (d.Ä.) |
| | Nat Hist | Naturalis Historia |
| Philo | | Philo aus Alexandria |
| | VitMos | De Vita Mosis, Über das Leben des Mose |
| Sib | | Oracula Sibyllina |
| Str-B | | H.L. Strack und P. Billerbeck, Kommentar zum NT aus Talmud und Midrasch, 1-5 |
| Suet | | C. Suetonius Tranquillus |
| | Claud | Vita Divi Claudii, Leben des Claudius |
| | Nero | Vita Neronis, Leben des Nero |
| Sulp Sev | | Sulpicius Severus |
| | Chron | Historia sacra |
| Tac | | Cornelius Tacitus |
| | Ann | Annales |
| | Hist | Historiae |
| Tert | | Q. Septimus Tertullian |
| | Apol | Apologeticum |

| | | |
|---|---|---|
| | Nat | Ad Nationes |
| | Scapul | Ad Scapulam |
| | Marc | Adversus Marcionem |
| TT | | Testimonium Taciteum |
| TF | | Testimonium Flavianum |

# Anmerkungen

[1] Ratzinger 2007, 316.
[2] Küng 1976, S. 137.
[3] Küng 1976, S. 145.
[4] Bergh van Eysinga 1930, S. 65.
[5] Dass er das Zeug zum Demagogen hatte, mussten auch seine Freunde feststellen; so G. A. van den Bergh van Eysinga, nach einer mündlichen Nachricht seiner Tochter Mevr. Woutje Hofstra-van den Bergh van Eysinga.
[6] Drews 1911.
[7] Bruce, Güting 1991.
[8] Kee 1993.
[9] Voorst 2000.
[10] Hinzuweisen ist auch noch auf die Anthologie von Wenham 1985, die allerdings unübersetzt blieb.
[11] Theißen, Merz 1997, S. 7, Vorwort.
[12] Theißen, Merz 1997, S. §3, 74-95.
[13] Theißen, Merz 1997, S. 99, vgl. 91.
[14] Theißen, Merz 1997, S. 91f.
[15] Wells 1998, S. 196–223.
[16] Price 2000, Price 2003.
[17] Doherty 2003.
[18] „The Jesus Project“ (TJP), http://www.centerforinquiry.net/jesusproject.
[19] Freke, Gandy 1998, S. 163ff.
[20] Theißen, Merz 1997, S. 96.
[21] Bruce 1997, S. 126.
[22] Hengel 2007, S. 206.
[23] Bowden 1988: „…could easily be written on a postcard and they do not tell us anything of substantial interest.”
[24] Evans 1998, S. 443: „Non-Christian sources in which reference is made to Jesus fall into three basic categories: (1) dubious sources, (2) sources of minimal

value, and (3) important sources. The first category contains second and third-hand traditions that reflect for the most part vague acquaintance with the Gospel story and controversies with Christians. These sources offer nothing independent. The second category represents sources that may represent partially independent traditions. Only two sources qualify for the third category." Selbst der konservative Evans räumt ein: „There are two important non-Christian sources for the historical Jesus. The first is provided by the Jewish historian Josephus; the second is provided by the Roman official and historian Tacitus" (S. 464).

25 Die zumeist aus jüngerer Zeit stammenden jüdischen „Zeugnisse" bleiben in diesem Buch ausgeblendet. Wer an diesen historisch schwer einzuordnenden Texten Interesse hat, sei auf das Buch von Maier 1978 verwiesen. Maier kommt nach gründlicher Untersuchung zu dem Resultat, dass ihnen im Hinblick auf die Frage nach dem historischen Jesus keinerlei Zeugniswert beigemessen werden kann.

26 Der in Antiquitates Judaicae 18,109ff. berichtete Tod Johannes den Täufers gehört nicht zu den außerchristlichen „Jesus-Zeugnissen" und kann darum ausgeklammert werden.

27 Graetz, Brann 1905, S. 483.

28 Dormeyer 2003, S. 23; Bauer 1879, S. 212: „Dieses Abenteuer der Vierzig, welche zur Rettung der Achtzig auf dem Meere das würdige Gegenstück bildet, rechtfertigt den Zweifel an dem historischen Werth der vorangehenden Geschichtserzählung und wirft auf die Darstellung des Josephus von seinen Beziehungen zum Imperator während der nächsten zwei Jahre ein verdächtiges Licht."

29 Josephus 1985.

30 In diesem Sinne z.B. Bruce, Güting 1991, S. 30.

31 Comm. in Mt 10,17,35 zu Mt 13:55. Die Wendung *kata mēnin theou* begegnet in den Altertümern des Josephus häufiger (Ant 1,164; 2,344; 4,8; 9,104).

32 Bruce, Güting 1991, S. 30.

33 Zeitlin 1928, S. 233; Bergh van Eysinga 1947-52b, S. VI, 43; auch das Chronicon Paschale setzt offenbar eine andere Version über den Tod des Josephus voraus, vgl. Zeitlin 1928, S. 318.

34 Theißen, Merz 1997, S. 74

35 Für Lüdemann 1995, S. 58 betrifft das Interesse der Erzählung „den sadduzäischen Hohenpriester Hannas, der sich eine unrechtmäßige Hinrichtung zu Schulden hat kommen lassen, nicht etwa Jakobus. Auch deswegen scheidet die These einer späteren Hinzufügung durch einen Christen aus."

36 Zeitlin 1928, S. 235: *„…this is the Christ who was crucified by Pilate."*

37 Theißen, Merz 1997, S. 75; so auch Hengel 2007, S. 207.

38 Hengel 1976, S. 300.

39 Hengel 2007, S. 207.

40 Hengel 1976.

41 Theißen, Merz 1997, S. 75.

42 Vgl. Bergh van Eysinga 1947-52a, S. VI, 43; Olson 1999, S. 317: „In my opinion, the difference between the two accounts adds weight to the theory that the James whose execution is reported in A.J. 20.9.1 §200 was not the same man as James the brother of Jesus. The same man could not have died in 62 and again in 70, or in two different manners. The James whose death is reported in the Antiquitates Judaicae came to be identified as Jesus' brother only by a later editor of Josephus' work."

43 Bei Eusebius Hist Eccl 2:23; vgl, 2 ApokJk 61ff.

44 Eus Hist Eccl 2:23; Übersetzung: Eusebius von Caesarea 1967.

45 Feldman 1987: „Undoubtedly the most discussed passage in Josephus, and perhaps in all ancient literature, is Josephus' statement about Jesus, the *Testimonium Flavianum* (A XVIII, 63-64)."

46 Feldman 1984.

47 Whealey 2003.

48 Norden 1913; wieder abgedruckt in: Schalit, Josephus 1973, S. 46.

49 Dunn 1996, S. 141, Horn 2007, S. 118, 124, 125, Hengel 2007, S. 207.

50 Horn 2007.

51 Mason 2000, S. 259; vgl. auch Meier 1991, S. 68; Meier nennt das TF im Hinblick auf die Frage der Historizität Jesu ein „passage of monumental importance." Vgl. auch Horn 2007, S. 123 und S. 135: „Das Testimonium Flavianum ist zweifelsfrei ein nichtchristlicher Zeuge für die Existenz Jesu Christi."

52 Dunn 2003, S. 141.

53 Theißen, Merz 1997, S. 78.

54 Pines et al. 1971

55 Textausgabe: La prise de Jérusalem de Josèphe le Juif, Texte vieux-russe publié par V. Istrin, A. Vaillant, P. Pascal, Paris I 1934, Il 1938; Bruce, Güting 1991, S. 32–43; Feldman 1984.

56 Eisler 1929; Zeitlin 1928.

57 Mann 2004, S. 90, „Der Kleiderschrank".

58 Hengel 2007, S. 206f.

59 Olson 1999, S. 307.

60 Hengel 2007, S. 207; „If the Christ passage really appeared in Josephus, it would be hard to believe that Origen, who quotes the James passage, should not know the other passage, which is recorded in the same chapter", Zeitlin 1928, S. 233.

61 So tatsächlich P. Winter in: Schürer 1973, S. 428-441. Danach soll Josephus in der Hinrichtung Jesu einen entsetzlichen Vorfall gesehen haben. Theißen bezeichnet das als „naheliegende Lösung".

62 Bruce, Güting 1991, S. 29. Vgl. Conzelmann, 1960, S. 622: „Die erste Stelle (das sogenannte 'Testimonium Flavianum') ist zum mindesten in seiner jetzigen

Gestalt eine christliche Interpolation. Meist wird angenommen, daß wenigstens ein echter Grundbestand vorhanden sei. Dagegen spricht jedoch die bisher nicht gewürdigte Tatsache, daß die Stelle nach einem Schema des christlichen Kerygmas (und zwar dem lukanischen) aufgebaut ist.“ Vgl. bes. Apg 2:22ff. und 10:37ff.

63 Bruce, Güting 1991, S. 30.

64 Olson 1999, S. 306.

65 Theißen, Merz 1997, S. 78.

66 Maier 1978, S. 44 bemerkt richtig, Bammel versuche „durch möglichst geringe Textänderungen ein Maximum an Sinnänderungen zu erreichen“.

67 Horn 2007, S. 135.

68 Olson 1999, S. 308: „If we take any passage ever written about any subject and remove those parts of it in which a favorable connotation about that subject is expressed, it is logically necessary that what remains will be neutral or hostile toward the subject.“

69 Horn 2007, S. 120 Anm. 6.

70 Doherty 2003, S. 270.

71 Doherty 2003, S. 275.

72 Victor 2010, S. 80ff.; vgl. Dornseiff 1936, S. 147: „Wie stellt man sich das überhaupt vor? Es gab doch damals viele Josephusexemplare in Bibliotheken und Privatbesitz. Wie konnte jemand in diese 10 neue Zeilen hineinpraktizieren?”

73 Olson 1999, S. 306: „All the surviving manuscripts of *Antiquitates Judaicae* 18-20 include the *Testimonium*. There are only three such manuscripts. None is older than the eleventh century, and all derive from the same textual family.“

74 Maier 1978, S. 43.

75 Maier 1978, S. 42f.

76 Theißen, Merz 1997, S. 81.

77 Pines et al. 1971, S. 7 n .8; Olson 1999, S. 320.

78 Pines et al. 1971, S. 11-13, bes. n. 30.; Olson 1999, S. 320.

79 Victor 2010, S. 81, Anm. 22: „Die Version des Agapius, Bischofs von Hierapolis, in seiner Weltgeschichte zitiert, ist kein unabhängiges Textzeugnis... Agapius hatte bei der Bearbeitung des Originals vermutlich die Interessen seines Publikums zu berücksichtigen: (1) ‘... wenn man ihn denn einen Menschen nennen darf . . .’ war ihm genauso unverständlich und anstößig wie der modernen Wissenschaft. Agapius könnte auch auf sein wahrscheinlich muslimisches Publikum Rücksicht genommen haben. (2) ‘... ein Lehrer von Menschen, die mit Freude die Wahrheit aufnehmen . . .’ scheint er im griechischen Text nicht verstanden zu haben. Das Ergebnis lautet: ‘Sein Lebensweg war gut, und er war als gerecht bekannt.’... (3) ‘... auf Anzeige unserer ersten Männer ...’ dürfte ihm ebenfalls unverständlich gewesen sein. Ein anderer Grund dafür, dass diese Wörter fehlen, ist nicht zu sehen. (4) Am rätselhaftesten ist Agapius’ Schluss-Satz ‘Folglich war er vielleicht der Messias, über den die Propheten Wunder

erzählt haben.' Dass ein solcher Satz im Text des Josephus gestanden haben könnte, ist jedenfalls auszuschließen."

80 Bammel 1974, S. 146.

81 Meier 1991, S. 77 n. 27.

82 Olson 1999, S. 308.

83 Klausner 1952, S. 68.

84 Theißen, Merz 1997, S. 76.

85 Klausner 1952.

86 Olson 1999, S. 310.

87 *paradox* erg**: Eccl Hist 1,2,23; 1,11,7; 9,7,4. Demonstratio evangelica 3,5,59; 65; 105; 108; 109; 3,7,4; 26; 9.6.3; Commentarius in Isaiam 1,41,106; 63,25; 2,35,83; 57,62; Commentaria in Psalmos 23,541,55; 828.14; 984.57; 1033.46.

88 Theißen, Merz 1997, S. 76.

89 De martyribus Palaestinae 6,6,5; De laudibus Constantini 17,11,5; Commentaria in Psalmos 23,1312,7.

90 Bei manchen Kirchenvätern ist lediglich vom christianōn genos die Rede (Orig Cels 3,53). Justin bestreitet nur, dass die Christen ein Barbarenvolk (*barbaron phylon*) seien (Dial 119,4).

91 Ep 10,96-97.

92 Olson arbeitet derzeit an einer Dissertation zu diesem Thema, die jedoch leider noch nicht erschienen ist.

93 Eccl Hist 1,2,23; [1,11,7]; Demonstratio evangelica 3,5,105; Commentarius in Isaiam 2,57,62; Commentaria in Psalmos 23,541,55; 984,57.

94 *eis eti [te] nyn* allein in der „Kirchengeschichte" des Eusebius Eccl Hist 1,3,19; [11,8]; 13,5; 2,1,7.13; 12,3; 17,1; 3,36,2; 4,24,1; 25,1; 29,6; 5,5,6; 12,1; 23,3; 27,1; 6,5,1; 11,3; 17,1; 19,10; 33,3; 7,31,2; 32,29; 10,4,21.

95 Abgesehen von Philo (VitMos 2,188) begegnet diese Wendung erst wieder im 4. Jahrhundert, am häufigsten bei Eusebius: Praep Evang 12,20,3; [Eccl Hist 1,11,8]; Demonstratio evangelica 1,1,13; 2,3,54; 3,5,106; 9,9,4; Supplementa ad quaestiones ad Stephanum 22,973,24; Commentaria in Psalmos 23,516,29 – auch bei Manetheo (3. Jh.) einmal in den Apotelesmatica 5,119.

96 Whealey 2007, S. 76.

97 Herr Dr. Michael Nordbakke machte mich in einem Brief vom 18. Januar 2011 noch auf drei von Steve Mason 2003, S. 232-233, gegen die Autorschaft des Eusebius vorgebrachte Argumente aufmerksam: „[In] the cases of Philo and Josephus, whose writings are preserved in their original language and form, one is hard pressed to find a single example of serious scribal alteration… [if] Christians had written the paragraph from scratch, they might have been expected to give Jesus a little more space than John … [although] some of the language in the *testimonium* is odd, we have no basis in his [i.e., Josephus'] language for dismissing the whole paragraph." Im folgenden Nordbakkes Anmerkungen dazu; da ich zustimme, erübrigt sich ein eigener Kommentar: „Das

erste Argument ist nicht uninteressant. Man kann sich in der Tat fragen, warum die Werke Philons anscheinend keine christlichen Interpolationen aufweisen. Dazu muss man aber bemerken, dass Philo für Eusebius und seine Zeitgenossen bereits als Christ galt. Nach der gängigen Auffassung sei Philon ein Freund des Apostels Petrus gewesen sein und bei den 'Therapeuten' (*De Vita Contemplativa* 68) handele es sich um die ersten Christen. Josephus galt dagegen als jüdisch. Für Eusebius ging es wahrscheinlich darum, nicht-christliche Angriffe auf Jesus durch ein nicht-christliches Zeugnis zu widerlegen. Allein aus diesem Grund wäre Josephus ein besserer Kandidat für das Ablegen eines 'außerchristlichen Zeugnisses' gewesen als Philon, der 'Christ'. Außerdem nimmt Josephus unter allen Schriftstellern der Antike eine Sonderstellung ein: 'Sowohl in der Jesusgeschichte der Evangelien als auch in den Werken des Josephus ruht in geographischer Hinsicht alles Interesse auf Galiläa und Jerusalem' (Böttrich 2007, S. 307). Dies bedeutet, dass das Fehlen eines Jesus-Zeugnisses bei keinem anderen Schriftsteller so auffällig war, wie bei Josephus." – Masons zweites Argumente besagt, wie Nordbakke anmerkt, lediglich, dass Mason ein längeres Jesus-Zeugnis abgelegt hätte, wenn er an der Stelle des Fälschers gewesen wäre", m.a.W. *gar nichts*. Auf das dritte Argument wurde oben bereits eingegangen.

98 Voorst 2000, S. 52: „In his sparse but accurate detail, Tacitus gives the strongest evidence outside the New Testament for the death of Jesus. His brief mention of Christ may fairly be claimed to corroborate some key elements of the New Testament account"; von „wenigen, allerdings ziemlich präzisen Informationen über Christus" spricht Theißen, Merz 1997, S. 90.

99 Ann 14,4,4 (Neros „unmenschliches Herz"); 14,11,3 („Nero, dessen Unmenschlichkeit über die Klagen aller hinausging"); 14,12,2 (Neros „verbrecherische Herrschaft"); 14,56,3.

100 Ann 15,38,1.

101 „Und was glaubst du nun wohl [...], was diese Fackeln eigentlich waren? Christenmenschen waren es, Christenmenschen in Pechlappen einbandagiert, und sahen aus wie Mumien oder wie große Wickelkinder, und dieser Nero, der Veranstalter von all dieser Grässlichkeit, der lag ganz gemütlich auf einem goldnen Wagen, und zwei goldfarbne Löwen davor und der dritte Löwe lag neben ihm, und er kraute ihn in seiner Mähne, als ob es ein Pudel wäre." Fontane 1919, S. 74f.

102 Fontane 1919, S. 74 mit Bezug auf das 39. Kapitel der Annalen.

103 Hommel 1984, S. 176.

104 Fuchs 1950, S. 66.

105 Theißen, Merz 1997, S. 90.

106 Dupuis 1872, S. 287f.: „If Tacitus had spoken of the Brahmins, he would have also said, that they took their name from a certain Brahma, who had lived in the Indies, because they had also made his legend; and nevertheless Brahma would

not have more existed for that as man, because Brahma is merely the name of one of the three attributes of the personified Deity."

107 Voorst 2000, S. 50.

108 Hochart 1890: zeitlich geht dem Franzosen allerdings noch der Engländer Ross 1878 voran.

109 So von z.B. von Hartman 1919, Drews 1912, S. 37ff, Bergh van Eysinga 1947-52a, S. VI, 36-56.

110 Robinson 1986, S. 152.

111 Auch Fini weist darauf hin, dass Tertullian und Lactantius, die beide nach Tacitus schreiben, sich zwar ausgiebig mit Neros Regierungszeit beschäftigen, aber nirgendwo die angeblich Brandstiftung Neros erwähnen, Fini 1994, S. 152.

112 Apol 16; Nat 1,11,29.

113 Koestermann 1967, S. 461; vgl. auch Fini 1994, S. 152.

114 Vgl. Keresztes, S. 256f, wo u.a. auch noch Batiffol, Klette, Bacchus, Canfield genannt werden.

115 Suetonius Tranquillus 1957; Übersetzung auf der Grundlage von Max Ihms Übertragung.

116 Zum Wert dieser Informationen vgl. allerdings das Urteil von Flach 1972, S. 286: „Mit kaum noch überbietbarer Kritiklosigkeit gibt er [Sueton] die theatralischen Ausgestaltungen vom Ende Neros weiter" (Ner. 47ff.).

117 Arnold 1888, S. 38: „Dieser Biograph ordnet nämlich jede Lebensbeschreibung nach bestimmten Rubriken. Fehlerhafte und tugendhafte Handlungen werden dabei getrennt: dass Nero Rom anzündete, gehörte unter die erste, dass er die Christen verfolgte, unter die zweite Klasse. Spezieller gehörte dies Vorgehen unter 'mit Recht verhängte strenge Maßregeln.'"

118 Orosius, Historiarum Adversum Paganos, 7,7,4.

119 Robinson 1986, S. 157.

120 Nat Hist 17,1,5 (ad neronis principis incendia).

121 Statius, *silvae* 2,7,60f.

122 Walde „Tragödie in 983 Versen, überliefert im Dramencorpus von Seneca (4. v. Chr. - 65 n. Chr.), doch schließen Stil, Metrik und historische Anachronismen seine Autorschaft aus. Auch die Zuweisung zu anderen Schriftstellern der Silbernen Latinität, beispielsweise Curiatius Maternus, muss Hypothese bleiben. Die Abfassungszeit ist in die flavische Epoche zu legen."

123 Pseudo-Seneca *Octavia* 831-833.

124 Cassius Dio 62,16.

125 Dt. Übers. F. Hoffmann, bearb. E. Gottwein.

126 Tertullian Apol 5.

127 Tertullian nat 1,7,9; vgl. Robinson 1986, S. 245; Rordorf 1982, S. 366; vgl. Mart Pl 2,1; 4,1: Nero „erließ ein Edikt des Inhalts, dass alle, die als Christen und Soldaten Christi ausfindig gemacht würden, hingerichtet werden sollten"

und Sulpicius Severus, *Chronic. 2,29,3*: „So begann eine heftige Verfolgung gegen die Christen. Danach wurden Gesetze erlassen, und die Religion wurde verboten. Das Edikt wurde nämlich kundgetan: 'Niemand darf den christlichen Glauben bekennen.'" Vgl. Endnote 268.

128 Für eine Frühdatierung traten bzw. treten z.B. ein: J.B. Lightfoot (1828-1889; George Edmundson (1849-1930); Robinson 1986, S. 339. Rordorf 1982 und Brennecke 1977 sehen in der *multitudo ingens, ludibria* und im Eifersichtsmotiv Parallelen zu Tacitus; vgl. Arnold 1888, S. 37. Nachdem das Schreiben lange Zeit für ein Schreiben aus der Zeit Domitians gehalten wurde, datiert Zwierlein 2009, S. 332f es in seiner Dissertation in die Zeit 120-125 n. Chr.

129 Übersetzung hier und im folgenden von Zeller 1918, 1918.

130 1 Clem 6,2.

131 Abramowski 1977, S. 308.

132 ATh 35.

133 Pass Perp Fel 20.

134 Eus Hist Eccl 5,1.

135 1 Petr 1:7; vgl. 1 Petr 4:12.

136 Wikenhauser 1973, S. 654.

137 Asc Jes 4,2f; Übersetzung: Schneemelcher et al. 1971, S. Bd. II, 458.

138 Vgl. Ann 14,1-13; Suet. Nero 34,4.

139 Rordorf 1982, S. 365.

140 Mart Pl 3:1.

141 Vgl. Rordorf 1982, S. 367.

142 *pone Tigillinum, taeda lucebis in illa / qua stantes ardent qui fixo gutture fumant, / et latum media sulcum deducit harena.* (Iuv. 1, 155-157: „Nimm Dir einen Tigellinus vor [als Gegenstand Deiner Wahrheitsliebe] und du wirst als lebende Fackel auf dem Scheiterhaufen stehen, lichterloh brennend wie die, die man mit der Gurgel am Pfahl festhakt, und einen breiten Streifen wirst du im Sand [der Arena] hinterlassen", Iuvenalis 1969.)

143 Bell 1,23; 2,250; 6,337.

144 Fürst 2006, S. 3.

145 Fürst 2006, S. 21.

146 De viris illustribus 12.

147 Übersetzung aus dem Lateinischen in Schneemelcher et al. 1971, S. 85.

148 Zitiert nach Schneemelcher et al. 1971, S. 85.

149 Fürst 2006, S. 3.

150 Zum Ganzen Fürst 2006, S. 16f.

151 De anima 20; 42; Tertullian Apol 12,6; 50,14.

152 Deutsche Übersetzung von Fürst 2006.

153 Fürst 2006, S. 57.

[154] Vgl. Walter 1976, 1957, S. 175: "Whichever hypothesis we adopt, one thing remains certain: of all the Christian authors who wrote before and after Tacitus up to the year 1000, Severus Sulpicius is the only one to make use of the version implicating Nero, and, if we admit the authenticity of the passage of the Annals, we have to find some explanation for the 'conspiracy of silence' which surrounded it during the first ten centuries of the life of the Church."

[155] Anders als Koestermann, der an einen Irrtum denkt, glaubt Batiffol 1894, S. 514, Tacitus habe die beiden Komponenten wegen des dramatischen Effekts miteinander verbunden; er kann aber die „conspiracy of silence“ auch nicht erklären.

[156] Der Nero-redivivus-Gedanken findet sich u.a. Sib 4,119-150.

[157] Collins 2001, 187.

[158] Kreitzer 1996, S. 187-211.

[159] Everitt 2009, S. 36: „We do not know Hadrian's opinion of Nero, but, when he came to learn the history of his times, he must have been sympathetic to this attempt to rehabilitate the culture of Greece and to place the descendants of Pericles and Plato on something approaching level terms with their Roman masters."

[160] Koestermann 1967, S. 456.

[161] Hartman 1919, S. 233: „*Interea*: dum quid fiebat Dum miseri isti diris cruciatibus absumebantur. Vides quam absurde nunc divellantur quae olim elegantissime cohaerebant.“ Vgl. Kurfess 1938.

[162] Lampe 1987, S. 313.

[163] Orig Cels 3,8.

[164] Arnold 1888; Klein, Guyot 1993, S. 305.

[165] Pierson 1878, S. 88f.

[166] [DIS AVGVSTI]S TIBERIEVM [- PONTI]VS PILATVS [PRAEFECT]VS IVD[AEAE FECIT ET DEDICAVIT]; vgl. Klein, Guyot 1993, S. 304.

[167] Theißen, Merz 1997, S. 89 und 90.

[168] Vgl. z.B. Röm 16:15; 2 Kor 13:12; Eph 6:18; Phil 1:1; 4:21f; Hebr 13:24.

[169] Vgl. z.B. Mt 24:24; Mk 13:22; Röm 8:33; 11:7; Kol 3:12.

[170] Epiph Haer 2, 29.1. 4f. 7.

[171] Suet. Tib. 36: „Der Einführung fremder Religionsgebräuche, namentlich der ägyptischen und jüdischen Kulte, gebot er Einhalt ... Die übrigen Angehörigen dieses Volkes und *die Anhänger judaisierender Sekten* wies er aus Rom aus (*reliquos gentis eiusdem* vel similia sectantes urbe summovit).“

[172] Pass Perp et Fel 6; Pass Sct Scilit 9f, 13; Mart Cypr 1 usw.

[173] Im Codex Medicus II.

[174] Schnelle 2003, S. 426f sagt: „Die beste Handschrift liest hier Chrestianos...“ – Aber es gibt doch nur eine Handschrift! Vgl. Hommel 1984, S. 178: „In der Tat hat die einzige Handschrift mit selbständigem Wert, die wir für diese Partie der

Annalen besitzen und von der alle anderen Codices abhängen, der im 11. Jahrhundert im Kloster Montecassino geschriebene, nachmals in Rom und nun seit langem in Florenz aufbewahrte sogenannte Laurentianus 68, 2, ursprünglich an der ersten Stelle die Lesart chrestianos geboten, die vom gleichen Schreiber oder bald nach ihm in christianos geändert wurde, während im folgenden Satze die Lesung christus eindeutig ist.“

175 Hommel 1984, S. 178-180; vgl. Fuchs 1950; Karrer 1991, S. 81ff.

176 Magie 1961, S. 397-401.

177 Drews 1912, S. 52f.

178 Tertullian Apol 3,5: „Und auch, wenn er von euch falsch Chrestianus ausgesprochen wird – denn selbst den Namen kennt ihr noch nicht einmal genau –, so schließt er den Begriff Milde und Güte in sich.“

179 Schon Pierson 1878, S. 89; Lampe 1987, S. 35: „Wenn die Christen des 1. Jh. vor allem in Trastevere wohnten, bekommt die Christen-Verfolgung Neros einen neuen Aspekt. Nero strafte die Christen als Brandstifter der Feuersbrunst von 64 n. Chr. Tac.Ann. 15.38ff. Wieso konnte er gerade sie als ‘Prügelknaben’ präsentieren? Ihr ‘odium humani generis’ (15,44) kann nicht der einzige Auslöser gewesen sein. Was dann? Tac.Ann. 15.40: ‘Rom ist in XIV Regionen eingeteilt, von denen nur vier unversehrt blieben. Drei wurden bis auf den Grund zerstört, von den übrigen sieben blieben nur wenige Hauserreste übrig, die schwer beschädigt und halb verbrannt waren’. Mit Sicherheit war Trastevere am anderen Ufer des Tibers eines der vier verschonten Quartiere“. – Dass der Erhalt jüdischer bzw. christlicher Wohnsiedlungen der eigentliche Anlass für die Verfolgung gewesen sein soll, ist Spekulation. Die Quellen geben dafür keinen Beleg.

180 Zur Diskussion Wlosok 1959; Freudenberger; Molthagen 1975; Karrer 1991, S. 82 Anm. 172.

181 Bauer 1879, S. 155.

182 Seneca, De tranquillitate animi 9,15.

183 Plinius maior – Naturalis historia 7,78 ... multos eius generis experti, – quod mirum sit – auctores maxime sapientiae, Diogenen Cynicum, Pyrrhonem, Heraclitum, Timonem, hunc quidem etiam in totius odium generis humani evectum.

184 Auf die Deutung des *odium generis humani* im Sinne der Misanthropie hat erstmals Zeller 1891 aufmerksam gemacht.

185 Zeller 1891.

186 Suet. Nero 39,1.

187 Tacitus et al. 1884; gen* human* bei Tac Ann 3,59; 13:14; Tac Hist 1,30; 3,68; 5,25.

188 Klein, Guyot 1993, S. 305: „‘Fatebantur’ bedeutet ‘das Geständnis, Christ zu sein’, nicht ‘am Brand Schuld zu haben’.“

[189] Darauf wies schon Schiller 1872, S. 435f. hin – gegen eine Interpretation des *fateri* im Sinne des *religiösen Bekennens* (Hommel 1984, S. 180 Anm.6; Klein, Guyot 1993, S. 306, Anm. 6); Schiller bezeichnet die Stelle als „eine der wichtigsten und zugleich eine der schwierigsten bei diesem sententiösen Schriftsteller", „man könnte fast meinen, er habe der Nachwelt absichtlich ein Räthsel in seinem Berichte aufgeben wollen, das er selbst nicht gelöst hatte." Da *fateri* im Zusammenhang mit dem religiösen Bekenntnis bei Tacitus nicht vorkommt, plädiert er dafür, es im Sinne von „sich eines Verbrechens schuldig bekennen" aufzufassen.

[190] Klein, Guyot 1993, S. 304.

[191] Jakob-Sonnabend 1990, S. 115.

[192] Vgl. Bernays 1885: *Ueber die Chronik des Sulpicius Severus* (S. 169ff).

[193] Vgl. Suet. Nero 29, bei dem der Liebhaber Neros jedoch *Doryphorus* heißt. Dagegen erwähnt Cassius Dio zwei Liebhaber des Nero, außer Pythagoras auch noch einen *Sporus*, 62,28; 63,13.

[194] Morford 1990, 1614.

[195] Die Gnosis ist für Sulpicius ein verderblicher Aberglaube (superstitio exitiabilis), der sich unter mystischen Riten verbirgt (Sulp Sev Chron 2,46): „Sequuntur tempora aetatis nostrae grauia et periculosa, quibus non usitato malo pollutae ecclesiae et perturbata omnia. namque tum primum infamis illa Gnosticorum haeresis intra Hispanias deprehensa, *superstitio exitiabilis* arcanis occultata secretis."

[196] Dem Verfasser der Thekla-Akten waren die harmlosen Robben vermutlich gar nicht aus eigener Anschauung bekannt; er wusste nur, dass sie in römischen Tierkämpfen als (ungleiche) Partner von Bären auftraten; vgl. dazu Schneider 2001.

[197] Mart Pl 2,1.

[198] Bauer 1879, S. 273.

[199] Schiller 1872. Schon Schiller kehrte das negative Nerobild der Überlieferung provokativ um: „Nero hatte für Leid und Freud' der Menge ein nur zu offenes Herz" (S. 431).

[200] Griffin, Nero 1984.

[201] Warmington 1969.

[202] Bishop 1964.

[203] Vandenberg 2000.

[204] Walter 1976, 1957.

[205] Baudy 1991.

[206] Fini 1994.

[207] Baudy 1991, S. 9.

[208] Ebenso Walter 1976, 1957, S. 174: „1. Even if we admit that the text of the Annals contained the disputed passage in 400, we could not be sure that nothing had been interpolated into one of the copies during the in-

terval of 285 years. This might very easily have happened during the second half of the fourth century when Christianity, now triumphant, was engaged in creating the heroic chronicle of its first beginnings."
„2. The similarity of the two texts does not necessarily prove that Severus Sulpicius borrowed his from a contemporary copy of the Annals. The copyist who interpolated the passage into Tacitus might just as easily have added it after the publication of the Sacred History, using this work for his own ends."
„3. Whichever hypothesis we adopt, one thing remains certain: of all the Christian authors who wrote before and after Tacitus up to the year 1000, Severus Sulpicius is the only one to make use of the version implicating Nero, and, if we admit the authenticity of the passage of the Annals, we have to find some explanation for the 'conspiracy of silence' which surrounded it during the first ten centuries of the life of the Church."

209 Die Jahreszahlen sind umstritten und divergieren von Historiker zu Historiker geringfügig.

210 Anders Mommsen 1869; vgl. Schanz 1967, S. 657; Plinius Caecilius Secundus Gaius 1904, S. 9.

211 Schanz 1967, S. 670.

212 Norden 1898, S. 318.

213 Lefèvre 2009, S. 14 ff. spricht von „Pliniusmoden".

214 Ludolph 1997, 1997, S. 39; Ludolph 1997, 1997, S. 27, Anm. 23 beruft sich auf „Koskenniemi, a.a.O., S. 50, der betont, daß eine 'prinzipielle Unterscheidung' zwischen literarischem Brief und reinem Privatbrief 'in der Antike so gut wie unbekannt war.'"

215 Lefèvre 2009, S. 14f.

216 Plinius Caecilius Secundus Gaius 1904, S. 22. Die Frage, ob wir es auch hier, analog zu den ersten neun Büchern, mit „selfrepresentation" und evt. literarischer Fiktion zu tun haben könnten, wurde erst neuerdings von Woolf aufgeworfen.

217 Plinius Caecilius Secundus Gaius 1904, S. 22.

218 Theißen, Merz 1997, S. 88.

219 Der Philologe von Schanz 1901, S. 2. Teil, S. 275 betrachtete in der 2. Auflage seiner Literaturgeschichte die Arbeiten der französischen Forscher offenbar als „Anschlag" auf die Wissenschaft : „In frivoler Weise wurde die Korrespondenz mit Bezug auf die Echtheit verdächtigt..." Einige Jahrzehnte später heißt es in der überarbeiteten 3. Auflage nur: „ernstlicher waren die Angriffe französischer Gelehrter…". Schanz 1967, S. 668.

220 Voorst 2000, S. 27: "The text of these two letters is well-attested and stable, and their authenticity is not seriously disputed. Their style matches that of the other letters of Book 10 (davon, dass Buch 10 als Ganzes der Unechtheit verdächtigt wurde, scheint van Voorst nie etwas gehört zu haben), and they were known already by the time of Tertullian (fl. 196-212)."

[221] Sherwin-White widmet diesem entscheidenden Kapitel in seinem 800 Seiten umfassenden Kommentar eine ganze Seite (!).

[222] Schanz 1901, S. 274.

[223] Vgl. zum Ganzen Schaedel 1887, S. 6f.

[224] Hardy 2009, S. 337: Petri Leandri industria ex Gallia Plinii junioris ad Trajanum epistolas, licet mancas depravatasque habuimus.

[225] Schaedel 1887, S. 7.

[226] Schaedel 1887, S. 7 mit Quellenangaben.

[227] Schaedel 1887, S. 7.

[228] Hardy 1888, S. 95.

[229] Canfield 1913, S. 178.

[230] Merrill 1919, Merrill 1910, S. 452, Merrill 1915, S. 17; Stout 1955, S. 233f.

[231] Schanz 1967, S. 668, 672; an der in der 2. Auflage getroffenen Feststellung hat sich danach nichts geändert, dort hieß es: „Wir haben nur von einer Handschrift Kunde erhalten, welche nicht bloß die neun Bücher der Briefe, sondern auch die Korrespondenz des Plinius mit Traian enthielt. Diese Handschrift ist aber jetzt verschollen; doch besitzen wir Mitteilungen aus derselben ... Die übrigen Codices der Plinius-Briefe enthalten den letzteren Briefwechsel nicht"; Schanz 1901, S. 278.

[232] Schaedel 1887, S. 6f.

[233] Klein, Guyot 1993, S. 320; vgl. Ep 10,30.56.

[234] Bruce, Güting 1991, S. 14.

[235] Schaedel 1887, S. 4.

[236] Sherwin-White 1985, S. 569.

[237] Schaedel 1887, S. 4.

[238] Klein, Guyot 1993, S. 320.

[239] Klein, Guyot 1993, S. 321.

[240] Auch wenn der Interpret es besser zu wissen meint, weil *obstinatio* nach damaligem römischem Recht kein Straftatbestand war, gibt ihm das nicht das Recht, den Irrtum des Verfassers, für den dies offensichtlich der Fall war, zu korrigieren.

[241] Desjardins 1874, S. 656.

[242] Hochart 1885, S. 86; Bergh van Eysinga 1947-52a, S. VI, 53.

[243] Man kann auch noch Orig Cels 8,69 hinzunehmen; Origenes bezeichnet mit den *oligoi* die Christen: „Was muß man wohl erwarten, wenn nicht nur wie jetzt sehr wenige (*oligoi*) übereinstimmen würden, sondern das ganze von den Römern beherrschte Reich?" – anders Orig Cels 1,26; vgl. Dupuy 1880.

[244] Vgl auch Scapul 2: „Es könnte euch fürwahr klar sein, dass wir handeln, wie es die göttliche Langmut lehrt, wenn eine so große Menge von Menschen wie wir, fast die größere Hälfte in jeder Stadt, ruhig bleiben und uns loyal verhalten."

[245] Sherwin-White 1985, S. 780.

[246] Vgl. schon Bauer 1879, S. 271 – anders Reichert 2002, S. 233.

[247] Klein, Guyot 1993, S. 322.

[248] So schon Dupuy 1880: „ … mais il nous paraît évident qu'il y a ici une allusion à la coutume juive, mais exclusivement juive, de renier le Messie et de forcer les Chrétiens à le renier toutes les fois qu'ils le pouvaient. Un semblable procédé n'était pas conforme à l'esprit même de la loi romaine."

[249] Bergh van Eysinga 1947-52a, S. VI, 51.

[250] Vgl. Salzmann 1994, S. 140f.

[251] Thraede 2004, S. 125; Herrn Dr. Nordbakke verdanke ich den Hinweis auf den Musikwissenschaftler Peter Wagner (1865-1931). Dieser vertrat in der Tat die Meinung, dass bereits bei den ersten Christen eine Tradition des Wechselgesangs existiert habe. Er begründete dies mit den von Philo erwähnten Therapeuten, bei denen es üblich gewesen sein soll, dass Frauen und Männer Hymnen antiophonisch vortrugen (VitCont 88). Wagners Vermutung wurde jedoch von Jacques Handschin (1886-1955) bestritten und wird in der Musikwissenschaft heute nicht mehr vertreten. Nach Augustin wurde der Wechselgesang von Psalmen durch Ambrosius von Mailand in die lateinische Kirche eingeführt (*Confessionum Libri Tredecim* 9,15). Vgl. Guenter Wille (1967): Musica Romana. Amsterdam Schippers, S. 372-375.

[252] Athenag Suppl 3.

[253] Sherwin-White 1985, S. 707.

[254] Pierson 1878, S. 96.

[255] Voorst 2000, S. 27; ganz ähnlich neuerdings auch Barnett: „The authenticity of this passage is not in doubt. The style is Pliny's and the comments about Christians are so harsh ('a superstitio' – foreign cult – that was 'degenerate' and 'contagious') that Christian forgery is unlikely." – Ähnlich naiv die Bemerkungen zum TT: „Is this passage a Christian forgery? Whereas Josephus's Testimonium Flavianum has been corrupted by Christian interpolation, there is no reason to suspect this of the 'Testimonium Taciteum' in Annals 15.44. The text throughout is stylistically seamless. Furthermore, no Christian would have described his fellows in Rome as a foreign cult (superstition needing to be checked, a 'disease' (malum) belonging to the 'horrible and shameful things of the world' that gravitate to Rome, a people 'hated for their vices' (flagitia), who have a 'hatred of the human race' (odio humani generis) and whose terrible punishment under Nero is justified."

[256] Sherwin-White 1952, S. 691.

[257] Sherwin-White 1985, S. 83f.

[258] „It is usually assumed that Pliny died suddenly in BP soon after writing 10.120, and that book 10 must have been collected and published by someone else ('an editor') in an unrevised form." Williams 1990, S. 2.

[259] Für Woolf 2006, S. 96 handelt es sich bei der Korrespondenz nach Sicht moderner Kommentatoren tatsächlich um „letters from Bithynia-Pontus as essentially

equivalent to an archive of the total correspondence between one governor and the emperor." – Kritisch fügt er allerdings hinzu: „It would be wonderful if this were true."

[260] Woolf 2006, S. 96f: „If they were really not intended for publication, why are they so easily comprehensible …Like the letters in book 9 and unlike Cicero's private correspondence, each letter in book 10 has a unity of theme. And how do we explain the ordering, and the fact that no replies refer to more than one subject, given the journey time between Bithynia-Pontus and Rome? Why do Trajan and Pliny always emerge so well from the correspondence if it was not written for a public eye? And why do the letters, when gathered together as they are, create such a well-rounded narrative? My answer, of course, is that book 10 is much more similar to the other."

[261] Woolf 2006, S. 97: „Pliny's text elaborates an ideology of active participation, portraying a partnership that works in the interest of the provincials and the empire."

[262] Sherwin-White 1985, S. 12; vgl. Woolf 2006, S. 95.

[263] Woolf 2006, S. 97.

[264] Stout 1955, S. 233; van Manen 1890, S. 308.

[265] Cameron hat ihnen mit nicht überzeugenden Argumenten widersprochen.

[266] Sidonius Apollinaris, Epistulae 9,1,1.

[267] 1Apol 68 (Übersetzung BKV).

[268] Wlosok 1959, S. 28; im Grunde liegt der Fall nicht anders als beim ominösen *Institutum Nerionianum*, von dem Vittinghoff 1984, S. 336 feststellt, dass sich kein Kaiser darauf „in den Reskripten zu Christenanfragen der Statthalter, Stadtgemeinden oder eines 'Provinzlandtages' (Koinon) auf ein solches Verbot" bezog. „Selbst in den christlich redigierten Acta martyrum weist kein Gouverneur auf eine solche römische Gegenmaßnahme hin. Unbekannt ist sie auch der antichristlichen Polemik (z.B. dem Platoniker Celsus im Alethes Logos). Selbst die christlichen Apologeten des 2. und 3. Jhs. können weder Namen noch Urheber eines solchen 'Gesetzes' anführen, gegen das sie dann ihren existenziellen Abwehrkampf hätten führen müssen."

Da das *Institutum Neroniam* inzwischen als „moderne Fehlinterpretation" (Vittinghoff 1984, S. 335) gilt, hätte die Forschung in Bezug auf das andere tertullianische Phantom, d.h. die beiden angeblich als „offizielle Richtschnur" dienenden Christenbriefe, konsequenterweise schon längst zu einem ähnlichen Ergebnis gelangen müssen; siehe auch S. 111 und Endnote 127.

[269] „[8] Principe Augusto nomen hoc ortum est, Tiberio disciplina eius inluxit, Nerone damnatio inualuit, ... [9] Et tamen permansit erasis omnibus hoc solum institutum Neronianum, iustum denique ut dissimile sui auctoris."

[270] Vittinghoff 1984, S. 335; Borleffs 1952, S. 141ff.

[271] Richtig Büllesbach 2001, S. 222, Anm. 30: 374: „Die Paulus-Akten sind die erste Quelle, die explizit von einem Edikt des Nero gegen die Christen spricht

(API 11,2). Vermutlich hat Tertullian seine Anspielung auf ein 'institutum Neronianum' (Nat 1, 7,9) aus den ihm bekannten Paulus-Akten bezogen."

272 Zum Ganzen vgl. u.a. Hochart 1885, S. 92, van Manen 1890, S. 296f.

273 Speyer et al. 1971, S. 243.

274 Anders Scheidweiler bei Schneemelcher et al. 1971, S. 331.

275 Nur die wörtlichen Übereinstimmungen werden im folgenden unterstrichen.

276 Davies 1913, S. 409 behauptet: „We may conclude provisionally that with the exception of the seeming divergence in *gradu pulsis,* the passage in Tertullian is in all essentials a quite accurate summary of the Plinian account." Davies hat die beiden Texte offenbar nicht sorgfältig miteinander verglichen.

277 Lietzmann 1958-1962.

278 Mohlberg 1937.

279 Sherwin-White 1952.

280 Kraemer 1934; zum Ganzen vgl. Salzmann 1994, S. 141f.

281 *Fraus* als Raub z.B. Tertullian Marc 2 ,20, 28.

282 Vgl. auch Hochart 1885, S. 123.

283 Bauer 1879, S. 272.

284 Merrill 1909; vgl. Davies 1913, S. 411.

285 Anders Davies 1913, der annimmt, es sei die Rede von christlichen „Fahnenflüchtigen", d.h. „lapsi", Christen, die vom Glauben abgefallen waren. Davies ist aber genötigt, Eusebius eine falsche griechische Übersetzung zu unterstellen.

286 Lightfoot 1885, S. II,1, 57f; weitere Hinweise bei Davies 1913, S. 409, 412, der selber eine andere Position vertritt (siehe vorhergehende Fußnote), aber gleichwohl feststellt, es sei sehr „questionable whether any instances of degradation on account of Christianity can be cited before, at least, the middle of the third century."

287 Speyer et al. 1971, S. 240.

288 Lightfoot 1885, S. 57.

289 Held 1835, S. 24.

290 Sherwin-White 1985, S. 558.

291 Sherwin-White 1985, S. 557.

292 Gamberini 1983.

293 Maggi Creese 2006, Letters to the Emperor: Epistolarity and Power Relations from Cicero to Symmachus (Dissertation, University of St. Andrews, S. 107: „[In] the letters of Pliny and Trajan provisionality is reflected in the seemingly obsessive paraphrase of each other ..." Creese geht auf die Vermutung ein, dass „paraphrase of the adressee's previous letter indicates the hand of a secretary, pointing out that in private correspondence the letter writer with little to say often resorts to this device" (S. 92). Fälschungen erfordern Fantasie, an der es

freilich so manchem Fälscher gebricht. Wiederholungen sind da jederzeit willkommen.

294 van Manen 1890, S. 314.

295 Woolf 2006, S. 97: „It is an idealised relationship of course, one where the senator forever defers and the princeps forever concedes, one articulated by unequal exchanges, but exchanges conducted within the elaborate language of patronage."

296 van Manen 1890, S. 312.

297 *extruere* A, K.I.

298 *Expositio psalmorum* 97,16 humana ignorantia uerbis instruenda; vgl. 98, 144.

299 *Homiliae in euangelia*, 2,21 Ad instruendam ergo ignorantiam nostram.

300 *Sermones de diuersis*, 116,6,1 in dubiis prudentia instruat ignorantiam.

301 *Homiliae per circulum anni* 64, ignorantiam instruere cupiens.

302 *Liber de Spatula* 265, 18, ad instruendam humanitatis ignorantiam.

303 *Sententiae in iv libris distinctae* 2,13,1 quae ex parte hominis ignorantiam instruunt et illuminant.

304 *Sermones de uita et passione Domini scilicet ab aduentu Domini*, 3,29, instruxi ignorantiam.

305 Grant 1948.

306 Firm Mat *Err Prof Rel* 12, 1; Petrus Damiani – *Epistulae* 4, 153, *Sermones,* 6, 293.

307 Augustinus *Conf* 8, 7; Sulpicius Severus *Chron* 2, 13, 3; Hieronymus – *In Hieremiam prophetam* 2,105.

308 z.B. Tertullian, *Adversus Iudaeos*, 10, Augustinus CivD 19,23; Gregorius Magnus, *Moralia in Iob* 143, 3 usw.

309 Nach der *Library of Latin Texts – A* findet sich der Ausdruck loc* paenitentiae 73-mal bei den frühen Kirchenvätern und 45-mal bei den mittelalterlichen, dagegen 3-mal (inklusive Plinius) bei den nichtchristlichen antiken Schriftstellern.

310 „Numquam malefecimus, iniquitati nullam operam praebuimus; numquam malediximus, sed male accepti gratias egimus."

311 Bauer 1879, S. 271 Man fühlt sich auch an das Rezitativ zur Sopranarie „Aus Liebe will mein Heiland sterben" aus der Matthäuspassion erinnert; auf die Frage des Landpflegers: „Was hat er denn Übels getan?" folgt als Antwort eine Beschreibung von Jesu Guttaten, und das Ganze schließt mit einem „sonst nichts":
„Er hat uns allen wohlgetan.
Den Blinden gab er das Gesicht,
Die Lahmen macht' er gehend;
Er sagt's uns seines Vaters Wort,
Er trieb die Teufel fort;
Betrübte hat er aufgericht't;

Er nahm die Sünder auf und an;
*Sonst hat mein Jesus nichts getan.“*

312 Stangl 1886, S. 645.

313 Suetonius Tranquillus 1957, S. XIII.

315 Riesner 1998, S. 166: „His contemporary Tacitus proves that as an educated Roman at the beginning of the second century, one could indeed be familiar with these circumstances. It is entirely possible that Suetonius belonged to the entourage of Pliny the Younger when the latter, during his governorship in Bithynia, had to deal with the Christian question (Pliny the Younger, Ep. x.96-97).”

316 Blinn 2006.

317 Siehe jedoch 170f.

318 Voorst 2000, S. 30f.

319 Das Datum ist umstritten, s. Slingerland 1992; Lüdemann 1980, S. 181ff. kombinieren die Stelle bei Sueton mit Orosius und datieren das Edikt in das Jahr 41. v.Chr.

320 Seneca, An Lucilius 108, 22; Tac Ann2, 85,4; uet. Tib. 36 Cassius Dio, Römische Geschichte 57, 18, 5a; Flavius Josephus, Ant 18, 81-84.

321 Botermann 1996, 1996, S. 50; vgl. Omerzu 2002, S. 230.

322 Vgl. Cassius Dio, Römische Geschichte 57, 18, 5a: „Weil sich die Juden in großer Zahl in Rom angesiedelt hatten und eine beträchtliche Zahl von Einheimischen dazu gebracht hatten, ihre Sitten und Gebräuche zu übernehmen, ließ er [= Kaiser Tiberius] *die meisten von ihnen* vertreiben.“

323 *Römische Geschichte* 60,6,6f.

324 Deutsche Übersetzung nach Castritius 2008, S. 288f.

325 Deutsche Übersetzung nach Castritius 2008, S. 288f.

326 Smallwood 1981, S. 210f.

327 Vgl. allerdings Graves, Podro 1957 und Preuschen 1914.

328 Kee 1993, S. 18.

329 Theißen, Merz 1997, S. 90.

330 Bruce, Güting 1991, S. 11f; dass von der christlichen Verkündigung die Rede sei, nimmt auch Lampe 1987, S. 6 an: „Die Christus-Verkündigung hatte in einer oder in mehreren stadtrömischen Synagogen Unruhe gestiftet – wie es nicht anders für die Synagogen in Jerusalem (Apg 6,9-15), Antiochien/Pisidien (13,45.50), Ikonien (14,2.5), Lystra (14,19) und Korinth (18.12-17) belegt ist. Anhänger der Christusbotschaft waren mithin in synagogale Streitigkeit verwickelt. Sie – als Mitglieder des Synagogenverbandes – waren die ersten stadtrömischen Christen“; ebenso Pokorný, Heckel 2007, S. 300, Schnelle 2003, S. 332; Castritius 2008, S. 238 usw.

331 Lampe 1987, S. 4f.

332 Vgl. die Njiru 2002, S. 220, Anm 24 genannte Literatur.

[333] Lampe 1987, S. 4ff.

[334] Mommsen 1921, S. 523, Anm. 1; er räumt aber ein: „Allerdings ist nicht zu bezweifeln, daß bei der damaligen Stellung der Christen zum Judentum auch sie unter das Edikt fielen."

[335] Benko 1969, S. 413; aber Smallwood 1981, S. 212; Lampe 1987, S. 5f.; Riesner 1998, S. 165; 190f.; Riesner hält es mit Haenchen für unmöglich, dass Paulus bei einem jüdischen Ehepaar Unterkunft fand, das Rom wegen einer Auseinandersetzung *mit den Christen* verlassen musste (190). Sein Argument wäre plausibler, wenn es in Rom einen Konflikt zwischen Juden und Christen gegeben hätte. Aber für Lukas existiert in Rom vor dem Eintreffen des Paulus noch gar keine christliche Gemeinde, Apg 28:17ff.

[336] Koestermann 1967, S. 458; auch Bammel 1959, S. 299 bezeichnet die *Interpretatio christiana* als eine „gewaltsame".

[337] Meyer 1859, S. 22, Anm.

[338] Benko 1969; Koestermann 1967, S. 457; siehe auch die bei Voorst 2000, S. 32, Anm. 36 genannten Wissenschaftler.

[339] Botermann 1996, 1996, S. 59; Cappelletti 2006, S. 75, Anm. 29.

[340] Koestermann 1967, S. 459.

[341] Benko 1969.

[342] Feldman 1993, S. 300-304; vgl.Voorst 2000, S. 37; dafür könnten auch die 2010 in „The American Journal of Human Genetics" veröffentlichten Studien Beweismaterial liefern: „The Middle Eastern populations were formed by Jews in the Babylonian and Persian empires who are thought to have remained geographically continuous in those locales. In contrast, the other Jewish populations were formed more recently from Jews who migrated or were expelled from Palestine and from individuals who were converted to Judaism during Hellenic-Hasmonean times, when proselytism was a common Jewish practice. During Greco-Roman times, recorded mass conversions led to 6 million people practicing Judaism in Roman times or up to 10% of the population of the Roman Empire" (Gil Atzmon u.a. 2010 , Abraham's Children in the Genome Era, in AJHG, Bd. 86, S. 850-859; S. 857).

[343] Omerzu 2002, S. 230f.

[344] Riesner 1998, S. 165; Bruce, Bruce 2000, S. 381.

[345] Slingerland 1997, S. 179–219; vgl. Cappelletti 2006, S. 76.

[346] So Cappelletti 2006, S. 76 gegen Slingerland 1997, S. 179-219; „Chrestus is not mentioned anywhere else: in Slingerland's opinion, he was probably a well-known figure, or Suetonius would have stressed the obscurity of his origins, putting a *quondam* before his name. But this seems to be a too subtle argumentum ex silentio."

[347] Omerzu 2002, S. 230f.; so schon Hengel 1971, S. 16, Anm. 9; Riesner 1998, S. 165.

[348] Bei dem CIJ handelt es sich um das von Jean-Baptiste Frey herausgegebene zweibändige *Corpus Inscriptionum Judaicarum*, einem Verzeichnis jüdischer Inschriften aus der Zeit zwischen dem 3. Jahrhundert v. und dem 7. Jahrhundert n. Chr. Das englische Gegenstück ist das Werk von Noy 1993.

[349] Das räumt auch van Voorst ein, Voorst 2000, S. 33. Um den rechten Begriff von einem solchen Argument *ex silentio* zu bekommen, lese man das schöne Beispiel bei „Kübel Zone", http://kuebeline.wordpress.com/2010/01/18/argumentum-ex-siletuio/: „ Mit dem Argumentum ex silentio wird das Weglassen von Informationen für einen gewünschten, aber irreführenden Eindruck genutzt. Beispiel: 'Nachdem ich nun nacheinander mehrere Argumente des Herrn X vernommen und widerlegt habe, dürfte klar sein, dass von seiner These nicht viel zu halten ist. Ich sage dazu nichts mehr.'
Der Eindruck der Zuhörerschaft würde jedoch ein ganz anderer sein, wenn man hinzufügen würde:
'Die These umfasst mehrere hundert Seiten an Material und Dutzende von Argumenten, die ich trotz mehrwöchiger Recherche nicht widerlegen konnte. Das einzige, was ich finden konnte, befand sich in einer sehr alten Ausgabe; nur dort waren noch die fehlerhaften Argumente zu finden.'"

[350] Lampe 1987, S. 116, Anm. 365; Solin, S. 698, Anm. 240; 700.

[351] In der Stadt Rom ist der Name „Chrestos/us" ca. 56-mal belegt, „Chreste" 80-mal, „Chresto" 16-mal, „Chresto" 19-mal: CIL VI Fasc.7,5 (Register über Cognomina) S. 6324-6326; vgl. Lampe 1987, S. 6, Anm. 19.

[352] Botermann 1996, 1996, S. 57–71; Cineira 1999, S. 201–206; Omerzu 2002, S. 231

[353] Botermann 1996, 1996, S. 59; das ist nicht ganz glaubhaft; Botermann ist es natürlich um die Aufwertung außerchristlicher Jesuszeugnisse zu tun; man lese nur die folgende Passage aus ihren Ausführungen zur historischen Kritik der Apostelgeschichte, Botermann 1993: „Seit Jahren bin ich schockiert über die Art, wie die Neutestamentler mit ihren Quellen umgehen. Sie haben es geschafft, alles so in Frage zu stellen, daß sowohl der historische Jesus wie der historische Paulus kaum noch faßbar sind."

[354] Botermann 1996, 1996, S. 100.

[355] Botermann 1996, 1996, S. 102.

[356] Botermann 1996, 1996, S. 7.

[357] Omerzu 2002, S. 97.

[358] Omerzu 2002, S. 232, Anm. 549.

[359] Außer Riesner 1998, S. 201, Anm. 256. Zustimmung z.B. auch bei Schnelle 2007, S. 30; Castritius 2008, S. 294.

[360] Omerzu 2002, S. 231f.

[361] Momigliano 1981, S. 33; ähnlich apodiktisch Smallwood 1981, S. 211: „The only reasonable interpretation of Suetonius' sentence is that the reference

is to Christianity, though he was apparently under the misapprehension that 'Chrestus' was a rabble-rouser present in person."

362 Keim 1881, S. 171f.

363 Ich lasse hier die Frage der Entstehung der Kleinen Apokalypse – sie steht m.E. im Zusammenhang mit dem Bar Kochba-Aufstand zu Beginn des 2. Jahrhunderts n. Chr. – beiseite; vgl. Detering Fall 2000.

364 Vgl. Hengel 1976, S. 296–303.

365 Hengel 1976, S. 236–238.

366 Vielhauer 1971, S. 423.

367 Botermann 1996, 1996, S. 64.

368 Bammel 1959, S. 299f.

369 „Auch nach der Auffahrt Christi zum Himmel haben die Dämonen einzelne Menschen veranlasst, sich für Götter auszugeben, die nicht nur nicht von euch verfolgt, sondern mannigfacher Ehren gewürdigt wurden. So einen gewissen Samaritaner Simon aus dem Flecken Gittä, *der unter Kaiser Klaudius durch die Macht der in ihm tätigen Dämonen in eurer Kaiserstadt Rom Zauberkünste ausgeübt hatte:* für einen Gott gehalten und wie ein Gott von euch durch eine Bildsäule geehrt wurden. Diese Bildsäule steht im Tiberflusse mitten zwischen zwei Brücken und trägt diese lateinische Aufschrift: Simoni deo sanci … Denn als Simon, wie früher schon gesagt wurde, in *der Hauptstadt Rom unter Kaiser Klaudius* auftrat, hat er den heiligen Senat und das römische Volk in solches Staunen versetzt, dass sie ihn für einen Gott hielten und ihn, wie die andern bei euch verehrten Götter, durch eine Bildsäule ehrten" (Übersetzung BKV).

370 Solin, S. 658; nach Solin wird Simons „Auftreten in Rom … ohne triftige Gründe bezweifelt, sind doch Samaritaner auch sonst in Rom bezeugt"; gegen Beyschlag 1971 und Beyschlag 1974.

371 Riesner 1998, S. 166 folgt blindlings Bruce, Bruce 2000, S. 381: „This in itself would rule out Robert Eisler's fantasy that Simon Magus is meant, quite apart from the absence of evidence that Simon made messianic claims."

372 Schol ad Juvenal. Sat. IV, 117-118: *qui ad portam Aricinam sive ad clivum mendicaret inter Judaeos, qui ad Ariciam transierant ex urbe missi*; Lipsius 1887, S. 274; Riesner 1998, S. 189ff.

373 Solin, S. 690. Anm 224.

374 Riesner 1998, S. 166: „Whether Suetonius was thinking of 'Chrestus' as being actually present in Rome is, given the brevity of his expression, not at all as unequivocal as is often asserted. The meaning can also be that the movement emanating out from Christ (in Palestine) had created disturbances as far as Rome."

375 Graves, Podro 1957, S. 53: „a visit to Rome by Jesus ... was not only possible but probable; and that Suetonius's record of the disturbance which 'Chrestus' provoked ... deserves more respectful consideration than it has hitherto been accorded."

376 Just 1Apol 35; 48.

[377] Krauter 2004, S. 133.

[378] Wolff 1989, 1989, S. 42.

[379] Wilson 1998, S. 104.

[380] Voorst 2000, S. 32.

[381] Suetonius Tranquillus 1957, S. 340f.

[382] Karrer 1991, S. 71.

[383] So nimmt Botermann 1996, 1996, S. 99f. an, Sueton habe zwar den Zusammenhang zwischen Chrestus und den später von ihm erwähnten *Christiani* bemerkt, aber den Namen nicht angepasst; vgl. Omerzu 2002, S. 232, Anm. 549.

[384] Z.B. De Spectaculis 5; De anima 44.

[385] Vgl. schon Johnson 2010, S. 58, Anm. 103.

[386] Zitiert nach Robinson 1986, S. 152f.

[387] Z.B. Livius *Ab urbe condita* 31, 31; M. Tullius Cicero, – *In C. Uerrem orationes sex, actio secunda*, 5, 148: „supplicio adfecti ac necati sunt.

[388] „et plenis afflictam esse suppliciis," Hieronymus – *Commentarii in prophetas minores, In Osee*, 1, 3.

[389] Von den Heiligen: „exquisitis et inauditis suppliciis afflicti;" Aelredus Rieuallensis – Sermones I-LXXXIV; CM 2B, sermo: 68 (coll. Dunelmensis), par.: 17, pag.: 196, linea: 163.

[390] Von der Seele: „qui fuerat afflicta suppliciis," Corpus orationum (1-6829) vol.: SL 160I, Canon Missae: post Sanctus, oratio: 6419, linea: 1.

[391] Beda, Martyriologium, MPL 94, [0814A].

[392] MPL 106 [1158D].

[393] MPL 118 [0837A].

[394] MPL 123 [0374A].

[395] MPL 154 [0488D].

[396] Janssen 1979.

[397] Vittinghoff 1984, S. 352.

[398] Neudorfer, Schnabel 2006, S. 152.

[399] Vgl. Janssen 1979.

[400] Livius, Ab urbe condita 39,8-19.

[401] Suet. Claud. 25,5; siehe S. 125.

[402] Levinskaja, Winter 1996, S. 179, Anm. 56; Schnabel 2002, S. 785, Anm. 411. Die Handschrift aus dem Besitz von Henri de Mesmes (Paris, Bibliothèque Nationale, Ms, lat. 6115, Tours) ist bereits 1470 im Druck erschienen.

[403] Chin July 2006, S. 23.

[404] Theißen, Merz 1997, S. 84.

[405] Lindemann 2010, S. 165.

[406] Voorst 2000, S. 57.

[407] Bruce, Güting 1991, S. 20.

408 http://www.phil.uu.nl/hsfl/project/mara_project/index.html.

409 Ramelli 10.12.2009.

410 Theißen, Merz 1997, S. 85.

411 Als solche werden die Skeptiker der christlichen Interpretation des „weisen Königs“ auf der othodoxen Webseite des Heiligen Klosters Pantokratoros bei Thessaloniki bezeichnet.

412 Str-B 5,83; (pB$^e$rakh 2,4 (5$^a$, 12): R. Judan (350) im Namen des R. Aibo (um 320). Zu den Ähnlicheiten Menahem – Jesus schreibt Galit Hasan-Rokem 2000, Web of Life, Stanford University Press, S. 125-126: „This story is unique in Jewish tradition, and concerns the birth of the Messiah Menahem in Beth Lehem in Judah (Lamentations Rabbah 1) ... The plot elements do suggest a close affinity between the Midrash and that of Jesus' birth in the Gospels of Matthew and Luke: the infant's mother is poor, natural signs appear pointing to the miraculous birth (a star in the New Testament, a lowing ox in Lamentations Rabbah), a stranger (from the East?) brings the infant a present, and the mother is the central figure while the father is absent or marginal... Rachel's love and faith will redeem her children; the mistrust and bitterness of the mother of the Messiah Menahem determine the story's frustrating conclusion, when Menahem is lifted into heaven in a whirlwind… The choice of the infant's name, and the name of his birthplace, rely on well-known traditions. Thus Bethlehem is a natural choice according to a homily based on the well-known verse from Micha 5:1 ... The verse echoes with the cyclic rhythm inherent in Messianism, and particularly Jewish messianism, in which the coming of the Messiah is not a divine creation ex nihilo, but a return of the House of David to its previous glory.”

413 Schulthess 1897, S. 371, Anm. 4: „Die Nachricht, dass die Samier den Pythagoras verbrannt hätten, hat er wohl selber erfunden.“

414 Theißen, Merz 1997, S. 85.

415 Ramelli 10.12.2009, S. 81.

416 Theißen, Merz 1997, S. 86.

417 Übrigens kommt auch Shlomo Sand in seinem umstrittenen Buch „The invention of the Jewish people“ darauf zu sprechen. Auch für ihn gilt: „It seems that the source of the discourse regarding the anti-Jewish exile lies in the writings of Justin Martyr, who in the mid-second century linked the expulsion of circumcised men from Jerusalem after the Bar Kokhba revolt with divine collective punishment ... The myth of exile began to be slowly appropriated and integrated into Jewish tradition” (S. 135). – Nur Origenes redet einmal davon, dass das „ganze Volk der Juden aus seinen Wohnsitzen vertrieben worden ist“, und zwar ehe ein Menschenalter nach dem Tode Jesu verstrichen war (Orig Cels 4,22). Aber hier wird aus der Sicht des 3. Jahrhunderts rückblickend der Ausgang des Jüdische Krieges im 1. Jahrhundert und der des Bar-Kochba-Aufstands durcheinandergeworfen. – Zum Thema „Vertreibungsmythos“ vgl. neuerdings Yuval, 2006: „The Romans, like any victorious army, customarily took prisoners, but

they did not have a policy of exiling conquered nations from their lands … the Jews were left in place. They emigrated from the Land of Israel during the first centuries of the first millennium in a slow and gradual process, and not as the result of an intentional policy on the part of the Roman and Byzantine authorities"(19).

418 Theißen, Merz 1997, S. 85, Anm. 46.

419 Richtig Voorst 2000: „But his observation that 'driven from their own kingdom, [the Jews] are scattered through every nation' applies particularly to the aftermath of the second revolt. It was only then that, by decree of the emperor Hadrian, all Jews were expelled from the city of Jerusalem and its environs, making it a Roman colonia which no Jew was allowed to enter"; vgl. France 2001, S. 23-24; Brown 2007, S. 382; 476.

420 McVey 1990, S. 259.

421 Schulthess 1897, S. 379.

422 Altheim 1948.

423 Chin July 2006, S. 16.

424 Theißen, Merz 1997, S. 84.

425 McVey 1990, S. 271; vgl. Barn 19:5; 20:2; Diog 5:6; Did 2:2; 5:2; Just Apol 27; Athenag Suppl 35.

426 McVey 1990, S. 272.

427 Chin July 2006.

428 Schulthess 1897, S. 391 bemerkt dazu nur lakonisch: „In welchem Verhältnis die dem Briefe beigeschriebene Anekdote [gemeint ist die Chrie! Anm. des Verf.] zu diesem stehe [d.h. zum Brief], wird auf sich beruhen müssen."

429 Die *Laudatio* gilt in diesem Fall nicht Mara bar Serapion, sondern seinen Sohn (dass Familienmitglieder statt der Hauptperson gelobt werden, lässt sich auch sonst belegen).

430 Chin July 2006, S. 1; frei übersetzt, Original: „When the text is situated in this rhetorical context, the murkiness of the historiographical questions surrounding the text's date and 'religious' character becomes in some ways easier to understand: if the author of the document is not an original Mara bar Serapion, but a later writer composing a prosopopoetic exercise in his name, the vagueness of historical detail in the letter and its relatively commonplace philosophical ideas become the stuff of classroom 'general knowledge' rather than documents of individual experience or belief."

431 Bartsch 2008, S. 39.

432 Bartsch 2008, S. 39ff.

433 Parke 1988, S. 70, Anm. 33.

434 Spr 1:8, 10, 15; 2:1; 3:1, 11, 21; 4:10, 20; 5:1, 20; 6:1, 3, 20; 7:1; 19:27; 23:15, 19, 26; 24:13, 21; 27:11; Koh 12:12; Sir 1:32.

435 Koh 1:2, 14; 2:11, 17, 19; 3:19; 4:4; 11:8; 12:8 – Mara bar Serapion p. 43.

436 Die Stellen sind gesammelt bei Müller, Müller 1841, S. Bd. III, 517-519.

[437] Jacoby, 1929, S. 835.

[438] Voorst, 2000, S. 20.

[439] Josephus 1720, S. 810; vgl. Carrier 1999.

[440] Rigg 1941.

[441] Voorst 2000, S. 20.

[442] Eusebius 1911, S. 155.

[443] Carrier 1999; zur Kritik daran auch Hengel 2007, S. 719, Anm. 83.

[444] Syncellus, Nicephorus 1829, S. p. 391 (610); vgl. Jacoby 1929, S. 1157, Bd. 2; Routh 1846, S. Bd. 2, 298, vgl. Kommentar 477f.

[445] Bruce, Güting 1991, S. 19.

[446] Goguel, Wyon 1945, S. 92; vgl. Voorst 2000, S.22; Hengel 2007, S. 720.

[447] Demandt 1970, S. 483.

[448] Theißen, Merz 1997, S. 91.

[449] Schmithals 1986, S. 694, Bd. 2; Klostermann 1950, S. 166; vgl. Theißen, Merz 1997, S. §10.

[450] Vergil, Georg I, 466, vom Tode Caesars; Herodot Historien 7,37, Plutarch *Pelopidas* 31,3 Aemilius Paulus 17.7-11, Dio Cassius 55,29,3; vgl. Voorst 2000, S. 21.

[451] Evans 1998, S. 455: „The question of identity aside, the value of this fragment is slight. At best all that it shows is that someone in the first century had learned of the tradition of the darkness at the time of Jesus' crucifixion and then attempted to explain it in natural terms. If Thallus wrote in the middle of the first century, as is thought by some, then we do have an early witness outside of Christian circles to this crucifixion tradition. But it does not prove that there really was darkness – however it is to be explained – during the time of Jesus' crucifixion."

[452] Nach Demandt 1970, S. 483 hätte sich Thallus dann auf Lukas 23:44 gestützt, der die Dunkelheit beim Tode Jesu ebenfalls als Sonnenfinsternis bezeichnet (*tou ēliou eklipontos*); dadurch würde seine Polemik gegenstandslos.

[453] Syncellus, Nicephorus 1829, S. p. 394 (614); vgl. Hengel 2007, S. 721.

[454] BKV.

[455] Hengel 2007, S. 720, 722.

[456] Routh 1846, S. Bd. 2, 298, vgl. Kommentar 477f.

[457] Demandt 1970, S. 484.

[458] Carrier 1999.

[459] Hengel 2007, S. 721.

[460] Demandt 1970, S. 484ff.

[461] PsClem Hom 2,15ff.

[462] Einen umfassenden Überblick gibt die sogenante „Remsburg-List", Remsburg 1909, Repr. 1994 , S. 17ff. = http://www.positiveatheism.org/hist/rmsbrg02.htm

[463] Theißen, Merz 1997, S. 98.

[464] Myriobiblon sive Bibliotheca 33 (MPG 103, 1860, 65): „Read the *Chronicle* of Justus of Tiberias, entitled *A Chronicle of the Kings of the Jews in the form of a genealogy, by Justus of Tiberias.* He came from Tiberias in Galilee, from which he took his name. He begins his history with Moses and carries it down to the death of the seventh Agrippa of the family of Herod and the last of the kings of the Jews. His kingdom, which was bestowed upon him by Claudius, was extended by Nero, and still more by Vespasian. He died in the third year of the reign of Trajan, when the history ends. Justus's style is very concise, and he omits a great deal that is of the utmost importance. *Suffering from the common fault of the Jews, to which race he belonged, he does not even mention the coming of Christ, the events of His life, or the miracles performed by Him.*"

[465] Theißen, Merz 1997, S. 99.

[466] Theißen, Merz 1997, S. 273.

[467] Theißen, Merz 1997, S. 275.

[468] Theißen, Merz 1997, S. 273.

[469] Siehe S. 56ff.

[470] CivD 6,11.

[471] Zahn 1895.

[472] Bonhöffer 1911.

[473] Sharp 1914.

[474] Bergh van Eysinga 1907.

[475] von Wilamowitz-Moellendorff 1902, S. 321 „Das Evangelium Jesu hat er [Epiktet] nicht gekannt; daß er sich mit dessen Lehre von Menschenwürde und Gottesliebe oft so nahe berührt, erklärt sich ans der Stimmung, aus der Sehnsucht und Hoffnung der gleichen Zeit."

[476] Vgl. Bonhöffer 1911, S. 73.

[477] Mack 1994.

[478] Crossan 1996, S. 161f.

[479] Theißen, Merz 1997, S. 29.

[480] Siehe besonders die 6. sogenannte „Weibersatire". Vgl. auch die satirischen Verse über die Gottesfürchtigen in Rom in *Saturae carmen*, 14, 96 ff in der Übersetzung von Weber 1838:

„Einige, denen ein Vater, den Sabbath scheuend, zu Theil ward, Beten zu nichts wie den Wolken und machen den Himmel zur Gottheit, Denken sich auch als eines das menschliche Fleisch mit dem Saufleisch, Dess sich der Vater enthielt; bald kürzen sie gar sich die Vorhaut. Aber gewohnt zu verachten des Römischen Staates Gesetze, Lernen sie jüdisches Recht auswendig, befolgen und fürchten, Was in verborgner Roll' als Vorschrift Moses ersonnen, Keinem die Wege zu zeigen, der nicht des nämlichen Glaubens, Und zum gesucheten Quell bloss die Beschnittenen zu geleiten."

[481] Vgl. Orig Cels 1,47.

[482] Vgl. Detering 1992; Detering 1995.

[483] Snyder 2003, S. 2.

[484] Bei der „Aberkios-Inschrift“ handelt es sich um eine 1883 entdeckte, in griechischer Sprache verfasste und um 200 n. Chr. datierte Grabinschrift eines Aberkios aus Hierapolis in Phrygien. Die religionsgeschichtliche Herkunft lässt sich aufgrund des dunklen Inhalts nur schwer bestimmten. Heute hält man den Verfasser zumeist für einen Christen, früher konnten Wissenschaftler in ihm auch schon einmal einen Anhänger des Attis sehen; vgl. Dieterich 1896.

[485] Hurtado 2007, S. 2-3: „If it is dated correctly to about 200, the Aberkios inscription (found at Hierapolis) perhaps remains our oldest identifiable Christian inscription. Although one finds confident references to second-century catacombs and catacomb art in some older publications, it is now generally recognized among specialists that these as well should probably be dated to sometime in the third century.”

[486] Rutgers 21. July 2005, S. 339: „What is the significance of the fact that, for at least two centuries (until approximately 180 CE) and effectively well into a third, there is no extant material (apart from literary) evidence of Christianity as a distinct socioreligious phenomenon, since the first two centuries of self-definition and growth remain ‘buried in obscurity or disguised by fiction and declamation?’”

[487] Theißen, Merz 1997, S. 160f. Alles, was man darüber sagen kann, ist dass es sich dabei *möglicherweise* um die von der spanischen Pilgerin Egeria irgendwann zwischen 381-384 n. Chr. besuchte Stätte handelt, die seit der konstantinischen Zeit als Haus des Petrus ausgegeben wurde. Alles andere ist Vermutung und gehört bestenfalls in einen Reiseführer, nicht aber in ein seriöses wissenschaftliches Werk.

[488] Bruce, Güting 1991, S. 186.

[489] Veyne, May 1991, S. 36.

[490] Küng 1976, S. 138.

[491] Bultmann, Schmithals 1988, S. 14.

[492] Küng 1976, S. 140.

[493] Anderson 1972, S. 55.

[494] Wehr 1988, S. 54.

# Literaturverzeichnis


Abramowski, Luise (1977): Postscriptum von Luise Abramowski [zu: Hanns Christof Brennecke, Danaiden und Dirken. Zu 1 Cl 6,2, ZKG 88 (Stuttgart 1977) 302-308 = BPatr XXII/XXIII, 1393. In: ZKG, Jg. 88, S. 308.

Altheim, Franz (1948): Weltgeschichte Asiens im griechischen Zeitalter. Halle Saale: Niemeyer (2).

Anderson, Charles C. (1972): The historical Jesus. A continuing quest. Grand Rapids: Eerdmans.

Arnold, Carl Franklin (1888): Die Neronische Christenverfolgung. Eine kritische Untersuchung : mit 1 Taf. Leipzig: Richter.

Bammel, Ernst (1959): Judenverfolgung und Naherwartung. Zur Eschatologie des Ersten Thessalonicherbriefs. In: ZHTh, Jg. 56, S. 294-315.

Bammel, Ernst (1974): A New Variant Form of the Testimonium Flavianum. In: The Expository Times, Jg. 85, S. 145-147.

Bartsch, Tim Ch. (2008): Trainingsbuch Rhetorik. 2., aktualis. Aufl. Unter Mitarbeit von Michael Hoppmann, Bernd F. Rex und Markus Vergeest. Paderborn: UTB/BRO; Schöningh Paderborn.

Batiffol, Paul (1894): L'église naissante. In: RevBib, Jg. 3, S. 504.

Baudy, Gerhard J. (1991): Die Brände Roms. Ein apokalyptisches Motiv in der antiken Historiographie: Olms, Georg, Verlag AG.

Bauer, Bruno (1879): Christus und die Caesaren. Der Ursprung des Christenthums aus dem römischen Griechenthum. 2. Auflage. Berlin.

Benko, Stephen (1969): The Edict of Claudius of A.D. 49 and the Instigator Chrestus. In: ThZ, Jg. 25, S. 406-418.

Bergh van Eysinga, Gustaaf Adolf van den (1907): Epictetus en het Nieuwe Testament. In: Museum, Jg. Sept.

Bergh van Eysinga, Gustaaf Adolf van den (1930): Leeft Jezus of heeft Hij alleen maar geleefd? Een studie over het dogma der historiciteit. Arnhem: Van Loghum Slaterus (Kleine bibliotheek van hedendaagsch cultuurleven).

Bergh van Eysinga, Gustaaf Adolf van den (1947-52a): Getuigenissen aangaande Jezus buiten het Nieuwe Testament. In: Bergh van Eysinga, Gustaaf Adolf van den (Hg.): Godsdienstwetenschappelijke studien. Haarlem Willink, Bd. 6, S. 36-56.

Bergh van Eysinga, Gustaaf Adolf van den (Hg.) (1947-52b): Godsdienstwetenschappelijke studien. Haarlem Willink.

Bernays, Jacob (1885): Ueber die Chronik des Sulpicius Severus. ein Beitrag zur Geschichte der classischen und biblischen Studien. In: Bernays, Jacob (Hg.): Gesammelte Abhandlungen. 2 Bände. Berlin: Hertz, Bd. 2, S. 81-200.

Beyschlag, Karlmann (1971): Zur Simon Magus Frage. In: ZThK, Jg. 68, S. 395-426.

Beyschlag, Karlmann (1974): Simon Magus und die christliche Gnosis. Tübingen: Mohr (WUNT16).

Bishop, John H. (1964): Nero. The man and the legend. London: R. Hale.

Blinn, Hansjürgen (Hg.) (2006): Erotische Literatur. Von Lysistrata bis Lady Chatterley. Berlin: Directmedia Publ. (Digitale Bibliothek, 136).

Böttrich, Christfried (Hg.) (2007): Josephus und das Neue Testament. Wechselseitige Wahrnehmungen. Tübingen: Mohr Siebeck (Wissenschaftliche Untersuchungen zum Neuen Testament, 209).

Bonhöffer, Adolf Friedrich (1911): Epiktet und das Neue Testament. Gießen: Töpelmann (Religionsgeschichtliche Versuche und Vorarbeiten, 10).

Borleffs, J. W. Ph (1952): Institutem Neronianum. In: VigChr, Jg. 6, S. 129-145.

Botermann, Helga (1993): Der Heidenapostel und sein Historiker. In: ThBeitr, Jg. 24, S. 62-84.

Botermann, Helga (1996, 1996): Das Judenedikt des Kaisers Claudius. Römischer Staat und Christiani im 1. Jahrhundert. Stuttgart: Steiner (Hermes: Einzelschriften, S. 71).

Bowden, John (1988): Jesus. The unanswered questions. 2. impr. London: SCM Press.

Brennecke, Christoph (1977): Danaiden und Dirken. Zu 1Cl 6,2,. In: ZKG, Jg. 88, S. 302-308.

Brown, Raymond E. (2007): The Death of the Messiah, from Gethsemane to the Grave: A Commentary on the Passion Narratives in the Four Gospels: v. 1. A Commentary on the Passion Narratives in the Four Gospels: Yale University Press.

Bruce, F. F.; Bruce, F. F. (2000): Paul, apostle of the heart set free. Pbk. ed. Carlisle Cumbria UK, Grand Rapids Mich.: Paternoster Press; Eerdmans.

Bruce, Frederick F. (1997): Das Neue Testament. Glaubwürdig wahr verlässlich. 4. Aufl. Lahr: Verl. der Liebenzeller Mission (TELOS-Bücher, Nr. 1369 : TELOS-Paperback).

Bruce, Frederick F.; Güting, Eberhard (1991): Außerbiblische Zeugnisse über Jesus und das frühe Christentum. Gießen: Brunnen-Verl. (Monographien und Studienbücher).

Büllesbach, Claudia (2001): Das Verhältnis der Acta Pauli zur Apostelgeschichter des Lukas. In: Horn, Friedrich Wilhelm (Hg.): Das Ende des Paulus. Historische, theologische und literaturgeschichtliche Aspekte. Berlin, New York: W. De Gruyter (BZNW 106), S. 215-238.

Bultmann, Rudolf; Schmithals, Walter (1988): Jesus. Neuausg. Tübingen: Mohr (UTB für Wissenschaft Uni-Taschenbücher, 1272).

Cameron, A. D. E.: Pliny's Letters in the Later Empire: An Addendum. In: CQ, Jg. New Series 17, H. 1967, S. 421-422.

Canfield, Leon Hardy (1913): The early persecutions of the Christians. Phil. Diss. v. 1913 –New York, 1913. New York: Columbia Univ. [u.a.] (Studies in history, economics and public law, Vol. 55, Nr 2 = 136).

Cappelletti, Silvia (2006): The Jewish Community in Rome: From the Second Century B.C. to the Third Century C.E: Brill.

Carrier, Richard (1999): Thallus: an Analysis. Online verfügbar unter http://www.infidels.org/library/modern/richard_carrier/thallus.html.

Castritius, Helmut (2008): Judenvertreibungen im römischen Reich. In: Aschkenas, Jg. 16, H. 2, S. 277-298.

Chin, Catherine M. (July 2006): Rhetorical Practice in the Chreia Elaboration of Mara bar Serapion. In: Hugoye, Jg. 9, H. 2. Online verfügbar unter http://syrcom.cua.edu/Hugoye/Vol9No2/HV9N2Chin.html#FNRef27.

Cineira, Alvarez David (1999): Die Religionspolitik des Kaisers Claudius und die paulinische Mission. Freiburg im Breisgau: Herder (Herders biblische Studien, 19).

Collins, Adela Yarbro (2001): The Combat Myth in the Book of Revelation: Wipf & Stock Publishers.

Conzelmann, Hans (1960): Jesus Christus. In: Die Religion in Geschichte und Gegenwart. 3., völlig neu bearb. Aufl. Tübingen: Mohr, Bd. 3, S. 619-653.

Crossan, John Dominic (1996): Jesus. Ein revolutionäres Leben. München: Beck.

Cureton, William (1855): Spicilegium syriacum. Containing remains of Bardesan, Meliton, Ambrose, and Mara Bar Serapion. London: Francis and John Rivington St. Paul's Churchyard and Waterloo Place.

Davies, G. A. T. (1913): Tertullian and the Pliny-Trajan Correspondence (Ep. 96). In: JThS, Jg. os-XIV, S. 407-414.

Demandt, Alexander (1970): Verformungstendenzen in der Überlieferung antiker Sonnen- und Mondfinsternisse. In: Akademie der Wissenschaften und der Literatur, Abhandlungen der geistes- und sozialwissenschaftlichen Klasse, H. Nr. 7, S. 496-519.

Desjardins, Ernest (1874): Les Antonins d'Après Les Documens Épigraphiques l'Emperateur Trajan. In: Revue des deux mondes, Jg. 6, S. 626-657.

Detering, Hermann (1992): Paulusbriefe ohne Paulus? Die Paulusbriefe in der holländischen Radikalkritik. Zugl.: Berlin, Kirchl. Hochsch., Diss., 1991. Frankfurt am Main, Berlin, Bern, New York, Paris: Lang (Kontexte, 10).

Detering, Hermann (1995): Der gefälschte Paulus. Das Urchristentum im Zwielicht. Düsseldorf: Patmos-Verl.

Detering, Hermann (Fall 2000): The Synoptic Apocalypse (Mark 13 par): a document from the time of Bar Kochba. In: Journal of Higher Criticism, Jg. 7/2, S. 161-170.

Dieterich, Albrecht (1896): Die Grabschrift des Aberkios. Leipzig: B.G. Teubner.

Doherty, Earl (2003): Das Jesus-Puzzle. Basiert das Christentum auf einer Legende?: Angelika Lenz Verlag.

Dormeyer, Detlev (2003): Die Vita des Josephus als Biographie eines gescheiterten Herrschers. In: Kalms, Jürgen U. (Hg.): Internationales Josephus-Kolloquium, Dortmund 2002. Arbeiten aus dem Institutum Judaicum Delitzschianum. Münster: LIT (Münsteraner Judaistische Studien, 14), S. 15-31.

Dornseiff, Franz (1936): Lukas der Schriftsteller, mit einem Anhang: Josephus und Tacitus. In: ZNW, Jg. 35, S. 129-155.

Drews, Arthur (1911): Die Christusmythe. Zweiter Teil : die Zeugnisse für die Geschichtlichkeit Jesu : eine Antwort an die Schriftgelehrten mit besonderer Berücksichtigung der theologischen Methode ; nebst eine Anhang: Ist der vorchristliche Jesus widerlegt ; eine Auseinandersetzung mit Weinel von W. B. Smith. Jena: E. Diederichs.

Drews, Arthur (1912): The witnesses to the historicity of Jesus. Chicago: The Open court publishing co.

Dunn (2003): Jesus Remembered: v. 1: Christianity in the Making: William B Eerdmans Publishing Co.

Dunn, James D. G. (1996): The Epistles to the Colossians and to Philemon. A commentary on the Greek text. Grand Rapids, Mich.: Eerdmans [u.a.] (The New international Greek Testament commentary).

Dupuis, Charles Francois (1872): The origin of all religious worship. Translated from the French of Dupuis… Containing also a description of the zodiac of Denderah. New Orleans.

Dupuy, P. (1880): Étude sur les lettres de Pline et de Trajan. In: Annales de la Facultés des Lettres de Bordeaux, H. 2, S. 182.

Eisler, Robert (1929): Jesus Basileus ou basileusas. Die messianische Unabhängigkeitsbewegung vom Auftreten Johannes des Täufers bis zum Untergang Jakob des Gerechten nach der neuerschlossenen Eroberung von Jerusalem des Flavius Josephus und den christlichen Quellen dargestellt von Robert Eisler. 1. Aufl. Heidelberg: Winter.

Eusebius (1911): Die Chronik aus dem armenischen übersetzt mit textkritischem Commentar. Leipzig: J. C. Hinrichs (GCS 20).

Eusebius von Caesarea (1967): Kirchengeschichte. Kraft, Heinrich (Hg.). Darmstadt: Wissenschaftliche Buchges.

Evans, Craig A. (1998): Jesus in Non-Christian Sources. In: Chilton, Bruce; Evans, Craig A. (Hg.): Studying the historical Jesus. Evaluations of the state of current research. 2. impr. Leiden: Brill (New Testament tools and studies, 19), S. 443-478.

Everitt, Anthony (2009): Hadrian and the Triumph of Rome Hadrian and the Triumph of Rome: Random House.

Feldman, Louis H. (1984): Josephus and modern scholarship (1937-1980). Berlin: de Gruyter.

Feldman, Louis H. (1987): Josephus, Judaism, and Christianity. Detroit, Mich.: Wayne State Univ. Pr.

Feldman, Louis H. (1993): Jew and Gentile in the ancient world. Attitudes and interactions from Alexander to Justinian. Princeton, NJ: Princeton Univ. Press.

Fini, Massimo (1994): Nero. Zweitausend Jahre Verleumdung ; die andere Biographie. München: Herbig.

Flach, Dieter (1972): Zum Quellenwert der Kaiserbiographien Suetons. In: Gymnasium, Jg. 79, S. 274-289.

Fontane, Theodor (1919): Gesammelte Werke. : eine Auswahl in je 5 Bänden. Jubiläumsausgabe. Berlin: Fischer (5).

France, R. T. (2001): The Evidence for Jesus. Hodder Christian Essentials: Hodder & Stoughton Religious Division.

Freke, Timothy; Gandy, Peter (1998): The Jesus Mysteries. The Original Jesus Was a Pagan God: HarperCollins Publishers.

Freudenberger, R.: Christenverfolgungen 1. Römisches Reich. In: Krause, Gerhard; Müller, Gerhard (Hg.): Theologische Realenzyklopädie (TRE): de Gruyter, 8 [1981], S. 23-29.

Fuchs, H. (1950): Tacitus über die Christen. In: VigChr, Jg. 4, S. 65-93.

Fürst, Alfons (2006): Der apokryphe Briefwechsel zwischen Seneca und Paulus. Zusammen mit dem Brief des Mordechai an Alexander und dem Brief des Annaeus Seneca über Hochmut und Götterbilder. Text Lateinisch-Deutsch: Mohr Siebeck.

Gamberini, Federico (1983): Stylistic theory and practice in the Younger Pliny. Univ., Diss. – Southampton, 1982. Hildesheim: Olms-Weidmann (Altertumswissenschaftliche Texte und Studien, 11).

Graetz, H.; Brann, M. (1905): Geschichte der Juden von den ältesten Zeiten bis auf die Gegenwart. 5., verb. und verm. Aufl. /. Leipzig: Leiner (3.2).

Grant, Robert M. (1948): Pliny and the Christians. In: HThR, Jg. 41, H. 4, S. 273-274.

Graves, Robert; Podro, Joshua (1957): Jesus in Rome. A historical conjecture. London: Cassell.

Griffin, Miriam T.; Nero, Claudius Caesar (1984): Nero. London: Batsford.

Hardy, Ernest George (1888): A Bodleian MS. of Pliny's letters;-VIII. 8 Section 3-18 Section 11 and Ad Traj. 1-40. In: JP, Jg. 17:33, S. 95-108.

Hardy, Ernest George (2009): Studies in Roman History (1906): General Books.

Hartman, J. J. (1919): Paradoxa Tacitea, Mnemosyne, n.s.:47 (1919) p.233. In: Mnemosyne, Jg. 47, S. 233-251.

Held, Julius (1835): Prolegomena ad librum epistolarum quas mutuo sibi scripsisse Plinium iuniorem Traianum Caesarem viri docti credunt. Schweidnitz (/Schulprogramme SchweidnitzGymnasium, 1835).

Hengel (1971): Die Ursprünge der Christlichen Mission. In: NTS, Jg. 18, S. 15-38.

Hengel, Martin (1976): Die Zeloten. Untersuchungen zur jüdischen Freiheitsbewegung in der Zeit von Herodes I. bis 70 A.D. Univ., Diss.- Tübingen, 1959. 2., verb. und erw. Aufl. Leiden: Brill (Arbeiten zur Geschichte des antiken Judentums und des Urchristentums, 1).

Hengel, Martin (2007): Jesus und das Judentum. Unter Mitarbeit von Anna Maria Schwemer. Tübingen: Mohr Siebeck.

Hochart, Polydore (1885): Études au suject de la persécution des chrétiens sous Néron. Paris.

Hochart, Polydore (1890): De L'Authenticité des annales et des histoires de Tacite. Ouvrage accompagné des photographies de 5 pages des manuscrits de Florence et de 68 lettres de Paggio Bracciolini. Paris: Thorin.

Hommel, Hildebrecht (1984): Sebasmata. : Studien zur antiken Religionsgeschichte und zum frühen Christentum. 1. Aufl. Tübingen: Mohr (WUNT, 32 (232)).

Horn, Friedrich-Wilhelm (2007): Das Testamentum Flavianum aus neutestamentlicher Perspektive. In: Böttrich, Christfried; Herzer, Jens (Hg.): Josephus und das Neue Testament. Wechselseitige Wahrnehmungen. 2. Internationales Symposium zum Corpus Judaeo-Hellenisticum Mai 2006: Mohr Siebeck, S. 117-136.

Iuvenalis, Decimus Iunius (1969): Satiren. Schnur, Harry C. (Hg.). Stuttgart: Reclam (Reclams Universalbibliothek, Nr. 8598/8600).

Jacoby, Felix (1929): Die Fragmente der griechischen Historiker. 2 Bände. Leiden: Brill.

Jakob-Sonnabend, Waltraud (1990): Untersuchungen zum Nero-Bild der Spätantike. Zugl.: München, Univ., Diss., 1986. Hildesheim, Zürich, New York: Olms-Weidmann (Altertumswissenschaftliche Texte und Studien, 18).

Janssen, L. F. (1979): „Superstitio" and the Persecutions of the Christians. In: VigChr, Jg. 33, S. 131-159.

Johnson, Edwin (2010): Antiqua Mater. Wer waren die ersten Christen? Fabri, Frans-Joris (Hg.). Norderstedt: Books on Demand.

Josephus, Flavius (1985): Des Flavius Josephus jüdische Altertümer. 6. Aufl. Clementz, Heinrich (Hg.). Wiesbaden: Fourier.

Josephus, Flavius (1720): Flavii Josephi opera, quae reperiri potuerunt, omnia. Hudsonus, Joannes (Hg.). Oxonii: Theatrum Sheldonianus.

Karrer, Martin (1991): Der Gesalbte. Die Grundlagen des Christustitels: Vandenhoeck & Ruprecht.

Kee, Howard C. (1993): Was wissen wir über Jesus? Stuttgart: Reclam (Reclams Universal-Bibliothek, Nr. 8920).

Keim, Theodor (1881): Rom und das Christenthum. Eine Darstellung des Kampfes zwischen dem alten und dem neuen Glauben im römischen Reiche während der beiden ersten Jahrhunderte unsrer Zeitrechnung. Berlin: Reimer.

Keresztes, Paul: The Imperial Roman Government and the Christian Church. I. From Nero to the Severi. In: ANRW, II, 23, 1, S. 247-315.

Klausner, Joseph (1952): Jesus von Nazareth. Seine Zeit, sein Leben und seine Lehre. 3. erw. Aufl. Jerusalem: Jewish Publ. House.

Klein, Richard; Guyot, Peter (1993): Die Christen im heidnischen Staat. Darmstadt: Wiss. Buchges. (Texte zur Forschung, 60).

Klostermann, Erich (1950): Das Markusevangelium. 4., erg. Aufl. Tübingen: Mohr (HNT, 3).

Koestermann, E. (1967): Ein folgenschwerer Irrtum des Tacitus (Ann. XV 44,2ff.). In: Historia, Jg. 16, S. 456-469.

Kraemer, C. J. (1934): Pliny and the Early Christian Service: Fresh Light from an old Source. In: CP, Jg. 29, S. 293-300.

Krauter, Stefan (2004): Bürgerrecht und Kultteilnahme. Politische und kultische Rechte und Pflichten in griechischen Poleis, Rom und antikem Judentum. Univ., Diss. – Tübingen, 2003. Berlin: de Gruyter (BZNW, 127).

Kreitzer, L. Joseph (1996): Striking new images. Roman Imperial coinage and the New Testament world. Sheffield: Sheffield Academic Press (Journal for the study of the New Testament., 134).

Küng, Hans (1976): Christ sein. 8. Aufl. München: Piper.

Kurfess, Alfons (1938): Der Brand Roms und die Christenverfolgung im Jahre 64 A.D. In: Mnemosyne, Jg. ser.3:6, S. 261.

Lampe, Peter (1987): Die stadtrömischen Christen in den ersten beiden Jahrhunderten. Untersuchung zur Sozialgeschichte. Tübingen: Mohr.

Lefèvre, Eckard (2009): Vom Römertum zum Ästhetizismus. Studien zu den Briefen des jüngeren Plinius. Berlin: de Gruyter (Beiträge zur Altertumskunde, 269).

Levinskaja, Irina A.; Winter, Bruce W. (1996): The book of acts in its first century setting. Grand Rapids, Mich.: Eerdmans [u.a.].

Lietzmann, Hans (1958-1962): Die liturgischen Angaben des Plinius. In: Lietzmann, Hans (Hg.): Kleine Schriften. 3 Bände. Berlin: Akademie-Verl., Bd. 3, S. 48-53.

Lightfoot, J. B. (1885): The Apostolic Fathers. : revised texts with introductions, notes, dissertations, and translations. London: MacMillan.

Lindemann, Andreas (2010): ZNW Jahrgang 100. In: ZNW, Jg. 101, S. 159-173.

Lipsius, Richard Adelbert (1887): Die apokryphen Apostelgeschichten und Apostellegenden: ein Beitrag zur altchristlichen Literaturgeschichte. Braunschweig: Schwetschke (2/1).

Lüdemann, Gerd (1980): Paulus, der Heidenapostel, Band I: Studien zur Chronologie. Göttingen: Vandenhoeck & Ruprecht (FRLANT, 123).

Lüdemann, Gerd (1995): Ketzer. Die andere Seite des frühen Christentums. Stuttgart: Radius-Verl.

Ludolph, Matthias (1997, 1997): Epistolographie und Selbstdarstellung. Untersuchungen zu den „Paradebriefen“ Plinius des Jüngeren. Tübingen: Narr (Classica Monacensia / Classica Monacensia, 17).

Mack, Burton L. (1994): The Lost Gospel: Book of Q and Christian Origins: Element Books Ltd.

Magie, David (1961): The scriptores historiae Augustae: in three volumes. London: Harvard Univ. Press; Heinemann (The Loeb classical library, 263).

Maier, Johann (1978): Jesus von Nazareth in der talmudischen Überlieferung. Darmstadt: Wiss. Buchges.

Manen, W. C. van (1890): De briefwisseling van Plinius en Trajanus. In: De Gids, S. 290-327.

Mann, Thomas (2004): Große kommentierte Frankfurter Ausgabe. Werke, Briefe, Tagebücher. Bd. 2 Bände. Detering, Heinrich; Stachorski, Stephan (Hg.). Frankfurt am Main: Fischer.

Mason, Steve (2000): Flavius Josephus und das Neue Testament. Tübingen, Basel: Francke (UTB, 2130).

Mason, Steve (2003): Josephus and the New Testament: Hendrickson Publishers Inc.

McVey, Kathleen (1990): Fresh Look at the Letter of Mara bar Sarapion to his Son. In: Lavenant, R. (Hg.): V Symposium Syriacum 1988. Rom (OCA, 236), S. 257-272.

Meier, John P. (1991): A marginal Jew. Rethinking the historical Jesus. New York: Doubleday.

Meier, John P. (1991): The roots of the problem and the person. 1. ed. New York: Doubleday.

Merrill, Eimer Truesdell (1909): Zur früheren Überlieferungsgeschichte des Briefwechsels Plinius und Traians. In: Wiener Studien, S. 260–268.

Merrill, Eimer Truesdell (1910): On the Early Printed Editions of Pliny's Correspondence with Trajan Classical Philology. In: CP, Jg. 5, H. 4, S. 451-466.

Merrill, Eimer Truesdell (1915): The Tradition of Pliny's Letters. In: CP, Jg. 10, H. 1, S. 8-25.

Merrill, Elmer Truesdell (1919): Selected letters of the younger Pliny. Corr. impr. London: MacMillan (Classical series).

Meyer, Heinrich August Wilhelm (1859): Über den Brief des Paulus an die Römer. 3., verb. und verm. Aufl. Göttingen: Vandenhoeck und Ruprecht (KEK, 4).

Millar, Fergus (1994): The Roman Near East. 31 B. C. – A. D. 337. Cambridge, Mass. [u.a.]: Harvard Univ. Press.

Mohlberg, C. (1937): Carmen Christo quasi deo. In: RivAc, Jg. 14, S. 93-123.

Molthagen, Joachim (1975): Der römische Staat und die Christen im zweiten und dritten Jahrhundert. Mit e. Anh. Zugl.: Hamburg, Univ., Philos. Fak., Diss., 1969 u.d.T.: Molthagen, Joachim: Der römische Staat und die Christen von Nero bis Diocletian. 2. Aufl. Göttingen: Vandenhoeck und Ruprecht (Hypomnemata, H. 28).

Momigliano, Arnaldo (1981): Claudius, the Emperor and his achievement. With a new bibliography (1942-59) by Arnaldo Momigliano ; translated by W. D. Hogarth. Westport Conn: Greenwood Press.

Mommsen, Theodor (1869): Zur Lebensgeschichte des jüngeren Plinius. In: Hermes, Jg. 3, S. 31-139.

Mommsen, Theodor (1921): Die Provinzen von Caesar bis Diocletian. 9. Aufl. Berlin: Weidmann (Römische Geschichte von Theodor Mommsen; Bd. 5).

Morford, Mark: Tacitus' Historical Methods in the Neronian Books of the 'Annals'. In: ANRW, II,33,3, S. 1582-1627.

Müller, Karl; Müller, Theodor (1841): Fragmenta historicorum Graecorum. Parisiis: Ed. Didot.

Neudorfer, Heinz-Werner; Schnabel, Eckhard J. (2006): Das Studium des Neuen Testaments. Einführung in die Methoden der Exegese. Aktualisierte und rev. Ausg. Wuppertal: Brockhaus [u.a.] (TVG).

Njiru, Paul Kariuki (2002): Charisms and the Holy Spirits Activity in the Body of Christ. An Exegetical-Theological Study of 1 Corinthians 12,

4-11 and Romans 12, 6-8. Roma: Gregorian University Press; Pontificia Università Gregoriana (Tesi gregoriana Serie Teologia, 86).

Norden, Eduard (1898): Die antike Kunstprosa vom VI. Jahrhundert vor Christi bis in die Zeit der Renaissance. Leipzig: Teubner.

Norden, Eduard (1913): Josephus und Tacitus über Jesus Christus und eine messianische Prophetie. In: NJKA, Jg. 16, S. 637-666.

Noy, David (1993): Jewish Inscriptions of Western Europe: v. 1: Italy (Excluding the City of Rome) and Gaul: Cambridge University Press.

Olson, K. A. (1999): Eusebius and the Testimimonium Flavianum. In: CBQ, Jg. 61, S. 305-322.

Omerzu, Heike (2002): Der Prozeß des Paulus. Eine exegetische und rechtshistorische Untersuchung der Apostelgeschichte. Berlin: de Gruyter.

Parke, H. W. (1988): Sibyls and Sibylline prophecy in classical antiquity. Unter Mitarbeit von B. C. McGing. London: Routledge (Croom Helm classical studies).

Pierson, Allard (1878): De Bergrede en andere synoptische Fragmenten. Een hist.-krit. Onderzoek. Amsterdam: Van Kampen.

Pines, Shlomo (1971): An Arabic version of the Testimonium Flavianum and its implications. Jerusalem: Israel Academy of Sciences and Humanities (Publications of the Israel Academy of Sciences and Humanities, Section of Humanities).

Plinius Caecilius Secundus Gaius (1904): Briefe des jüngeren Plinius. Kukula, Richard Cornelius (Hg.). Leipzig: Teubner (Meisterwerke der Griechen und Römer in kommentierten Ausgaben, 9).

Pokorný, Petr; Heckel, Ulrich (2007): Einleitung in das Neue Testament. Seine Literatur und Theologie im Überblick. Tübingen: Mohr Siebeck (UTB, 2798 : Theologie, Religion).

Preuschen, E. (1914): Chresto impulsore. In: ZNW, Jg. 15, S. 96.

Price, Robert M. (2000): Deconstructing Jesus. Amherst, NY: Prometheus Books.

Price, Robert M. (2003): The incredible shrinking Son of Man. How reliable is the Gospel tradition? Amherst N.Y.: Prometheus Books.

Ramelli, Ilaria (2009): The Letter of Mara Bar Serapion in Context. Utrecht University. Online verfügbar unter http://syrcom.cua.edu/Hugoye/Vol13No1/HV13N1CRSerapion.pdf.

Ratzinger, Josef; Benedikt XVI. (2007): Jesus von Nazareth. Von der Taufe im Jordan bis zur Verklärung: Herder Freiburg.

Reichert, Angelika (2002): Durchdachte Konfusion Plinius, Trajan und das Christentum. In: ZNW, Jg. 93, H. 3-4, S. 227-250.

Remsburg, John E. (1909, Repr. 1994): The Christ. A critical review and analysis of the evidences of his existence. Amherst N.Y.: Prometheus Books.

Riesner, Rainer (1998): Paul's early period. Chronology, mission strategy, theology. Grand Rapids Mich.: W.B. Eerdmans.

Rigg, Horace (1941): Thallus: The Samaritan? In: HThR, Jg. 34, 1941, S. 111-119.

Robinson, John A. (1986): Wann entstand das Neue Testament?: Brockhaus, R.

Rordorf, W. (1982): Die neronische Christenverfolgung im Spiegel der apokryphen Paulusakten. In: NTS, Jg. 28, S. 365-374.

Ross, John Wilson (1878): Tacitus and Bracciolini. The annals forged in the XVth century. BiblioBazaar: s.l.

Routh, Martinus Josephus (1846): Reliquiae sacrae sive auctorum fere jam perditorum secundi tertiique saeculi post christum natum quae supersunt. Editio Altera. Oxonii: Typographeo Academico.

Rutgers, Leonard Victor; van den Borg, A. F. M.; Jong, I. Poole de (21. July 2005): Radiocarbon Dating: Jewish Insopiration of Christian Catacombs. In: Nature, Jg. 436.

Salzmann, Jorg C. (1994): Lehren und Ermahnen. Zur Geschichte des christlichen Wortgottesdienstes in den ersten drei Jahrhunderten. Tübingen: Mohr.

Schaedel, Ludwig (1887): Plinius der Jüngere und Cassiodorius Senator. Kritische Beiträge zum 10. Buch der Briefe und zu den Varien. Darmstadt: Winter.

Schäfer, Peter (1981): Der Bar Kokhba-Aufstand. Studien zum zweiten jüdischen Krieg gegen Rom. Tübingen: Mohr.

Schalit, Abraham; Josephus, Flavius (1973): Zur (Flavius) Josephus-Forschung. Darmstadt Wiss. Buchges.

Schanz, Martin (1967): Die römische Literatur in der Zeit der Monarchie bis auf Hadrian. 4., neubearb. Aufl. 1935, unveränd. Nachdr. (HAW Abt. 08, 2).

Schanz, Martin von (1901): Geschichte der römischen Litteratur. Bis zum Gesetzgebungswerk des Kaisers Justinian. Zweiter Teil: Die römische Litteratur in der Zeit der Monarchie bis auf Hadrian. 2. Aufl. München: Beck (2. Teil).

Schiller, Hermann (1872): Geschichte des römischen Kaiserreichs unter der Regierung des Nero. Berlin: Weidmann.

Schmithals, Walter (1986): Das Evangelium nach Markus. Band 1. Kapitel 1,1-9,1; Band 2. Kapitel 9,2-16,20. 2. Aufl. Gütersloh: Mohn (Ökumenischer Taschenbuchkommentar zum Neuen Testament; 2).

Schnabel, Eckhard J. (2002): Urchristliche Mission. Wuppertal: Brockhaus.

Schneemelcher, Wilhelm; Hennecke, Edgar (Hg.) (1971): Neutestamentliche Apokryphen in deutscher Übersetzung. 4. Aufl., durchges. Nachdr. der 3.Aufl. Tübingen: Mohr.

Schneider, Horst (2001): Thekla und die Robben. In: VigChr, Jg. 55, S. 45-57.

Schnelle, Udo (2003): Paulus. Leben und Denken: de Gruyter.

Schnelle, Udo (2007): Einleitung in das Neue Testament: UTB.

Schulthess, F. (1897): Der Brief des Mara bar Serapion. In: ZDMG, Jg. 51, S. 365-391.

Schürer, Emil (1973): The History of the Jewish people in the age of Jesus Christ (175 B.C.-A.D. 135). Vol. 1. Edinburgh: Clark.

Sharp, Douglas Simmonds (1914): Epictetus and the New Testament. London: C. H. Kelly.

Sherwin-White (1952): The early Persecutions and Roman Law again. In: JThS NS, Jg. 3, S. 199-213.

Sherwin-White, A. N. (1985): The letters of Pliny. A historical and social commentary. Oxford: Oxford Univ. Press.

Sand, Shlomo; Lotan, Yael (2009): The invention of the Jewish people. English ed. London, New York: Verso.

Slingerland, Dixon (1992): Suetonius Claudius. 25.4, Acts 18, and Paulus Orosius. In: JQR, Jg. 58, S. 127-144.

Slingerland, H. Dixon (1997): Claudian policymaking and the early Imperial repression of Judaism at Rome. Atlanta Ga.: Scholars Press (South Florida studies in the history of Judaism, no. 160).

Smallwood, E. Mary (1981): The Jews under Roman rule. From Pompey to Diocletian ; a study in political relations. Photomechan. repr. with corr., 2. ed. Leiden: Brill (Studies in Judaism in late antiquity, 20).

Snyder, Graydon E. (2003): Ante Pacem: Archaeological Evidence of Church Life Before Constantine. Archaeological Evidence of Church Life Before Constantine: Mercer University Press.

Solin, Heikki: Juden und Syrer im westlichen Teil der römischen Welt II 29.2. In: ANRW, II 29.2, S. 587-789.

Speyer, Wolfgang; Müller, Iwan von; Otto, Walter; Bengtson, Hermann (1971): Die literarische Fälschung im heidnischen und christlichen Altertum Ein Versuch ihrer Deutung. München: Beck (Handbuch der Altertumswissenschaft [Bd.2]).

Stangl, Th (1886): Zur kritik der briefe Plinius des jüngeren, Philologus, 45 (1886) p.642. In: Philologus, Jg. 45, S. 642.

Stout, S. E. (1955): The Basis of the Text in Book X of Pliny's Letters. In: TPAPA, Jg. 86, S. 233-249.

Suetonius Tranquillus, Gaius (1957): Cäsarenleben. [5. Aufl.]. Heinemann, Max (Hg.). Stuttgart: Kröner (Kröners Taschenausgabe, 130).

Syncellus, Georgius; Nicephorus (1829): Corpus scriptorum historiae Byzantinae. Ed. emendatior et copiosior. 2 Bände. Niebuhr, Barthold Georg (Hg.). Bonnae: Weber.

Tacitus, Cornelius; Nipperdey, Karl; Andresen, Georg (1884): P. Cornelius Tacitus. 8., verb. Aufl. Berlin: Weidmann.

Theißen, Gerd; Merz, Annette (1997): Der historische Jesus. Ein Lehrbuch. 2., durchges. Aufl. Göttingen: Vandenhoeck & Ruprecht.

Thraede, Klaus (2004): Noch einmal: Plinius d. J. und die Christen. In: ZNW, Jg. 95, S. 102-128.

Vandenberg, Philipp (2000): Nero. Kaiser und Gott, Künstler und Narr. Vollst. Taschenbuchausg., 1. Aufl. Bergisch Gladbach: Lübbe.

Veyne, Paul; May, Markus (1991): Glaubten die Griechen an ihre Mythen? Ein Versuch über die konstitutive Einbildungskraft. [2. Aufl.] / 1. Aufl., [Nachdr.]. Frankfurt am Main: Suhrkamp (Edition Suhrkamp, 1226 = N.F., 226).

Victor, Ulrich (2010): Das Testimonium Flavianum. Ein authentischer Text des Josephus. In: NT, Jg. 52, S. 72-82.

Vielhauer, Philipp (1971): Apokalypsen und Verwandtes, Einleitung. In: Schneemelcher, Wilhelm; Hennecke, Edgar (Hg.): Neutestamentliche Apokryphen in deutscher Übersetzung. 4. Aufl., durchges. Nachdr. der 3.Aufl. Tübingen: Mohr, Bd. 2, S. 407-427.

Vittinghoff, Friedrich (1984): „Christianus Sum" – Das „Verbrechen" von Außenseitern der römischen Gesellschaft. In: Historia, Jg. 33/3, S. 331-357.

Voorst, Robert E. van (2000): Jesus outside the New Testament. An introduction to the ancient evidence. Grand Rapids, Mich.: Eerdmans (Studying the historical Jesus).

Walde, Christine: Octavia. In: KLL, Bd. 19, S. 186.

Walter, Gérard (1976, 1957): Nero. Westport, Conn: Greenwood Press.

Warmington, B. H. (1969): Nero. Reality and legend. London: Chatto and Windus (Ancient culture and society).

Weber, Wilhelm Ernst (1838): Satiren. Halle Waisenhaus.

Wehr, Gerhard (1988): Die deutsche Mystik. Mystische Erfahrung und theosophische Weltsicht – eine Einführung in Leben und Werk der grossen deutschen Sucher nach Gott. 1. Aufl. Bern: O.W. Barth.

Wells, G. A. (1998): The Jesus Myth: Open Court Publishing Co ,U.S.

Wenham, David (1985): The Jesus tradition outside the Gospels. Sheffield: JSOT Press (Gospel perspectives, 5).

Whealey, Alice (2003): Josephus on Jesus. The Testimonium Flavianum controversy from late antiquity to modern times. New York, NY: Lang.

Whealey, Alice (2007): Josephus, Eusebius of Caesarea and the Testimonium Flavianum. In: Böttrich, Christfried; Herzer, Jens (Hg.): Josephus und das Neue Testament. Wechselseitige Wahrnehmungen. 2. Internationales Symposium zum Corpus Judaeo-Hellenisticum Mai 2006: Mohr Siebeck, S. 73-116.

Wikenhauser, Alfred (1973): Einleitung in das Neue Testament. 6., völlig neu bearb. Aufl. Freiburg im Breisgau: Herder.

Wilamowitz-Moellendorff, Ulrich von (1902): Griechisches Lesebuch. 2. unveränd. Abdr. Berlin: Weidmann.

Williams, Wynne (1990): Correspondence with Trajan from Bithynia (Epistles X). Warminster: Aris & Phillips.

Wilson, A. N. (1998): Paul: The Mind of the Apostle. The Mind of the Apostle: CCV.

Wlosok, Antonie (1959): Die Rechtsgrundlagen der Christenverfolgungen der ersten zwei Jahrhunderte. In: Gymnasium, Jg. 66, S. 14-32.

Wolff, H. (1989, 1989): Die Juden im antiken Rom. In: Rother, Klaus (Hg.): Minderheiten im Mittelmeerraum. Eine Vortragsreihe im Sommersemester 1988. Passau: Passavia Univ.-Verl. (Passauer Mittelmeerstudien, 2), S. 35-62.

Woolf, Greg (2006): Pliny's Province. In: Bekker-Nielsen, Tønnes (Hg.): Rome and the Black Sea region. Domination, Romanisation, resistance; [proceedings of an international conference, University of Southern Denmark, Esbjerg, January 23 - 26, 2005]. Aarhus: Aarhus Univ. Press, S. 94-108.

Yuval, Israel Jacob (Winter 2006): The Myth of the Jewish Exile from the Land of Israel: A Demonstration of Irenic Scholarship. In: Common Knowledge, Jg. 12, H. 1, S. 16-33.

Zahn, Theodor (1895): Der Stoiker Epiktet und sein Verhältnis zum Christentum. Rede am 3. November 1894 gehalten. 2. Aufl. Erlangen: Deichert.

Zeitlin, Solomon (1928): The Christ Passage in Josephus. In: JQR, Jg. 18, S. 231-255.

Zeller, Eduard (1891): Das odium generis humani der Christen. In: ZWTh, Jg. 34, S. 356-367.

Zeller, Franz (1918, 1918): Die apostolischen Väter. Kempten: Kösel (Bibliothek der Kirchenväter : [Reihe 1] / Bibliothek der Kirchenväter / 1, 35).

Zwierlein, Otto (2009): Petrus in Rom. Die literarischen Zeugnisse ; mit einer kritischen Edition der Martyrien des Petrus und Paulus auf neuer handschriftlicher Grundlage. Berlin, New York: de Gruyter (UaLG, 96).

# Personenverzeichnis

## O



## P



## R



## S



## T



## U

Rolf Bergmeier

**Kaiser Konstantin und die wilden Jahre des Christentums**

Die Legende vom ersten christlichen Kaiser

ISBN 978-3-86569-064-7, 350 Seiten, kartoniert, Euro 24.-

Konstantin gilt als der christliche Kaiser, dessen Regentschaft den Beginn des christlichen Abendlandes definiert. Eine Vision vor der Schlacht an der Milvischen Brücke soll ihn zum Glauben an den einzig „wahren" Gott bekehrt haben. Ein ideologisch weniger verklärter Blick auf das frühe 4. Jahrhundert ergibt jedoch ein anderes Bild. Denn Konstantin hat sich nie zum Christentum bekannt, antike Bauwerke und Münzen zeigen ihn als sonnengöttlichen Herrscher. Seine Religionspolitik war in erster Linie geprägt vom Streben nach der Alleinherrschaft. Christliche Einflüsse auf seine Entscheidungen sind nicht nachweisbar.

Hans Albert

**Joseph Ratzingers Rettung des Christentums**

Beschränkungen des Vernunftgebrauchs im Dienste des Glaubens

ISBN 978-3-86569-037-1, 126 Seiten, kartoniert, Euro 10.-

Joseph Ratzinger wird im Feuilleton als Intellektueller, als kluger Kopf und einer der führenden Denker innerhalb der katholischen Theologie gehandelt. Hans Albert wirft einen Blick auf einige zentrale Texte und kommt zu dem Ergebnis, dass dem deutschen Papst dieses Etikett zu unrecht anhaftet. Der Philosoph zeigt, dass der Theologe die historisch-kritische Forschung in seinem eigenen Fach weitgehend ignoriert, dass er mit unklarer Begrifflichkeit arbeitet und grundlegenden Problemen (z.B. der Theodizeefrage) ausweicht.

Andreas Kilian

**Die Logik der Nicht-Logik**

Wie Wissenschaft das Phänomen Religion heute biologisch definieren kann

ISBN 978-3-86569-062-3, 230 Seiten, kartoniert, Euro 17.-

In der Logik der Nicht-Logik analysiert Andreas Kilian nicht nur die biologischen Grundlagen, die zu Spiritualität und Religiosität führen können, sondern diskutiert auch die Evolution und die Geschichte verschiedener Religionen und Glaubensinhalte unter darwinschen Gesichtspunkten. Als Ergebnis präsentiert er sowohl die konsequente Einordnung des religiösen Verhaltens in die Naturwissenschaften als auch die erste wissenschaftlich-biologische Definition des Phänomens Religion.